ビジネス実務総論

付加価値創造のための基礎実務論

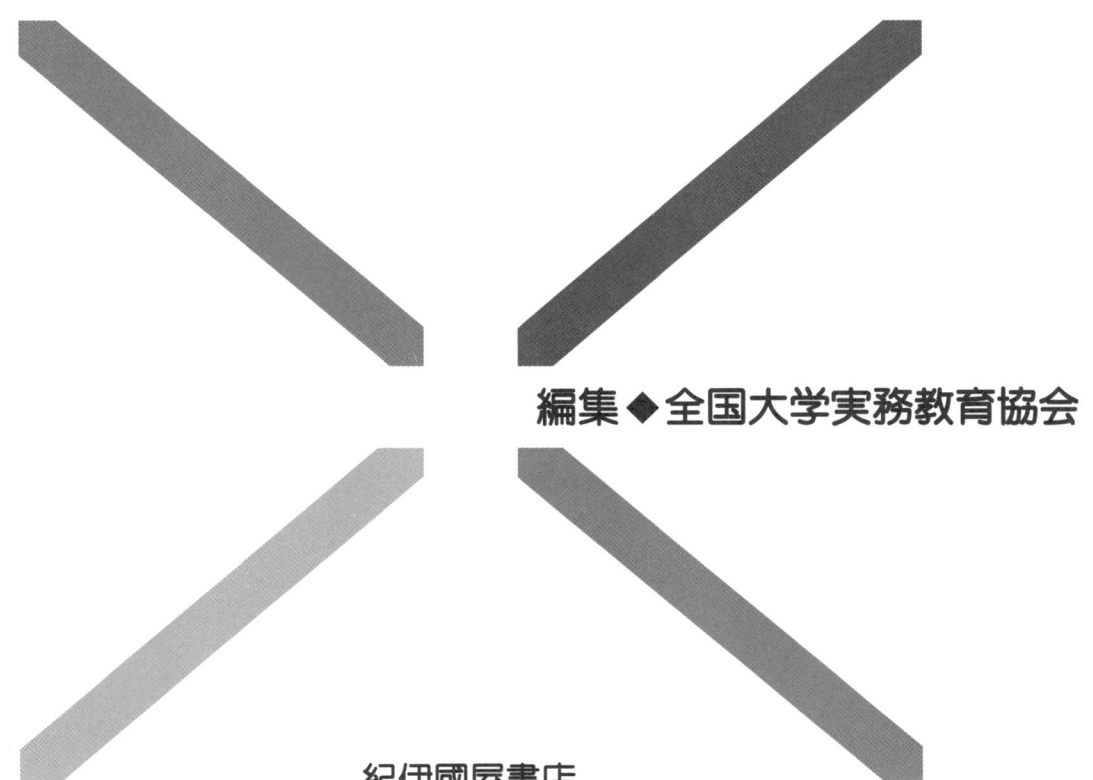

編集 ◆ 全国大学実務教育協会

紀伊國屋書店

刊行にあたって

　一般財団法人全国大学実務教育協会は、過去40年にわたり一貫して大学および短期大学における実務教育の重要性を訴え、その展開に積極的に取り組んでまいりました。

　その具体的な事業としては、大学および短期大学における実務教育の推進母体として、ビジネスの現場に密着した実践的な教育研究への取り組み、ビジネス界のニーズの把握、それらを反映した大学におけるカリキュラムの開発と普及、国内外における研修・研究の推進と交流、そしてテキストなどの教材開発等々の多彩な活動を展開してきました。

　本協会の会員校は現在大学・短期大学234校ですが、会員校に対して本協会が定める教育課程の認定を行い、それぞれの大学・短期大学においてその課程を修了した者に資格認定証を授与する制度となっております。

　現在、本協会が授与している資格認定証は、ビジネス系では上級ビジネス実務士・ビジネス実務士をはじめ上級情報処理士・情報処理士、上級秘書士・秘書士・秘書士（国際秘書）・秘書士（メディカル秘書）、プレゼンテーション実務士、ウェブデザイン実務士、観光ビジネス実務士、社会調査実務士・社会調査アシスタント、上級環境マネジメント実務士・環境マネジメント実務士であり、またビジネス以外では保育音楽療育士・こども音楽療育士、カウンセリング実務士、園芸療法士、生活園芸士、国際ボランティア実務士・ボランティア実務士の22種となっています。これまでに延べ55万人の学生がこれらの資格を取得して社会で活躍しています。

　本書は、1999年４月にこれらの資格のなかでも「上級ビジネス実務士」および「ビジネス実務士」の必修科目「ビジネス実務総論」のテキストとして作成され、実務現場に限りなく近づいた内容であること、実践的で効果的な教育研究を目指すということなどに大きな特色があり、類書も少ない領域ということで好評を博し、毎年のように版を重ねてきました。

　しかし、初版の発行以来すでに13年を経過していますので、このたび編集委員長の大宮登先生に改訂版の発行をお願いし、法律や制度、統計・データなどを最新のものにアップデートしたのが本書であります。

　なお、本協会では2013年度から、あらたにビジネスにおける国際的な実務を担当するスタッフの重要性の高まりに対応するために上級ビジネス実

務士の専門分化した資格として「上級ビジネス実務士®(国際ビジネス)」を、また最近における経済のサービス化の進展に伴い、サービス実務における価値創造を実現する実践力の育成を目指して「上級ビジネス実務士®(サービス実務)」を導入することになりました。

　本テキストはこれらの上級ビジネス実務士の専門分化した資格取得のための教育課程の学習にも役立つかと存じます。＜付加価値創造のための基礎実務論＞というサブタイトルを持つ本テキストが、大学・短期大学で学ぶ学生にとっても、あるいは現に実際のビジネス活動に携わっている社会人の皆様にとっても有効な教材として役立つことを心から願っております。

　最後に、この度の改訂版の発行にあたり大変ご多用のなか執筆の労をとられた大宮登先生、そして出版にご協力いただいた紀伊國屋書店出版部の担当者の皆様に心からの感謝を申し上げます。

2012年3月

一般財団法人　全国大学実務教育協会
会　長　和野内崇弘

ビジネス実務総論　目次

はじめに
0－1　本書のねらいと構成：ビジネス環境とビジネス実務をめぐって ……………1
　0－1－1　本書のねらいと特色　1
　0－1－2　本書の構成　2
0－2　ビジネス実務学習の入門・基礎論として ……………………………………5

第Ⅰ部　ビジネス総論　ビジネスをめぐる基本要件

第1章　ビジネスを考える：ビジネスの定義
1－1　ビジネスは何をめざすのか ………………………………………………10
　1－1－1　営業部の月例営業会議　10
　1－1－2　成熟市場社会の到来　12
1－2　2つの事業活動：営利組織と非営利組織 …………………………………13
　1－2－1　営利組織と非営利組織　13
　1－2－2　新しい2つの動き　16
　1－2－3　新しい2つの動きとその葛藤　19
1－3　ビジネスを定義すると？（ビジネスの6要素）……………………………20
　1－3－1　広い意味での「ビジネス（事業）」の定義　20
　1－3－2　ビジネスの6要素　21

第2章　ビジネス環境をとらえる
2－1　経済グローバル化 …………………………………………………………26
　2－1－1　グローバリゼーションとは？　26
　2－1－2　グローバリゼーションと企業　28
　2－1－3　グローバリゼーションとオフィスで働く人々　30
2－2　高度情報化 …………………………………………………………………31
　2－2－1　高度情報化、その実態　31
　2－2－2　高度情報化とそのもたらすもの　33
　2－2－3　ビジネス現場と情報化　35
2－3　地球環境問題 ………………………………………………………………36
　2－3－1　身近な環境問題　36
　2－3－2　地球環境問題　37
　2－3－3　環境問題とビジネス　40
2－4　少子・高齢化 ………………………………………………………………42

2-4-1 少子・高齢化問題とは何？ 42
2-4-2 日本の人口構成と将来予測 44
2-4-3 ビジネス現場と少子・高齢化問題 47

第3章 ビジネス現場をとらえる
3-1 日本的雇用システムの転換 ……………………………………………… 52
3-1-1 自由・選択制の導入 52
3-1-2 さまざまな就業形態 53
3-2 オフィスからワークプレイスへ ………………………………………… 55
3-2-1 オフィスとは、そのなりたちと機能 55
3-2-2 オフィスが変化してきた 57
3-2-3 オフィスの構成とポイント 59
3-3 ワークスタイルが変わる ………………………………………………… 62
3-3-1 ワークスタイルの変化…過去・現在・未来 62
3-3-2 さまざまなワークスタイル 66
3-3-3 求められるワークスタイル 67

第Ⅱ部　ビジネス実務論　ビジネス実務をめぐる基本と応用

第4章 ビジネス実務を学ぶ：ビジネス実務学習のねらい
4-1 ビジネス実務を学ぶ ……………………………………………………… 72
4-1-1 基本的心構え（自由と自己責任） 72
4-1-2 ビジネス実務のメガ・トレンド 75
4-2 ビジネス実務学習のねらい ……………………………………………… 78
4-2-1 実務学習の3つの視点 78
4-3 ビジネス実務の実際 ……………………………………………………… 81

第5章 ビジネス実務の基本とは何か
5-1 仕事の進め方 ……………………………………………………………… 86
5-1-1 組織で仕事をすることの意味 86
5-1-2 仕事を効果的に進める：仕事の基本動作 86
5-1-3 仕事を効果的に進める：仕事を進める基本サイクル 88
5-1-4 仕事の特徴 90
5-1-5 自分の仕事をステップアップする 92
5-2 ビジネスとサービス活動 ………………………………………………… 94

5−2−1　ビジネス活動とサービスのかかわり　94
　　5−2−2　サービス能力を身につける　94
　　5−2−3　サービスは現場で創造される　97
5−3　ビジネスと表現活動 ……………………………………………………………… 102
　　5−3−1　ビジネスにおける表現活動　102
　　5−3−2　表現活動の基本　104
　　5−3−3　表現活動の実際　108
5−4　ビジネスと情報活用 ……………………………………………………………… 112
　　5−4−1　情報を活用するって？　どんな意味があるのだろう　112
　　5−4−2　ビジネス情報活用の基本　115
　　5−4−3　現代的な情報伝達活動：電子コミュニケーション　118
　　5−4−4　企業の情報処理システムの理解　120
5−5　ビジネスと組織活動 ……………………………………………………………… 122
　　5−5−1　組織とは　122
　　5−5−2　グループ・ダイナミクス　126
　　5−5−3　チームワークと個人　129
　　5−5−4　グループとリーダーシップ　132

第6章　ビジネス実務の活動をとらえる
6−1　オペレーション活動 ……………………………………………………………… 138
　　6−1−1　オペレーション活動を理解する　138
　　6−1−2　開発のオペレーション　140
　　6−1−3　生産のオペレーション　141
　　6−1−4　流通のオペレーション　143
6−2　マーケティング活動 ……………………………………………………………… 145
　　6−2−1　マーケティング活動を理解する　145
　　6−2−2　マーケティング活動の担い手　148
　　6−2−3　製品とサービスの開発　150
6−3　キャリア形成（人的資源） ……………………………………………………… 151
　　6−3−1　企業がすすめる能力開発システム　152
　　6−3−2　柔軟な雇用管理システムへの転換　158
　　6−3−3　グローバル時代に求められる資質　159
　　6−3−4　キャリア発達　161
6−4　コストパフォーマンス（経理財務） …………………………………………… 164
　　6−4−1　コスト感覚を身につける　164

6－4－2　ビジネスと資金の流れを把握する　165
　　6－4－3　簿記の手続きを学ぶ　166
　　6－4－4　株式と株式市場に関心をもつ　171

第7章　ビジネス実務を創造する：これからのビジネス実務
7－1　選択と共生の時代　………………………………………………………………… 176
　　7－1－1　多様化する選択肢　176
　　7－1－2　選択と共生　177
　　7－1－3　ワークプレイスにおける共生　178
　　7－1－4　生活する場における共生　182
　　7－1－5　ルールの創出　185
7－2　セルフマネジメントが基本：自己管理・自己責任の時代 ………………………… 187
　　7－2－1　自己管理・自己責任　187
　　7－2－2　自己管理能力　187
　　7－2－3　時間管理・活用　188
7－3　キャリアデザインを描く：自己啓発・キャリア形成 …………………………… 190
　　7－3－1　キャリアデザイン　190
　　7－3－2　キャリアデザインの多面性　191
　　7－3－3　キャリアプラン　192

第8章　ビジネス実務の事例研究
　　ケース1　漠然とした物足らなさ（マンネリズム）　198
　　ケース2　部長と課長（人間関係のトラブル）　200
　　ケース3　なぜ、私が……（突然の解雇命令）　202
　　ケース4　同期課長の会話（部下の育成・リーダーシップ）　204
　　ケース5　女性とキャリア（キャリア形成）　206
　　ケース6　公園をつくろう（NPO活動）　208

参考文献・推薦図書　217
改訂を担当して　219

はじめに

0-1 本書のねらいと構成：ビジネス環境とビジネス実務をめぐって

　本書は、私達がビジネス活動を行うとき、ビジネスの現場でどのような知識と実務が求められるのかを理解するために作成されたテキストであり、「ビジネス総論」と「ビジネス実務論」の2部構成になっている。

0-1-1　本書のねらいと特色

　私達は、大人になれば、なんらかの組織に所属し、仕事（役割）に就き、ビジネス活動に携わることになる。その就業の形態は、正社員として働いたり、パートタイマーとして仕事をしたり、あるいは、ボランティアで活動したり、多種多様である。しかし、どのような就業形態であれ、私達が活動のために所属している組織には必ず事業目的がある。例えば、カメラを製造している会社では、カメラの製造と販売を通じて、利潤をあげることが事業目的になるだろうし、市役所は市民の生活支援のために、種々の行政を執り行い市民生活を豊かにすることがその目的になろう。

　現代は組織の時代でもある。私達は数多くの組織に所属し、それぞれの組織目的に応じて活動している。職場、サークル、学校、クラブ、英会話スクール、町内会等、一人でたくさんの組織に所属している。多種多様な組織に所属している私達が、所属する組織の目的実現のために有効な役割を担い、組織にとって必要な存在となるためには、どのような知識や技能が必要であり、どのような実務能力を身につければよいのだろうか。急速に変化し多様化するビジネス環境の中でビジネス活動を有効に展開するために、私達はどのような能力を開発していくことが必要なのだろうか。

　これらの素朴で基本的な問題関心に答えるために、本書が企画された。経営学、労務管理論、マネジメント論等多くの本が刊行されているが、現場で活動し、働いている個人の視点から、これらの疑問に答えている本はあまりない。ビジネス書と言われる各種の実践報告はたくさんあるが、それを働いている個々人の観点から、実践的に、しかも論理的・体系的に書

かれたものは少ないと言える。

　これからビジネスについて学習しようと思っている学生、実際に社会人としてビジネスに携わりながら、毎日行っている仕事のあり方をチェックしたいと思っている方、あるいは、非営利組織のボランティアとして活動しながら、もっと合理的で実践的な組織運営の仕方を考え出そうと思っている方等、多数の人々に活用していただきたいと思っている。

0-1-2　本書の構成

　本書は、第Ⅰ部「ビジネス総論」と第Ⅱ部「ビジネス実務論」の2部構成になっている。第Ⅰ部は、ビジネス全般に関する問題を論じている。まず、1章で、ビジネスとは何か、営利活動と非営利活動の共通性と違いは何かについて考えながら、ビジネスの定義を試みる。2章では、劇的に変化する今日のビジネス環境を、できるだけ働く人々の視点を大切にしながら、4つのメガ・トレンド（mega-trend）からとらえている。ビジネスの大きなトレンド（流れ、動向）として、経済のグローバル化、高度情報化、地球環境問題、少子・高齢化の4つをキーワード化し、それが私達にどのような影響を与えているかについて考えを深める。そして、3章では、ビジネス現場で、いま何が起こっているのかを分析する。日本的経営の在り方が大きく変わり、それに伴ってオフィス環境やワークスタイルのあり方も大きく変わろうとしている。その変化について考えてみる。

　第Ⅱ部は、まず、4章で、ビジネス実務学習の基礎について確認する。ビジネスに携わる際の基本的な心構えを理解し、ビジネス「実務」を学ぶ意味について把握する。5章では、ビジネス実務の基本として、仕事の進め方をとらえた後、サービス活動、表現活動、情報活用、組織活動について考える。ビジネス活動を実際に行うときには、クライアント（顧客）に対するサービスという視点、効果的な表現という視点、情報の有効活用という視点、組織のなかで共同作業を円滑に行うという視点等はしっかりと押さえておかなければならない基本原理であると思われる。

　6章では、主に、企業のビジネス現場における活動を、オペレーション活動、マーケティング活動、キャリア形成、コストパフォーマンス（経理財務）の4つの基本活動からとらえる。私達がどの現場にいようとも、4つの活動の要点がどこにあるのかを理解していれば、組織全体の実務的な流れを考えながら実践することができる。

　そして、7章では、全体的なまとめとして、これからのビジネス実務の

＊メガ・トレンド（mega-trend）…大きな時代の流れ、潮流。トレンドの意味には、流行の様式、動向、趨勢等も含まれる。

あり方を展望し、ビジネス実務の創造について問題を提起する。最後に8章では、営利企業と非営利企業の2つの事例を示しながら、これまで学んだことを総合的にとらえ直すために、ケーススタディを行う。これが本書の構成である。以下、その流れをチャート図によって示す。

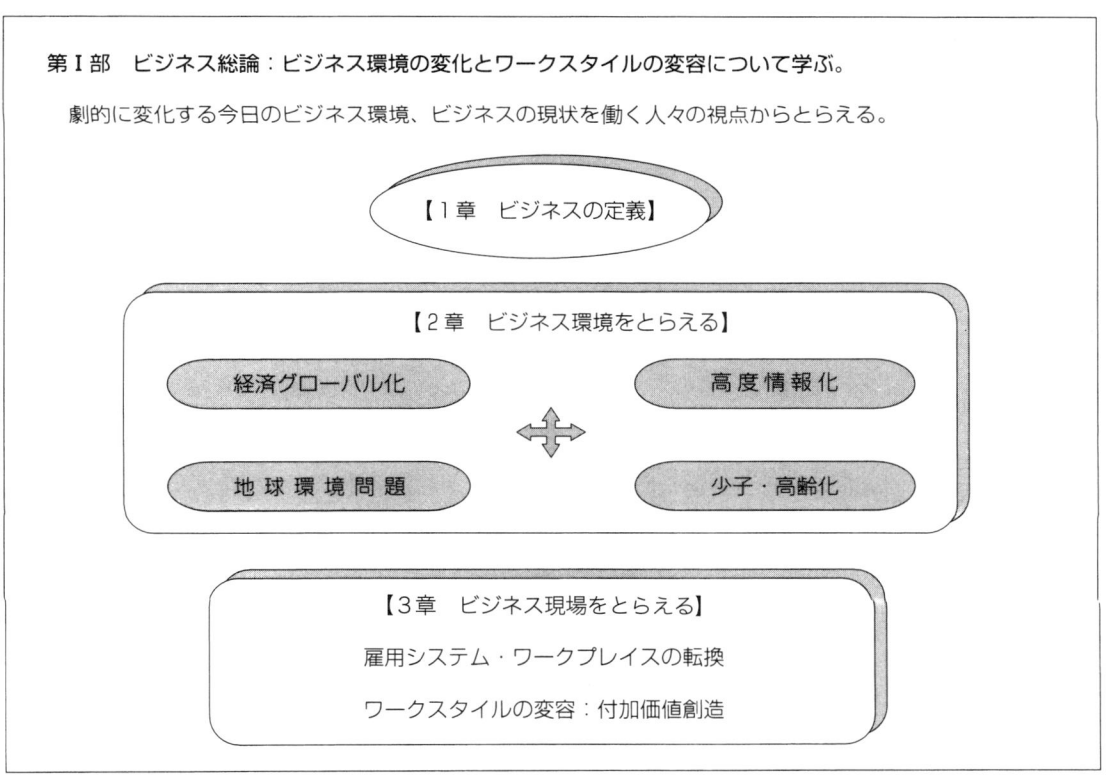

【5章　ビジネス実務の基本とは何か】
- ① 仕事の進め方
- ② ビジネスとサービス活動
- ③ ビジネスと表現活動
- ④ ビジネスと情報活用
- ⑤ ビジネスと組織活動

【6章　ビジネス実務の活動をとらえる】
① オペレーション活動
② マーケティング活動
③ キャリア形成（人的資源）
④ コストパフォーマンス（経理財務）

【7章　ビジネス実務を創造する】
① 選択と共生の時代
② セルフマネジメントが基本
③ キャリアデザインを描く

【8章　ビジネス実務の事例研究】

おわりに

変化の激しい今日、一人一人の持つビジネスセンス、ビジネス実務基礎力、知的生産性、創造力、協働能力、創発力等の開発が、いま、問われている。

0-2　ビジネス実務学習の入門・基礎論として

　本書はビジネス実務学習の入門・基礎論である。そのため、大学や短期大学、あるいは専門学校の1年生を主な対象と考えている。もちろん、社会人や職業人が自らのビジネス活動のあり方を実践的・理論的に点検する際にも有効な内容になっているが、基本的には、はじめてビジネスに携わる人や、これからビジネスについて学ぼうとする学生にとって、活用できる内容に仕上げている。

　そのため、できるだけ具体的な内容を示し、ビジネス実務を学びたいという動機づけができる内容にした。わかりやすく、使いやすい本をめざして、以下のような工夫を凝らしている。

＊ビジネス実務学習の入門基礎論として、読みやすい文体にしている。
＊事例をできるだけ多く取り入れている。
＊各章の扉や各節に必ず要約を入れ、内容をとらえやすくしている。
＊図表・絵・チャート等を多用し、理解促進に役立てている。
＊語句説明を効果的に入れ、理解しやすいようにしている。
＊章の最後に演習問題を入れ、学習の成果を確かめることができる。
＊学習に役立つように参考文献をあげている。

　このような工夫を実現するために、私達のプロジェクトチームは何度も編集会議を行った。構成案ができ、執筆担当部分を決めた後も、研究会を重ねた。全体的なバランスを取りながら、相互の内容を批判しあい、掘り下げるための研究会を開催した。

　それらの話し合いの中で、共通に提起できる内容を絞り込んで表現した結果、本書が完成した。ビジネス実務学習の入門・基礎編として、充分な内容となったかどうかについては、若干不安なところもあるが、少なくとも私達のプロジェクトチームとしての役割は充分に果したと自負している。

　今後、皆さんの相互の研鑽によって、ビジネス実務の教育研究がますます深められることを期待している。

第Ⅰ部　ビジネス総論

ビジネスをめぐる基本要件

　今日のビジネスを取り囲む環境は、急速な変化を遂げている。従来型のシステムが軋みをたてて崩れ、新たな構造を求めて動き出しているのだ。

　第Ⅰ部では、このビジネス環境変化の状況を的確にとらえながら、ビジネスとは何か、ビジネス環境変化のメガ・トレンドとは何か、ビジネス現場では何が起こっているのか、などを考えていく。

　ビジネスをめぐる基本要件を理解しながら、私達が、今日、どのような状況下にあり、組織やオフィス環境がどのように変化しているのかを的確に把握したい。私達のワークスタイルは急速に変化していることが理解できよう。

ビジネス総論

ビジネスとは何か？　ビジネスをとりまく環境の変化、そしてビジネスの現場について具体的に学ぶ。

第1章　ビジネスを考える：ビジネスの定義
第2章　ビジネス環境をとらえる
第3章　ビジネス現場をとらえる

第1章　ビジネスを考える：ビジネスの定義

　　　1－1　ビジネスは何をめざすのか
　　　1－2　2つの事業活動：営利組織と非営利組織
　　　1－3　ビジネスを定義すると？（ビジネスの6要素）

<u>ビジネスとは何か、ビジネスやビジネス活動を定義してみよう</u>

　今日のビジネス活動は、大きな転換期を迎えている。豊かな社会が実現したものの、右肩上がりの経済成長は終わりを告げ、企業をめぐるビジネス活動は日に日に厳しさを増している。
　また、少子・高齢化の進展によって、非営利的なボランティア活動の必要度が増し、その活動自体も活発になってきている。
　営利であれ、非営利であれ、私達が毎日関わっているビジネス（事業）活動は、どのような特徴を持っているのだろうか。企業活動と非営利活動はどのように位置づけられるべきなのだろうか。ビジネスの定義をめぐって考える。

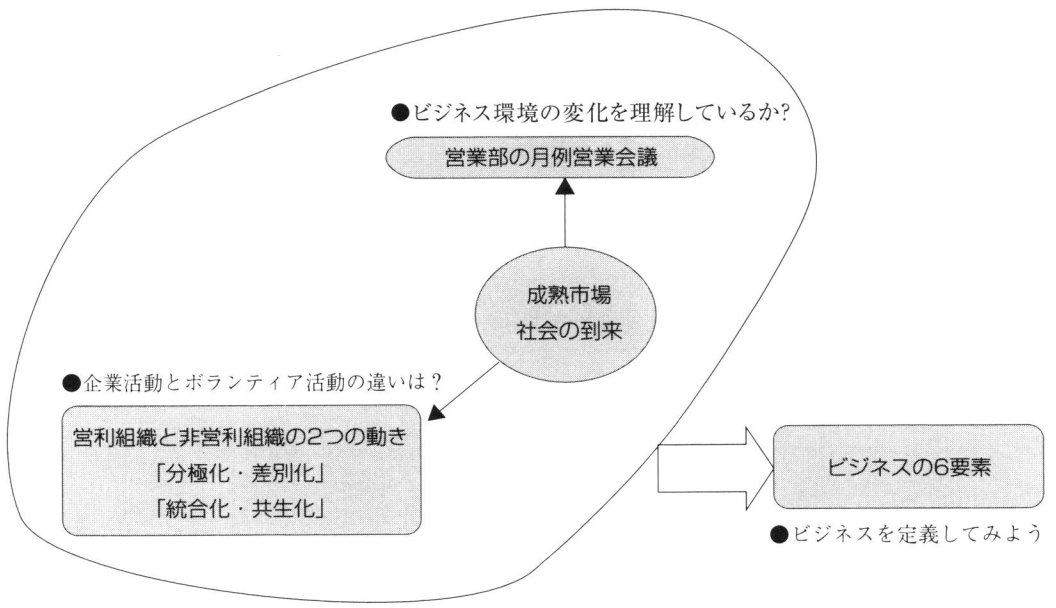

1-1　ビジネスは何をめざすのか

　ある会社の営業部の月例会議の風景を観察しよう。現在のビジネス環境を無視してビジネス活動を行うと、ストレスの多い職場になる。成熟市場社会のビジネスのあり方について考えてみよう。

1-1-1　営業部の月例営業会議

(1)　つるし上げの場になってはいないか？

　これからビジネスをめぐっていろいろなことを学ぶことになるが、その前に、実際のビジネス現場に接近してビジネスの現状と課題について考えてみよう。ここは、ある株式会社（A社）の月例営業会議の場面である。月例営業会議が、本来の目的を忘れて逸脱し、営業成績不振社員をつるし上げる場となってしまうケースが見受けられる。参加メンバーは息を潜め、自分の営業活動が批判されないように祈っている。なぜなら、市場が成熟している今日、高度成長時代のように常に右肩上がりの営業成績を残すことは困難になっており、営業不振社員の姿は、明日の自分の姿になる可能性が高いからである。今日の状況下では、精一杯の努力をしても、現状維持がやっとという場合が多い。普通にやっていればマイナスになるのが当たり前なのである。

　ところが、そうした常識（状況認識）がなかなか理解されない。営業会議は、成果がなかなか上がらない現状を前提にして、それにもかかわらず、いかに工夫しながら成果を出すのかを話し合う場合と、成果を出すことが当たり前という前提で、成績不振者を追及する場合とではまったく違う雰囲気が生まれる。本来、営業会議は営業に携わるメンバーの情報交換の場であり、成功事例の共有化の場であり、営業に関する問題解決の場である。商品やサービスが飛ぶように売れた過去の栄光にこだわって、現在の売れない営業部員の努力不足とやる気のなさを嘆くA社の営業部月例会議は、会議そのものの本来的な目的を忘れ、暗くて長い緊張の漂う大人たちのいじめの場となる。

(2)　会議の目的とリーダーシップ

　これは明らかに、この営業部を運営するリーダーに問題がある。このリーダーは古き良き時代の成功体験にとらわれ、現状を冷静に分析することができず、メンバーに緊張とストレスを与え、やる気を奪い、混乱を作り

出してしまっている。このような会議は、時間とエネルギーの無駄であり、むしろ開かないほうがプラスになる。

　リーダーはもう一度初心に返り、月例営業会議の本来的な目的を確認し、ビジネスの現状と現実の会議のあり方を充分に分析し、対応策を練る必要がある。まずは、暗く陰湿な場となってしまった会議の雰囲気を明るく前向きな雰囲気にする必要がある。メンバーが自主的に参画し、成功事例や失敗談を述べ合いながら、自分達の現状を冷静に分析し、営業のあり方に創意工夫の余地がないかどうかを話し合う。同時に、個人の勘にたよった営業ではなくチーム全体で営業成績を伸ばしていくチームセールスのあり方を検討する。

　必要であれば、リーダーが事前に根回しをしたり、データや資料を作成したり、あるいは会議中においてもリーダーシップ（leadership）を発揮する。そのような試みが続けば、会議はプラス思考の場になっていくと思われる。

　さらに、機能的リーダーシップ（functional-leadership）の考えに立てば、この営業部は、一人のリーダーにすべてを任せて機関車のように全員をひっぱってもらうという旧来型の組織形態に問題があるということが分かる。ひとりのリーダー（引っ張る人）の経験や意思決定にすべてを委ねることができるほど、今日のビジネス環境は甘くない。メンバー全員が、これまでの実績や状況を充分に踏まえながら、それぞれのリーダーシップを充分に発揮しあい、新たな方法や目標を創り出すことが大切なのである。

　こうした実際の会議場面を考えてみても分かるように、会議がその目的にそって運営されるためには、商品をめぐる冷静な現状分析力や会議運営のためのビジネス能力が必要なのである。リーダーはそうしたビジネス能力がなければリーダーとしての役割は担えないし、会議ひとつをとっても効果的な運営ができないことになる。メンバーの意欲を生みだし、インセンティブ（incentive）を高めて付加価値を創造する場になるどころか、陰湿ないじめの場となってしまい、会社の大切な人材をつぶしてしまうことになる。

　ビジネス環境が厳しさを増せば増すほど、私達は毎日行う活動の目的をできるだけ明確にし、リーダーシップ発揮のあり方を再確認し、メンバー全員が能力を発揮しあう企業文化やワークプレイスを創り出すことが必要になる。

＊機能的リーダーシップ（functional-leadership）…リーダーシップのあり方を、一人のリーダーの影響力として考えずに、グループメンバー全員の働きや作用としてみるアプローチである。

＊インセンティブ（incentive）…生産性や学習意欲を上げるための刺激や動機になるもの。

1-1-2　成熟市場社会の到来

　ビジネスは社会状況と切り離して考えることはできない。A社の営業部リーダーにもっとも不足していたのは、現状分析の能力であったとも考えられる。日本が高度経済成長を遂げる間、常に右肩上がりの成長の中で仕事を続けてきたリーダーにとって、今日の成熟市場の到来は自分のこれまでの経験にはなかった事態だといえる。低成長・ゼロ成長・マイナス成長にもかかわらず、成果を上げるために営業活動はどうあるべきなのか。営業活動の効果的な方法が、いま求められているのであり、それはこれまでの成功体験からだけでは、答えを出すことは難しく、新たな工夫や戦略の創造が必要になる。このA社のリーダーにはそうした認識が足りなかったのではないだろうか。

　現代の日本は、「生・活」提案ビジネスの時代である。「生」は満たされているため、「活」を求める自己実現欲求の強い時代である。高度成長期は、生きることを基本にした商品の開発・生産・流通・販売・消費・廃棄というシステムでビジネスが展開されてきた。生活していくために必要な衣・食・住関連の商品が作られ、必需品が生活の安定や安全のために買い求められた。それは、生きることを基本にした「物的な必需品をめぐるシステム」であったともいえる。

　ところが、現在の日本社会は、大きく変貌を遂げている。2章で詳しく学ぶように、市場が成熟状態になり、世界的な規模での大競争が起こっている。私達は、ものに囲まれた生活が当たり前になり、欲しいものは生きることに必要な必需品から、自分を豊かにする自己充足のためのモノやサービスへと移っていった。私達の欲求は多様化し、何が売れるのかが見えにくい状況となっており、ビジネスも「精神的な充足をめぐるシステム」に転換しなければならない。私達の自己実現欲求を満たすことが基本になる商品開発・生産・流通・販売・消費・廃棄システムを築き上げなければならない。商品やサービスは、私達一人一人の自己実現（self-actualization）に役立つもの、生活をエンジョイするもの、活力を与えるものとして求められている。

　こうした状況に対応するために、企業各社は多くの工夫を生み出している。そのことは経営理念を見るだけでも充分に理解できる。例えば、音楽・映像ソフトレンタルの最大手チェーンであるTSUTAYAを運営するカルチュア・コンビニエンス・クラブ（C・C・C）は、私達の生活を豊

＊自己実現（self-actualization）…自分の能力を開花させ、最善の自分になることをいうが、A・H・マズローが、欲求満足の段階を設定し、生理的欲求や社会的欲求より高次な、人間にとって最高の欲求段階として位置付けた。

かにするカルチュアを、「いつでも」「どこでも」「だれにでも」提供するという「生・活提案企業」をめざしてきた。

　成熟市場社会の中では、ほかの企業にはない商品やサービスをできるだけ多く生み出すことが、ビジネスがめざす共通目的になっていると言うこともできる。私達は、ビジネスに関わる限り、「生・活」提案ビジネス（生は満たされ活を求めるビジネス）の主体となり、可能な限り新たな価値を付け加えることが求められることになる。

　私達は、それぞれのビジネス現場において、付加価値創造の担い手としての役割を果たすことができるのだろうか。ビジネス活動を通して、顧客の欲求を満たし、同時に私達自身の自己実現欲求を満たすことができるのだろうか。本書を学ぶ中で、その可能性を少しずつ探っていきたい。

図表1-1　「生・活」提案ビジネス：生は満たされ、活を求める自己実現欲求時代

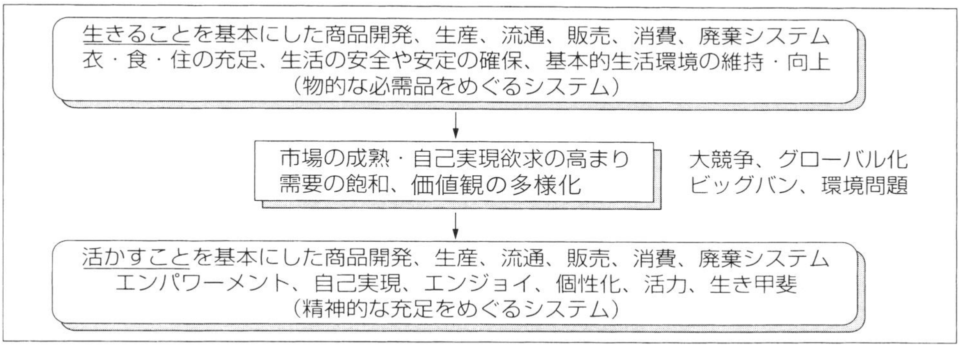

```
┌─────────────────────────────────────────────┐
│　生きることを基本にした商品開発、生産、流通、販売、消費、廃棄システム　│
│　　衣・食・住の充足、生活の安全や安定の確保、基本的生活環境の維持・向上　│
│　　　　　　　　（物的な必需品をめぐるシステム）　　　　　　　│
└─────────────────────────────────────────────┘
                        ↓
        ┌──────────────────────┐
        │　市場の成熟・自己実現欲求の高まり　│　大競争、グローバル化
        │　需要の飽和、価値観の多様化　　│　ビッグバン、環境問題
        └──────────────────────┘
                        ↓
┌─────────────────────────────────────────────┐
│　活かすことを基本にした商品開発、生産、流通、販売、消費、廃棄システム　│
│　エンパワーメント、自己実現、エンジョイ、個性化、活力、生き甲斐　　│
│　　　　　　　　（精神的な充定をめぐるシステム）　　　　　　│
└─────────────────────────────────────────────┘
```

1-2　2つの事業活動：営利組織と非営利組織

　今日、企業を中心とする営利組織とNPO・ボランティア活動に象徴される非営利組織の2つの事業活動がさかんである。この2つの組織と活動について考えてみよう。

* NPO（Non Profit Organization）…非営利組織。市民主体の非営利組織として活発になっている。

1-2-1　営利組織と非営利組織

(1) 異なる事業目的

　営業部のビジネス現場に関連して述べてきたが、改めて今日のビジネスについて考えると、大きく2つの異なった事業活動があることに気づく。つまり、企業に代表される営利組織が行う事業活動と行政やNPO・ボラン

ティア組織に代表される非営利組織が行う事業活動である。

　営利組織の事業目的は、利潤と資産の拡大にある。当然、儲け（収益）がなければ組織の存続はすぐに危ういものとなる。増収増益が営利組織にとって、最もうれしい状況であり、収益をめぐる競合他社との世界的な規模での厳しい競争が行われることになる。人的資源の視点でみれば、給料より高い生産性をあげなければ、組織にとって必要性のない人材と判断される。

　それに対して、非営利組織の事業目的は、それぞれの組織が持つ事業目的そのものの実現にある。利潤、費用、収益は決して最優先せずに、組織目的の実現を望んで活動する。例えば、それが環境保護を目的とする団体であれば、自分達の活動によって環境保護がどれだけ進んだかが最大の関心事になる。ホタルを取り戻すための活動団体であれば、その地域にホタルが生息できる環境づくりに努力し、乱舞するホタルを見ることが活動目標になる。あるいは、町役場の福祉部であれば、少子化や高齢化が急速に進む中で、どのように福祉行政を進めていくかを考え、福祉に関する整備体制がどれだけ進んだかが関心事になる。

　それぞれの組織は異なる事業目的を持っているが、単純化すると、営利組織は最大利潤を追求しようとする組織であり、非営利組織は社会や公共の利益を実現しようとする組織であると言うこともできる。営利組織にとって、競争相手の組織との利潤獲得競争は逃れることのできないものであり、最大の利潤を獲得することによって、競合他社より優位に立つことを常に望むことになる。その際、社員たちの自己実現欲求をどのように満たすか、企業の社会的責任（CSR）をどのようにとるかなどは、大切な問題ではあるが、あくまで最大利潤獲得に次ぐ２次的な問題となる。

　それに対して、非営利組織は、公共性の実現やそこに関わる人々の自己実現を大切なものと考え、利潤や収益の獲得は２次的なものと考える。例えば、教育こそが国民にとって重要な事業であるというコンセンサス（合意）が得られれば、経費がかかろうと予算を編成し、種々の事業を行う。例えば１クラス40人学級を基本としていても、山間地の小学校で６人の児童しかいない場合でも、１クラスと考え教職員を配置する。このように非営利組織においては、公共性が優先され、経費や効率性は、できる範囲内で配慮することになる。

(2)　事業目的以外の違い

　事業目的以外の違いもある。例えば、図表１－２で分かるように、価格

＊　CSR（Corporate Social Responsibility）…企業の社会に対する責任、社会的役割が重視されており、文化支援事業としてのメセナ、社会貢献活動としてのフィランソロピー、男女共同参画、環境への配慮などの活動が行われている。

の決定は、営利組織では市場競争の中で自ずと決定されていくが、非営利組織では需要者の支払い能力や事業理念・目的に応じて決定される。また、環境の変化に対する対応では、営利組織は最大利潤の獲得や組織の生き残りをかけて柔軟に対応する力をもっているが、行政や法人等の非営利組織は柔軟な対応力があるとはいえない。例えば、社員の高齢化に対する対策として、企業ではすでに管理職の年俸制や能力給のシステムを動かしているが、行政では相変わらず、年功序列システムのままで人件費が財政を圧迫している。

とはいうものの、ことはそう単純ではない。現実的には、「ガラパゴス」などの言葉に表わされるように、大企業病に陥って状況対応力がかなり落ちている企業もある。1990年代、北海道拓殖銀行に象徴される経営破綻をきたした金融機関は、営利組織でありながら、いわゆる「護送船団方式」にのったまま環境適応力を失ってしまったといえる。日本の大企業は急速に変化するビジネス環境に対してどのように柔軟に適応することができるかを、多様な領域で突きつけられている。

それに対して、環境保護や人権擁護等の視点で、世界的規模で活動するNPOやNGO組織のように、世界の趨勢や時代の流れに敏感で、環境適応力が大きい非営利組織もある。その意味では、現実の場面ではケース・バイ・ケースであるといえるが、一般論としては、営利組織のほうが非営利組織のほうより環境対応力が大きい傾向があるといえる。

さらに、経営上の意思決定の方法に関しては、営利組織が職務分掌に応じて明確であり命令の形をとるのに対して、ボランティア組織の場合は合意の形をとり民主的な手続きをとるために時間がかかりすぎる場合がある。しかし、これも、機能的リーダーシップで説明したように、営利組織も、メンバー全員の能力を発揮できるように、単純なトップダウン式の意思決定から、参加・参画型の意思決定システムを創り出しているケースも多く、現実は単純には割り切れない場合が多い。

最後に、構成員の事業に対する価値観は、営利組織では必ずしも全員が賛成でなくとも事業活動が展開されるが、ミッションの実現そのものを志向する非営利組織では全員が価値観を共有して事業展開が行われることが望ましい。

このように、営利組織と非営利組織とでは、基本的なところでかなりの違いがあり、私達は、所属している組織がどのような組織なのかを踏まえて、活動を展開することが必要である。

＊護送船団方式…船隊編成する際、最もスピードの遅い船に合わせて船団が移動する方法。例えば財務省の庇護の下で市場原理による自由競争を避け、安定的状況を守ろうとする場合などに用いられる。

＊ NGO (Non Governmental Organization)…政府による活動とは異なる国際活動を行う非政府（民間あるいは市民）団体。

図表1-2　営利組織と非営利組織

	営利組織	非営利組織
事　業　目　的	利潤と資産の拡大	事業そのもの
価　　　　　格	市場で決定される競争価格	需要者の支払い能力や事業理念・目的により決定
環境変化への対応力	大	小
経営上の意思決定方法	職務分掌に応じて明確であり命令の形態をとる	ボランタリー組織の場合は合意の形態をとる
構成員の事業に対する価値観	必ずしも是としなくともよい	是とする
種　　　　　類	合名会社、合資会社、有限会社、株式会社	学校法人、宗教法人、NGO等ボランティア団体、行政（国、都道府県、市町村）、相互会社、公社公団、公営企業、財団・社団・特殊法人

武藤泰明著『日経文庫ビジュアル 経営の基本〈第3版〉』日本経済新聞出版社、2010年、P.25をもとに作成

1-2-2　新しい2つの動き

　営利組織と非営利組織の基本的な違いについて考えてきたが、今日、これら2つの組織のあり方をめぐって大きな変化が生じている。従来のあり方を揺り動かす、新しい2つの動きが始まっている。「分極化・差別化」と「統合化・共生化」の相反する動きである。まず、分極化・差別化の動きの方からみてみよう。

（1）　分極化・差別化の動き

　今日の世界的な規模での競争の激化によって、これまで見てきた営利組織と非営利組織の違いが一層強く現れて、2つの組織が全く異なる組織活動を行うものとして分極化・差別化する動きがある。一方では、競争の激しさが、企業を中心とした営利組織を徹底した市場競争の世界へと導き、コスト（費用）を可能な限り抑え、リストラクチャリング（restructuring）を大胆に断行し、最大利潤の追求を徹底して実践することに駆り立てる。世界中を巻き込んだ大競争（mega-competition）時代の動きである。そこでは、徹底した市場競争の原理が基本となる。

　他方、非営利組織の活動は、成熟社会の到来が、市民の人権意識や平等・公平意識の高まりを導き、公平性・平等性を実現するために「福祉」的な活動へと動きだす。ゆとりや安らぎは、激しい市場競争の中からは生まれないと考え、地域づくりなどの非営利的な活動で自己実現をめざしていく。そこでは、共生やゆとりの原理が基本となる。

　こうして、図表1-3のように営利組織と非営利組織の双方が、その事業目的の違いを際立たせ、分極化し差別化していく。

＊リストラクチャリング（restructuring）…事業の再構築のこと。事業のあり方を根本的に組み換えることによって組織改革を行う方式をいう。実際には、リストラ＝人員削減という状況が生まれている。

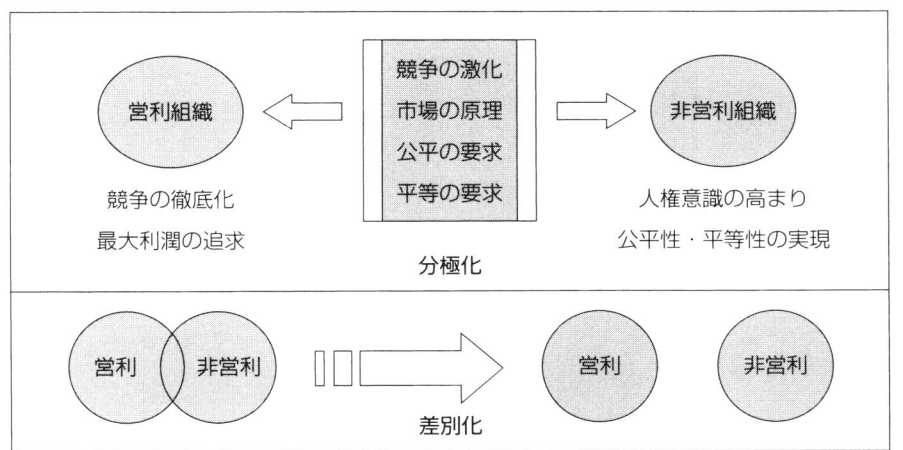

図表1-3 分極化・差別化の動き

(2) 統合化・共生化の動き

　営利組織と非営利組織が分極化・差別化する動きに対して、まったく逆の流れもある。今日の市場経済の成熟が、営利組織と非営利組織を分極化・差別化の方向に動かさないで、逆に、共通の課題を持って共通の活動を行うものとして歩み寄り、統合化・共生化へと動き出す可能性もある。2つの組織が統合化し共生化する道を歩み出すのである。それらの動きはいくつかの場面で実際に現れている。

① 営利組織（企業）の非営利性が強まる現象

　大企業は多くの社員や関係者を抱え、組織が継続していくこと自体が大きな意味をもち、組織そのものが一種の社会的資源となっている。そのため営利組織は、市場競争を通して競合他社と生き残りの戦いを展開して最大の利潤を上げることよりも、自らの組織存続を最優先し、最適な利潤は何かを求める傾向も生じている。また、ISO（International Organization for Standardization）14000シリーズの普及にみられるように、企業は地球環境に配慮し、廃棄物の減量と再資源化を積極的に図るなど、最大利潤追求とは異なる環境との共生志向が生じてきている。

② NPO（Non Profit Organization）の活性化と効率化

　営利組織のそのような動向に対して、非営利組織の方も統合化・共生化の動きを見せている。近年、民間のNPO（非営利組織）活動がさかんになってきている。日本では、明治以来、中央官庁主導の政治・行政が行われてきており、公益法人等、行政補助機関としてのNPOが行政サービスの領域を担ってきた。しかし、70年代後半頃から、行政主導による公共サービ

＊ ISO（International Organization for Standardization）14000シリーズ…国際標準化機構が制定した、国際社会でビジネスを行っていく上で必要な環境関連規格。審査に合格すれば、その組織の環境対応が国際基準に達していることが証明される。

ス提供の限界が指摘されるようになった。中央官庁による福祉国家の実現は、財政的にかなりの困難をともない、中央主導の福祉は市民の生活に合致したサービスが提供されにくい。

　こうした状況を背景に、1998年にNPO法が制定されて以来、NPO法人が全国で数多く設立され、市民主体の民間非営利組織として活性化されることとなった。2011年11月末現在、44,053のNPO法人が認証されている。行政ではなかなか手が届かない部分をカバーし、市民生活を擁護し、環境を保護するなど、NPO活動がさかんに行われるようになってきたのである。

　このNPO活動においても、事業目的を実現するために活動を起こす場合、組織活動を合理化し効率化しようとする要求が一段と強まっている。右肩上がりの経済成長が終わった現在、行政や法人、民間ボランティア組織等の非営利組織の財源も豊かではない。好調な企業活動によって支えられてきた税収や寄付金は、これまでのようには期待できない。豊かな財源があっての豊かな福祉である。財源が逼迫すれば、優先順位をつけ、重要と判断されるものは何とか継続されるが、あまり重要でないと判断されたものは補助を打ち切られる。NPOも、事業目的を持続的に実現するために、運営の合理化・効率化が必要になる。企業と同じレベルまでには至らなくとも、組織効率を考えざるを得ない。

③　行政機関のサービス化

　企業が市場競争の波に洗われ、厳しいサービス競争に追い立てられているとき、行政機関（国、都道府県、市町村）や行政補助機関の公営企業、公益法人等の非営利組織は、民間なみのクライアントサービス（client service：顧客サービス）を要求され始めている。事業目的に公共性があるからという理由で、サービスがおろそかになることは許されない。公共的であるからこそ、きめこまやかなサービスが必要なのだ。住民が自分なりの意思決定能力を持つ成熟社会では、住民は一人一人のニーズに応じたサービスの徹底化を求め始める。

　例えば、市町村民税は各市町村によって異なっている。介護支援や子育て支援も、各自治体によってその支援策が異なることが予想される。手厚い介護のシステムを用意できた自治体には、転入者が増えるであろうし、その逆の場合もある。自治体が住民に選択される時代になると、当然、行政機関のサービス競争が起こり、企業の「顧客満足（customer satisfaction）」と同じクライアント志向が高まってくることになる。

　このように多様な局面で、成熟社会の原理が営利組織と非営利組織の違

＊顧客満足（customer satisfaction）…今日のマーケティングの基本は、顧客のニーズを満たすこと（＝顧客満足）を追求する中で、企業の収益をあげることにある。

いを乗り越え、それぞれの活動を重ね合わせ、共通なものとしていく力が働いている。個人の側から見るなら、企業で働く人も、ボランティア活動を行う人も、共に自己実現を考え、それがかなわないと組織を離れるという傾向が生じてきており、営利と非営利の違いがあいまいになる。これが営利組織と非営利組織の「統合化・共生化の動き」である。

図表1-4　統合化・共生化の動き

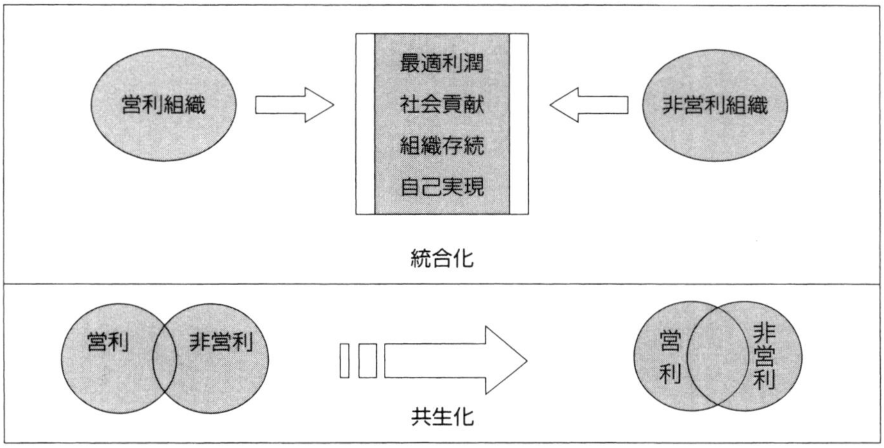

1-2-3　新しい2つの動きとその葛藤

　このように現在、営利組織と非営利組織をめぐって、「分極化・差別化の動き」と「統合化・共生化の動き」が同時に起こっている。まったく相反する2つの動きの中で、それぞれの組織は葛藤状況に陥っているといえる。

　市場競争のなかで生き残るために、徹底したコストパフォーマンス（cost performance）を追求し、市場成長性の高い分野で、シェア（share）の高い商品やサービスを取り扱うことによって、最大利潤をうみだそうとするのか。逆に、社会性や公共性にシフトして、地域に貢献しながら、社員を切り捨てることなく存続できる、ぎりぎりの最適利潤を求めようとするのか。企業は、常に判断を求められ、悩み葛藤することになる。

　あるいは、エコ商品のように、当初は利潤を度外視して、環境保護という公共性を優先した商品を開発したのにもかかわらず、結果的にかなりの利潤を獲得する場合も生じる。高齢社会に対応した福祉産業が活性化するのは、公共性・社会的有用性の原理が、最適利潤はもちろんのこと、最大利潤にも結びつく可能性があることを示唆している。

　また、非営利組織の活動も、事業目的の実現と効率性との間で葛藤を引

＊コストパフォーマンス（cost performance）…費用（原価）と機能、性能デザイン等との対比・比較。当然、低いコストで高い品質が保証できれば最高。

＊シェア（share）…市場占有率、商品の市場において占める割合。

き起こすことになる。公共的であるためには、どこかで効率性を無視しないと成り立たない部分が出てくる。しかし、今日では、公共的であると同時に、合理的・効率的なサービスが求められている。いわゆる「お役所仕事」に対して、厳しい監査の目が向けられている。自治体オンブズマンの活躍に象徴されるように、適正であり公平であると同時に、サービス精神が豊かで効率的で効果的な政策立案や行政サービスが期待されている。

このように今日の組織は、ある意味で矛盾する2つの機能を同時に満たすという葛藤に悩まされることになる。こうした葛藤状況の中では、それぞれの組織がそれぞれの事業目的を再確認し、メンバー全体が自分達の組織のあり方を見つめ、ビジネス（事業）展開の方向性を考え、情報を共有化して活動に当たることが大切になる。

＊自治体オンブズマン…自治体の運営に関して、住民の立場にたって苦情や救済の申し立てを取りあげ、処理する。「官官接待」問題などを追及し、行政を監視する役割を果たしている。

図表1-5　新しい2つの動きと葛藤

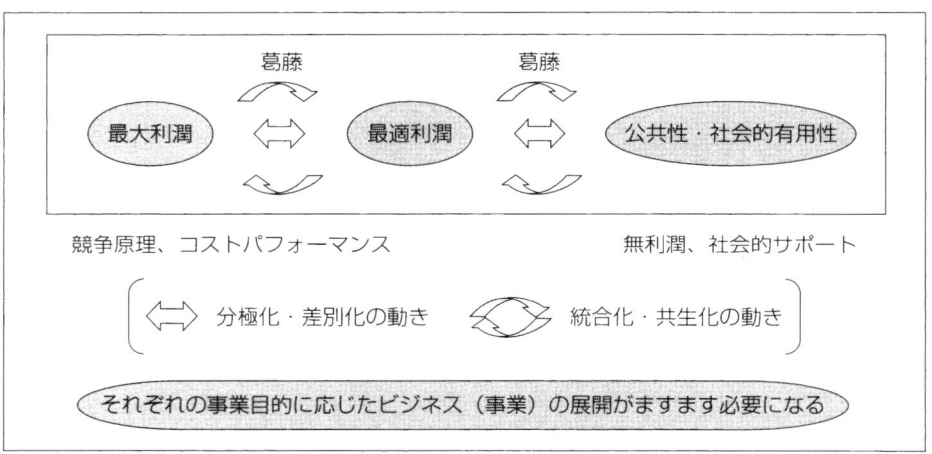

1-3　ビジネスを定義すると？
（ビジネスの6要素）

広い意味でビジネス（事業）を定義してみよう。営利組織と非営利組織の双方が行う活動をとらえるため、ビジネスを6つの要素から析出してみる。その定義を現場のビジネス活動理解の出発点にする。

1-3-1　広い意味での「ビジネス（事業）」の定義

これまで詳しく見てきたように、今日のビジネス界では、一方で営利活

動を主な目的とする企業が、営利を目的としない非営利的活動領域を内部に取り込み、他方でボランティア団体のように営利を目的としない組織が、最適利潤を求め始めて活動を開始したり、社会的に大きな意味を持つ存在となりつつある。このような状況を考えると、ビジネス（事業）は、これまでのような狭い意味での営利的商取引行為にとどまらず、非営利活動の新しい分野を含んだものと考えるのが現実に合っている。以上のことを踏まえて、ここではビジネス（事業）を次のように定義する。

〔ビジネス（事業）の定義〕

「ビジネス（事業）」とは、営利・非営利を問わず、個人または各々の組織共同体が、事業目的を実現するために、ヒト・モノ・カネ・情報などの諸資源を活用して、価値を創出するための協働行為の総称をいう。

このビジネス（事業）の定義に含まれている要件は、図表1-6のように6点である。

図表1-6　ビジネスの6要素

① 営利活動と非営利活動の双方を含む活動であること。
② ビジネス活動の主体は個人と組織集団の双方がなりうること。
③ 目的実現活動であること。
④ ヒト・モノ・カネ・情報などの諸資源を活用すること。
⑤ 価値創出活動であること。
⑥ 個人と個人、個人と組織集団、あるいは組織集団同士の協働行為であること。

この6つの要件を基本として、ビジネス活動をとらえていく教育研究がビジネス教育研究であり、それを学ぶのがビジネス学習である。この定義に従うと、企業活動は当然ビジネス活動に当たるが、国や地方公共団体等の公共政策・サービス活動やNPO・NGO等の民間非営利活動、ボランティア活動もまた、ビジネス活動の一つとしてとらえることができる。営利組織と非営利組織のあり方が大きく変容しようとしている今日、このような広い意味でビジネス（事業）をとらえることが必要だと思われる。

1-3-2　ビジネスの6要素

私達が定義するビジネスの6要素について、もう一度、簡単に見てみよ

う。

① 営利活動と非営利活動の双方を含む活動であること。

　営利活動と非営利活動の双方ともビジネス（事業）活動と考え、営利組織も非営利組織もビジネス活動を推進する主体と考える。双方を視野に入れることによって、現実の多様性に柔軟に対応できるし、行政や企業、そして民間団体とのネットワーク形成や戦略的な提携のあり方を科学的・実証的に検討することも可能となる。

② ビジネス活動の主体は個人と組織集団の双方がなりうること。

　原則的には、個人であれ、組織であれ、規模に関わらず、ビジネス活動が成り立つと考える。たとえ一人でも、顧客やクライアント相手にビジネス活動を開始することができるが、一般的には、株式会社、行政組織、法人、NPOのような組織集団がビジネス活動の主体となり、その影響力も大きい。

③ 目的実現活動であること。

　ビジネスには必ず事業目的があり、それに応じて活動が展開されている。事業目的が明確な活動とあまり明確になっていない活動とがあるが、活動を担うメンバーが事業目的を自覚している場合の方が、効果的な事業展開が可能になることは言うまでもない。そのため組織は、絶えず、CI（Corporate Identity：コーポレート・アイデンティティ）活動等で、組織の理念や目標を明確にし、企業イメージを高めようとする。

④ ヒト・モノ・カネ・情報などの諸資源を活用すること。

　◇ヒト：人はビジネスにとって事業を展開する大切な資源であり、それなくしてビジネスは成り立たない。しかし同時に、人はビジネス活動を圧迫するコスト（費用）でもある。

　◇モノ：ビジネス活動で利用される物はさまざまである。土地、建物、設備、生産のための原材料等、コストを可能な限り抑えた、物財の有効活用がビジネスにとっての基本となる。

　◇カネ：ビジネス活動は最終的に金額で表示され評価される。金融資産を有効に利用し、事業を継続したり、新規に立ち上げる中で、収益をあげて事業目的を実現することが重要になる。

　◇情報：ビジネスを展開するためには、情報が重要な意味を持つ。今日のような高度情報化社会においては、情報は単に処理されるものではなく、顧客のニーズを的確に把握し、事業全体を制御し、意思決定を行うための支援ツールとしての役割を担っている。

＊ CI（Corporate Identity：コーポレート・アイデンティティ）…会社名の変更、シンボルマークやロゴマークの変更等を通じて、企業イメージを高める戦略。

⑤　価値創出活動であること。

　ビジネス活動は、経営理念・組織理念の実現に向けての活動であるが、活動を通して、常に新しい価値を創り出していく。新しいサービスや商品、情報等を生み出し、付加価値を創造することがビジネス活動の基本である。特に、今日のような、ビジネス環境の中では、クリエイティブな価値創出能力が強く求められることになる。

⑥　個人と個人、個人と組織集団、あるいは組織集団同士の協働行為であること。

　ビジネス活動では、コラボレーション（collaboration）等の協働能力が重要である。個人的にどのように優れた能力を持っていても、組織メンバー同士との話し合いがうまく行かなかったり、協力して共同作業を行うことが苦手だったりする場合、活動は円滑に進まない。顧客やクライアントとの商談や相談の場面でも、協働する能力が大きく求められることになる。

＊コラボレーション（collaboration）…共同作業、協働作業。協力して働く能力。

　以上、ビジネスの6要素について簡単にとらえてみた。これらの定義に従って、ビジネスやビジネス活動のあり方について学んでいくことになる。なお、本書では、どちらかといえば、企業の営利ビジネス（営利組織）活動を中心として、分析や考察が行われている。しかし、必要に応じて、非営利活動にも触れており、また営利ビジネス活動に関する分析の多くは、非営利ビジネス（非営利組織）活動の分析に当てはまることも多い。

演習問題

1．1－1で紹介されているA社の月例会議のあり方において、問題点だと思われることを、もう一度整理しなさい。まず、最も問題だと思う順に3つあげなさい。その後、グループで話し合ってみよう。
2．成熟市場社会は、高度成長期の社会とどの点が異なるでしょうか。まず、自分でまとめてみよう。その後、グループで話し合ってみよう。
3．営利組織と非営利組織との違いは何だろうか。また、その2つの組織が、分極化と統合化の矛盾する動きを見せている。この動きについてまとめてみよう。
4．ビジネスの6要素とは何か。ビジネスの定義をもう一度確認しよう。

第2章 ビジネス環境をとらえる

2-1　経済グローバル化
2-2　高度情報化
2-3　地球環境問題
2-4　少子・高齢化

<u>4つのメガ・トレンド：私達をとりまく4つの環境変化要因</u>

　私達の生活全般に大きなインパクトを与え影響を及ぼすと言われる時代潮流や環境変化要因、即ちメガ・トレンドに次の4つがある。社会問題の8割以上はこれらメガ・トレンドに関連したテーマであると言われるほどその影響範囲は広く大きい。様々な問題がこれからのメガ・トレンドによってひきおこされ、今後のビジネスや私達の生活に大きな影響を与えることを理解しておく必要がある。

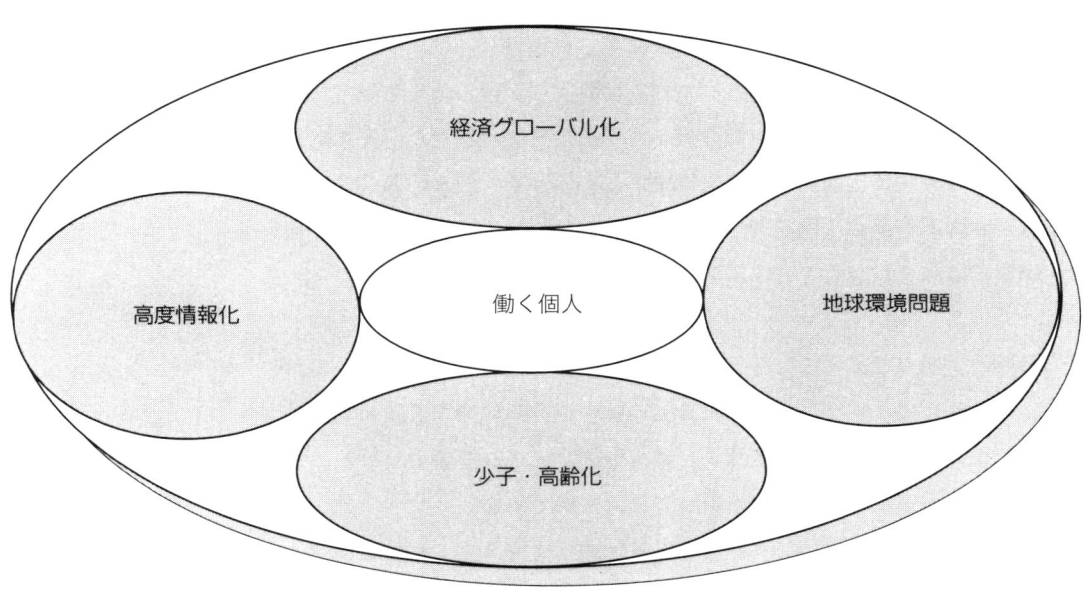

2-1　経済グローバル化

　経済の結びつきが国境を越えてますます強まる経済グローバリゼーションは、ビジネス活動から私達の生活にいたるまでさまざまな影響を与える。

2-1-1　グローバリゼーションとは？

(1)　生活に大きな影響を与えている

- あなたの今朝の食事は何でしたか？　魚にご飯と味噌汁、それともハムとパンにコーヒー？　スーパーやコンビニエンスストアで食材の英文表記を目にする機会は少ないかもしれませんが、私達が日々の食事でとる食べ物のかなりの部分、場合によってはその全部が海外より輸入した食材です。
- 2011年は、円高が続いていますね。あなたが海外旅行をすると円の価値が気になるでしょう。その時点での為替交換レートにより、同じ金額であっても購入できる量が違ってくるからです。物やサービス、人間が国際間を行き交っていますが、株や債権、通貨の変動による利潤を求めて巨額の資金も国際間を移動しています。あなたが銀行に預けている預貯金は、どのように使われているのでしょう？　あなたが昨日預けた1万円はアメリカの国債購入資金の一部として、あるいはフランス優良企業の株式投資資金の一部として、瞬時に国際間を移動しているかも知れません。
- あなたの仕事が製造業であれば、材料を海外より調達したり製品を輸出し、販売業であれば輸入商品を取り扱っているかもしれません。多くの日本企業は海外企業と提携したり資本関係があります。日本の製造企業が中国や東南アジアに工場を開設するのは当たり前になっています。

　私達の生活やビジネスは、気づかぬうちに世界経済のリンケージの輪の中にしっかり組み込まれている。日本の国や企業の展開する政策・戦略ばかりでなく、場合によっては私達の行動も他国に大きな影響を及ぼし、逆に世界の動向が日々の生活に直接影響を及ぼすのである。

　このような経済上の結びつきが世界各国間でますます太く緊密になること、これを経済グローバリゼーションという。経済グローバリゼーションは今後一層進展し、生活やビジネス全般にわたり多大の影響を与えること

になる。

(2) 経済は国家の枠を越え、国境を越えている

　過去、国際商取引は輸出輸入といったモノ（生産物）の貿易に限られていたが、1980年代以降、金融資本、現地投資、情報投資、人材の移動といったダイナミックなグローバリゼーションが加速してきた。現在はグローバリゼーション経済、ボーダーレス（borderless＝国境のない）経済などといわれているが、世界経済はさらに国家の壁を越え、巨額の資金がビジネスチャンスを求めて移動するようになる。経済は国家という枠の中から国境を越え世界全体の枠組みの中で考えられるようになり、国境はあってなきが如しの存在になりつつある。世界経済は優勝劣敗、弱肉強食の原理で動く市場経済の時代、大競争時代となる。

(3) 世界が経済地域ブロック化している

　一方この動きとは逆に、近隣諸国が一つの経済単位としてまとまっていく経済地域ブロック化の流れが世界的規模で起こってきた。政治、経済、場合によっては宗教的にも密接な関係にある諸国が連合し、さまざまな経済統合を行うもので、現在世界各地に大きな経済ブロック圏がいくつか出現している。

　これらの中でもEU統合（EU：European Union＝欧州連合）は注目に値する。これは世界市場での地位向上と域内経済活性化を目的に、国家という共同体の物理的経済的国境を取り払い、人的経済的な行き来を完全自由化する有史以来初の壮大な経済統合実験である。EUには2012年2月現在27か国が加盟し、ユーロ（euro）と呼称される通貨統合（1999年導入、2002年統一流通）が行われた。これにより巨大市場が出現し、経済グローバリゼーションが加速している。

図表2-1　世界の主な地域協力組織

1. EU	（イーユー：欧州連合　European Union）27カ国	
2. ASEAN	（アセアン：東南アジア諸国連合　Association of Southeast Asian Nations）インドネシア・マレーシア・フィリピン他東南アジア諸国10カ国	
3. APEC	（エイペック：アジア太平洋経済協力会議　Asia Pacific Economic Cooperation Conference）日・米・加・ASEAN諸国など太平洋沿岸諸国21カ国・地域	
4. NAFTA	（ナフタ：北米自由貿易協定　North American Free Trade Agreement）アメリカ・カナダ・メキシコ3カ国	
5. MERCOSUR	（メルコスール：南米南部共同市場）ブラジル・アルゼンチンなど南米4カ国	

2-1-2　グローバリゼーションと企業

(1)　企業の生き残り競争は実に熾烈

　企業と企業が事業を協同で行う、企業が別の企業を買い取る（具体的には株式取得等を通じ経営権を握る）、それが提携（alliance：アライアンス）であり、M＆A（Merger & Acquisition：合併・買収）である。企業は世界市場の中で生き残りをかけ、企業グループを再編し強化する。大競争に生き残るにはスピード経営が必要だが、自前で事業を育てるより他社と提携したり事業を買い取るほうがはるかに早く効率的であり、企業提携やM＆Aは事業拡大と国際化の有効手段として1990年代より米国で盛んになった。

　2011年に発表された主な海外M&Aの事例は、図表2−2のとおりである。

図表2−2　2011年に発表された主な海外M&A案件

買収企業	被買収企業(国名)	買収金額（資本参加も含む）	発表日
第一三共	プレキシコン(米)	763億円	3月1日
テルモ	カリディアンBCT(米)	2162億円	3月7日
武田	ナイコメッド(スイス)	1兆1086億円	5月19日
東芝	ランディス・ギア(スイス)	1863億円	5月19日
キリンHD※	スキンカリオール(ブラジル)	3038億円	8月2日
アサヒ	インディペンデント・リカー(ニュージーランド)	982億円	8月18日
みらかHD	カリス・ダイアグノスティクス(米)	580億円	10月6日
三菱商	アングロ・アメリカン・スール(チリ)	4200億円	11月10日
富士フイルム	ソノサイト(米)	775億円	12月15日
東京海上	デルファイ・フィナンシャル・グループ(米)	2050億円	12月21日

※買収金額はレコフまとめ。キリンHDは11月4日に発表した追加取得分1050億円を含む
日本経済新聞2012年1月1日

図表2−3　海外M&A金額と地域別の件数

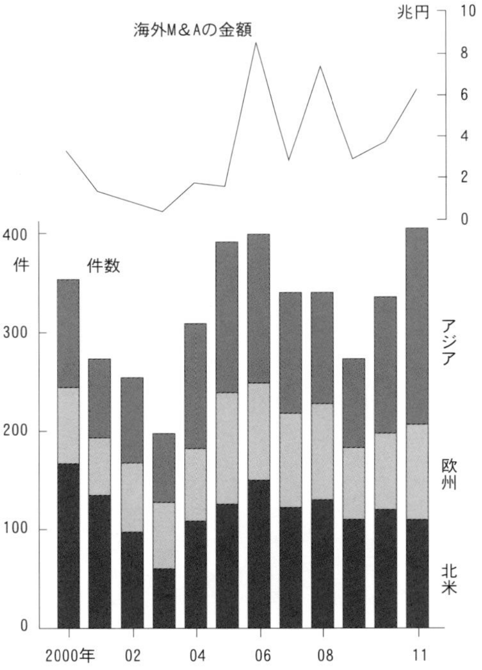

(注)レコフ調べ。金額は北米、欧州、アジア以外の地域も含む。11年は12月29日まで
日本経済新聞2012年1月1日

(2) 企業は常に自己変革、脱皮が必要

　企業は顧客に必要な財、サービスの提供を通じて利潤構築を図る組織であるが、企業を存続させてゆくためには常に自己変革し、脱皮し、効率的な経営をする必要がある。なぜなら、顧客の要求は多様化し常に変化し、利潤の多いビジネスには国境を問わず他社が参入し競争が厳しくなる、従って現状を維持していると利潤を確保し成長することができなくなるからである。企業が存続するためには、世界的企業から中小企業まで、この自己変革努力が必要となる。BPR・リストラ・専業化・アウトソーシング、といった経済用語は、企業が行う経営変革のための方法・手段である。

(3) 世界標準レベルに産業構造改革：金融ビッグバン

　世界経済の標準的レベルに達していない分野にあっては、世界市場レベルにむけた産業構造改革が大テーマになる。銀行・証券・保険など広い意味の金融市場は、1990年代後半よりさまざまな規制緩和と市場開放によりビッグバンと呼ばれる大改革が推進されている。これは銀行・証券・保険相互間乗入れ自由化、為替取引自由化（個人でも海外口座開設や外貨預金が可能になった）など、金融分野全般にわたる諸制度を抜本改革し、東京市場を欧米と並ぶ競争力ある市場にしようというプランである。1986年金融市場を本格改革したイギリスにならい、ビッグバン（BIG-BANG：宇宙創始の大爆発）という。日本の個人金融資産1500兆円の運用獲得を狙った外国資本の日本参入も相次ぎ、金融市場が一挙にグローバル化しつつある。

　産業界全般をみると世界レベルに立ち後れた産業分野が他にも存在し、否応なく世界経済全体のしくみの中に組み込まれることになる。産業構造改革は消費者や需要者にとっては多くのメリットがある反面、企業の倒産・合併・買収等々、経済グローバル化は激しい痛みを伴う。企業は勝ち残るべく、より厳しいリストラを実施し、企業整理や倒産とともに、多くの失業者を生み出すことになる。新規産業が失業者を吸収するには時間がかかるため、構造改革に伴う失業者問題は大きな社会問題になっている。

＊　BPR（Business Process Reengineering：ビジネス・プロセス・リエンジニアリング）…事業活動再編成。仕事のやり方や業務を根本的に見直し再編成する経営手法。

＊リストラ（restructuring）…事業再構築。事業撤退・経費削減など経営活動を見直しすること。人員削減、給与カットなどシビアな面で用いられることが多い（p.16参照）。

＊専業化…不採算事業から撤退し得意分野に事業活動を集中する経営手法。

＊アウトソーシング（outsourcing）…業務の一部または全部を外部に委託すること。

＊規制緩和（deregulation）…国内産業保護や既存事業保護のために設けられた規制をゆるめること、または撤廃すること。

図表2-4　金融ビッグバン概念チャート

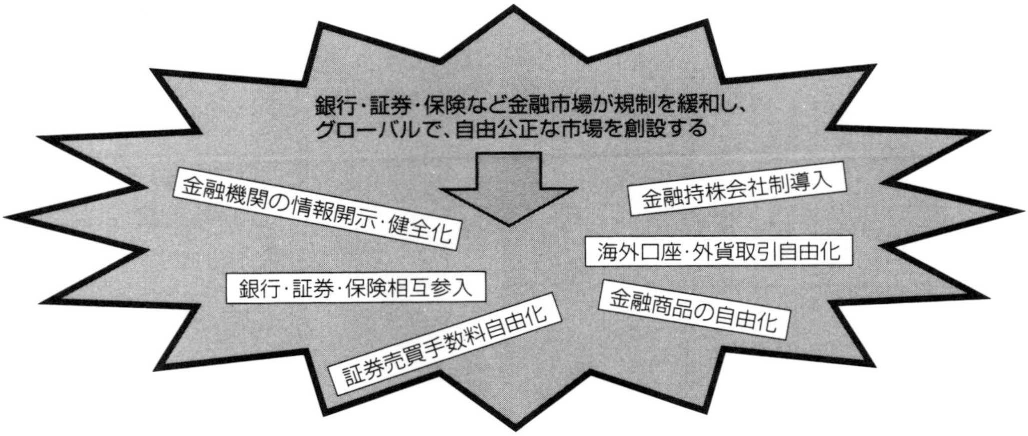

銀行・証券・保険など金融市場が規制を緩和し、グローバルで、自由公正な市場を創設する

- 金融機関の情報開示・健全化
- 金融持株会社制導入
- 海外口座・外貨取引自由化
- 銀行・証券・保険相互参入
- 金融商品の自由化
- 証券売買手数料自由化

2-1-3　グローバリゼーションとオフィスで働く人々

　グローバリゼーションをオフィスで働く人々との関連でみると、国際レベルと比較して、オフィス生産性・賃金体系・雇用形態・オフィス環境など、広範にわたるテーマが問題となる。特にオフィス生産性については、一般的に言われる日本人の高賃金低生産性、すなわち国際水準より高い賃金給与体系とともに効率の悪いビジネスプロセス処理が問題となる。海外より高い給与で雇い低い生産性の業務処理を行う、これでは欧米諸国に太刀打ちできない。働き手には知的生産性向上が、今以上に求められることとなる。また一人当たりのオフィススペースなど、欧米先進諸国と比較して相対的に劣っているといわれる劣悪なオフィス環境や労働環境が国際的アンフェア（不公平）であると将来問題化されるだろう。

　またグローバリゼーションが労働者に与える直接的な影響も大きくなる。金融経済の出来事がビジネスに影響を与え、販売や利益など個人業績を左右する可能性が高まる。同時に国際競争の激化に伴い、自分の所属企業（または親会社）が前述した企業間提携やＭ＆Ａの対象となることも予測される。財・サービス・人の国際間移動が増加すれば、情報交流と共に海外赴任や転勤あるいは外国人受け入れ等々、国際感覚や英語能力が求められる場面が多くなる。グローバリゼーションは国際化でもあるといえる。

図表2-5　経済グローバリゼーションの影響による新旧のパラダイムシフト

```
・各国政府主体経済              ・国際地域連合経済
・各種規制で国内産業保護    ⇒  ・規制緩和／自由競争
・競争は国内規模                ・競争は国際規模
・各国ごとの技術基準            ・世界標準の技術基準
・国内企業優位                  ・国際企業優位
・貿易取り引き主体              ・資本取り引き主体
・為替相場ほぼ安定              ・為替相場不安定
```

2-2　高度情報化

　産業革命にも匹敵するといわれる情報革命：社会の根底を変えてしまうほどの動きが今起こっている。

2-2-1　高度情報化、その実態

(1)　身近なシーンあれこれ

○2011年5月、アメリカのインターネット通販最大手のアマゾンは、電子書籍の販売数が紙の書籍の販売数を上回ったと発表した。

○1980年代ほとんど見かけなかった携帯電話・PHSが1990年代に爆発的に普及し、携帯をもっていない若者やビジネスマンを探すのが難しい。太平洋の真ん中でも、ヒマラヤでも、南極でも、空が見えれば地球上のどこでも携帯電話が使用できるようになった。

○高価で大型だったコンピュータが安価で小型化し、これを持ち歩けるようになり、街中や車中でパソコンに向かっている人が当たり前のシーンになった。

○インターネットで世界中のホームページにアクセスし、世界中の情報を瞬時に入手でき、世界の人々と瞬時に情報交換ができるようになった。

○ブログやツイッター、スマートフォンなどが急速に普及している。フェイスブックのような新たなソーシャル・ネットワーキング・サービスも広がっている。

○営業マンは会社に出勤しなくていい。得意先をまわり受注した明細は携帯している情報端末で会社へ送り、営業実績さえ上げれば評価され給与もアップする。

○自宅のテレビチャンネル数が数十から数百あって、映画・歌・ドキュメ

＊インターネット（Internet）…共通の情報システムとアドレス体系により相互接続された情報ネットワークの集合体。インターネット技術を活用し、企業など特定組織内で運用することをイントラネットという。

＊ソーシャル・ネットワーキング・サービス（Social Networking Service：SNS）は、人と人とのつながりをサポートするコミュニティ型のサイト。

ンタリー・ゲームなど、いつでも自由に好きな番組を選び楽しむことができる。
○万が一、旅行先や出張先で体調が悪くなっても、身につけているメディカルカード（医療情報カード）で主治医の処方が確認でき、初めての医者でも即時に適切な処置が可能になる。

私達の身の回りには従来考えられなかったような変化が起こっている。これらはすべてコンピュータと通信技術が高度に発達して初めて可能になった。

(2) 情報化とは、マルチメディアとは？

データ・文字・画像・音声等さまざまな情報がデジタル化され、ネットワーク化され、インタラクティブ化（双方向化：interactive）された状態を高度情報化・マルチメディア化といい、光ファイバーケーブルなどさまざまな通信手段と融合し、いつでもどこでも自由に情報をコントロールできる社会を高度情報化社会・マルチメディア社会という。

＊デジタル化（digitization）…アナログが連続した波のような信号であるのに対し、情報を「１」と「０」の集まりにして信号化すること。

わかりやすくいえば、数字でも文字でも画像でも音声でもすべての情報がデジタル信号化されて、あちこちとつながって相互にやりとりできる社会である。新聞や書籍はデータ・文字・画像の一方通行、TVはデータ・文字・画像・音声の一方通行、ラジオは音声の一方通行、電話は音声の双方向であるのに対し、インターネットはすべての情報をいつでもどこでも誰とでも双方向でやりとりができる。

高度情報化社会・マルチメディア社会が到来すると、経済・金融分野のみならず行政・医療・教育・文化・娯楽にいたるまで、ありとあらゆる分野で大きな変革が起きる。変化の範囲は世界全体、社会全体に及ぶと予測される。米国の文明評論家アルビン・トフラーは、エレクトロニクスなどの高度科学技術により人類の生き方を根源から変えるほどの文明の波が起こる情報革命は、農業革命や産業革命と並ぶ第3の波であると唱えた。

第1の波：農業革命（狩猟中心の遊牧生活から定住型の農耕生活へ）
第2の波：産業革命（動力エネルギーで大量生産・大量消費の生活へ）
第3の波：情報革命（情報通信の発達で情報スピード化＆共有化生活へ）

図表2-6　情報とは、高度情報化社会とは

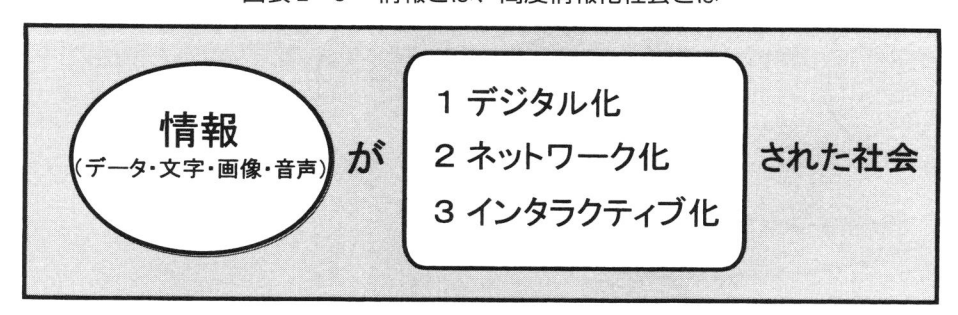

情報（データ・文字・画像・音声）が　1 デジタル化　2 ネットワーク化　3 インタラクティブ化　された社会

2-2-2　高度情報化とそのもたらすもの

(1)　情報化のもたらすもの、そのプラス効果

　情報化のもたらすプラス効果は、社会生活一般からビジネス活動・文化活動まで、計り知れない。離れていても電子メールで瞬時に人と連絡がとれ、情報を知ることができ、生活にうるおいと豊かさを得ることができるようになった。現在、技術者からビジネスマンまで、情報化のもたらすメリットを更に深めるべく用途開発の知恵をしぼっており、将来個人生活にとっても企業ビジネス活動にとってもさらに早くて快適な状況が作り出されるであろう。

　しかし、情報化のもたらすプラス効果の根源をあえてあげるなら、スピード化と共有化であろう。情報を早くそして多く知りたい、これは人間の本能とでもいうべき欲求である。従来かなりの時間がかかっていたものが、瞬時に伝達できかつ多数の人々がその情報を知り得る。情報化のもたらす最大のプラス効果はここにある。

　情報のスピード化と共有化は、時に人の生死を決する場合もある。1995年1月の阪神淡路大震災時、情報の伝達はきわめて悪く、救出活動は大きく出遅れた。6400人もの人命が失われたが、もし情報伝達がスムーズに行われていれば数千人の人々が助かったであろうといわれる（詳細5－4「ビジネスと情報活用」参照）。情報化が革命といわれるのは、この情報のスピード化と共有化のインパクトの大きさにあるといえる。

＊電子メール（E-mail）…インターネットを利用し、全世界統一した宛先表示形式「ユーザー名＠ドメイン名」（個人名＠所属組織又はプロバイダ名）により、相手とメッセージ送受信を行うコンピュータ機能。

図表2-7　インターネットイメージチャート

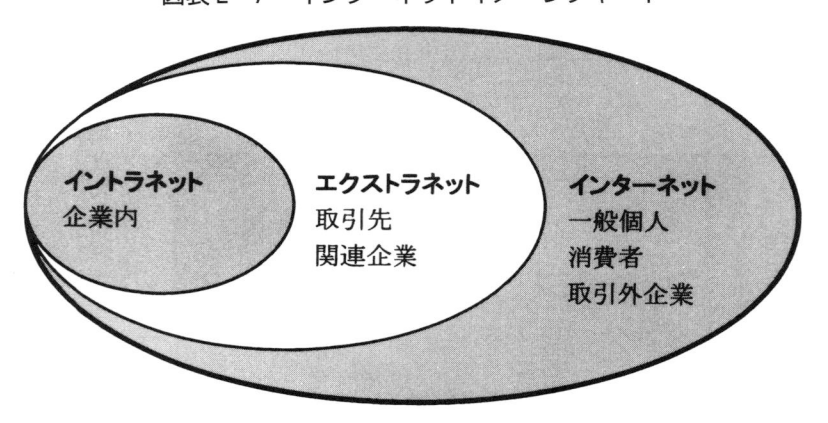

```
イントラネット    エクストラネット    インターネット
企業内           取引先              一般個人
                 関連企業             消費者
                                    取引外企業
```

(2) 情報化のもたらすもの、そのマイナス効果

　光に影があるごとく、どのように素晴らしい物やシステムであっても、影の側面がある。無限のメリットがあるといわれる高度情報化にも、その反面の痛みとでもいうべきデメリットやマイナス効果がある。私達は情報化のもたらすマイナス効果についても、正しく理解しておかねばならない。現在すでに社会問題となっている情報化のマイナス効果を、下記にあげてみる。

・個人の情報がいつの間にか、他人に知られる
・企業の機密情報が、競合他社に盗まれ大きな損失をこうむる
・インターネットでの商取引（電子商取引）で、詐欺行為にあう
・他人名義での発言や商取引で、特定個人がおとしいれられる
・ネット上で特定個人が集中的に攻撃され、中傷される
・情報量の多いものが正しく、親しいという印象をうける
・マスコミなどの大量画一情報によって影響を受ける
・望まぬ情報や不要情報を勝手におしつけられる
・情報化についてゆけず、精神的肉体的疲労やストレスを感じる
・氾濫する大量の情報に埋もれて、ストレスを感じる
・ハードやソフトの短期的な開発・改良で経済的に負担となる

　以上、主に個人又は企業が受けるマイナス効果についてふれたが、この他に社会的ダメージも懸念される。それは事故や災害による機能停止である。1995年1月阪神淡路大震災、2011年3月の東日本大震災の時の通信途絶など、実際に情報システムの故障により社会活動上多大な影響がでており、これらも文明発展の影の部分といえよう。

＊電子商取引（electronic commerce）…店舗をもたずインターネット上で商取引を行う場合と、カード支払など情報技術活用の新商取引形態の2つをあらわす場合がある。

2-2-3 ビジネス現場と情報化

(1) 今、企業ではこんな情報化をしている

　企業は他社との差別化をはかり、業務を効率化し、顧客サービスの充実をめざし、実に多様な情報化を進めている。いくつかの事例をみてみよう。

① 経営基幹システムの活用…商品の売買・在庫・資金など企業経営の基幹部分をコンピュータ化したもので、従来からある情報システム。ホスト系、基幹系システムと呼ばれる。

② グループウェアの利用…1人1台のパソコン環境を整備し、各社員にメールアドレスを与え、ビジネス情報をやりとりするしくみがグループウェアと呼ばれる情報通信ネットワークシステムである。社員間の情報交換、人事・経理・総務・広報等からの連絡、営業部門での販売情報交換、プロジェクトなど特定テーマの検討討議等々、さまざまに利用されている。情報スピードアップと共有化の最適コミュニケーションツールとして、各企業・組織での導入が急速に進み、株式上場企業ではほぼ100％普及している。なお、インターネットを活用し同等システムを企業内で運用することをイントラネットという。

③ ホームページ開設と情報提供…インターネット上で自社紹介やビジネス紹介を行うのがホームページ。TV・新聞などと比較し、常時・大量・安価にPRが可能となり、1993年インターネットの本格商用化以来、爆発的に普及している。近年は個人でホームページを開設する例も多い。

④ エレクトロニックコマース（電子商取引）の利用…インターネット上で商品販売・サービス提供などの商取引を行うことであるが、利用する側と企業の双方にとって、価格ダウン・在庫圧縮・納期短縮・業務効率化・決済簡略化等々、多くのメリットがあり急速に普及しつつある。

⑤ コールセンター（call center）の利用…商品＆サービスの問い合わせ、予約、クレーム、メンテナンスなど顧客からの電話に対し、顧客情報・商品情報を入れたコンピュータシステムを活用し質の高い顧客サービスを行おうとするのがコールセンターである。電話で住所と名前を言っただけで、オペレータが画面を見ながら「○年○月に××をご購入いただいた山田様ですね、何か問題がおありですか？」と応答すると、顧客はその企業の対応に満足する。

(2) ビジネス現場で求められるもの

　工場では安価で品質のよい品物を製造することが目的であると思いがち

だが、その企業の事業目的や社会的使命を遂行するために製造を行うのであって、「製造」が目的ではない。同様に企業が情報化投資を行うのは手段であり、目的ではない。私達がパソコンに向かい、資料・図面・データを加工するのも手段であって、目的ではない。

　工場で生産性をアップするには製造工程や機器の熟知が必要であり、製造ミスで不良品が生産されると経営に致命的な打撃となる（自動車や家電製品のリコール等）。同様にオフィスで知的生産性向上のため情報リテラシーと情報技術に精通するのは必須であり、情報ミスのまま不良データ処理を行い、資料を作成するのは経営にとっては致命的なマイナスとなる。これからはレベルの高い知的生産者、ナレッジワーカー（knowledge worker）であることが求められる。私達は日常的にインターネットで情報をとり、グループウェアで情報を共有化する。社員が高い情報リテラシーと情報技術を有していることが企業にとり事業目的遂行上で必要不可欠なのである。

　私達が知的生産者であるには、以下の3つの情報処理能力が求められる。高度情報化社会に必要不可欠な能力であるともいえる。
① 情報価値判断能力…情報価値の有無を見極める力。同じ情報であっても、Aには価値がありBには不要であることも多い。
② 情報リテラシー能力…情報にアクセスし加工する力。ハード・ソフト・システムに精通し、情報を自由にデザインする能力が求められる。
③ コミュニケーション能力…人から情報を引き出し、人に伝達する力。情報が価値を生むためには、良好なコミュニケーションが不可欠である。

2－3　地球環境問題

　私達の生み出した大量生産・消費・廃棄のシステムは今きしみが表面化しつつある。このままでは明日の地球や自然に大きなダメージを与えることになる。

2-3-1　身近な環境問題

(1) ゴミ・廃棄物はこのように処理されている

　東京大森に貝塚がある。古代の人々の生活がしのばれる貴重な遺跡であるが、現代のゴミは未来人にとって貴重な遺跡になるのであろうか、それ

とも未来人の生活に禍根を残すうらみの種になるのであろうか。

毎日生活していると当然ゴミが出る。出たゴミは集められ燃やされて、燃えないものは細かく砕かれて埋められる。一人が出すゴミはごく僅かでも何万、何十万、何百万もの人々が集まるとその量は莫大なものになる。家庭だけでなく生産工場やオフィスから事業活動の結果として出される産業廃棄物も、その量は莫大なものになり同様に処理されている。

(2) ゴミ・廃棄物が引き起こすこんな問題

ゴミの焼却時、特に燃焼温度の低い不完全焼却時にはさまざまな物質が発生する。

また、焼却できない一般廃棄物や産業廃棄物などは、地下水汚染防止処理を施したいくつかの方法で埋め立て処分される。しかし、ゴミ処理施設不足と新規処分場建設をめぐるトラブル、産業廃棄物不法投棄、過去の埋め立て処分場や不法投棄場所からの有機物（ダイオキシン・PCB・水銀・砒素・カドミウム etc）浸出や漏出等の地下水汚染問題、産業廃棄物海洋投棄による海水汚染等々、廃棄物関連では実に多くの問題と紛争が起きてきた。

＊産業廃棄物…工業・農業などの生産活動に伴って排出される廃棄物で、紙等一般廃棄物を除く19種類の廃棄物。建設廃材・汚泥・動物の糞尿が約9割を占める。

(3) ゴミ・廃棄物をゼロにしよう！というプラン

生物社会は、糞や死体でさえ他の生物の食料となり「廃棄物」という存在がありえない完全循環型システムである。これにならってゴミ・廃棄物（EMISSION）をゼロにしよう、とするゼロエミッションプランが1994年国連大学より提唱された。具体的には開発段階で廃棄後のリサイクル・再利用を考慮した設計、工場の生産工程より排出された廃棄物を別産業や別工程の再生原料として活用する完全循環型生産システム、生活排水や生ゴミなどを肥料等として利用するゴミ循環システムなど、さまざまな試みや研究が進んでいる。研究段階ながら地域内の廃棄物ゼロをめざすエコタウン・エコハウスなどの実験もスタートしている。

2-3-2　地球環境問題

(1) 地球があたたかくなる？　地球温暖化問題

廃棄排出物問題と並ぶもう一つの大テーマが地球温暖化問題である。石油など化石燃料を燃やし大気中に二酸化炭素 CO_2 を大量に放出し続けると、その温室効果のため2100年の世界平均気温は1.8～4.0度上昇し、海面上昇と共に各地の気候は激変し多大の影響がでる。

大気温度の上昇は多くの問題を引き起こす。大気温度が上昇すれば、海水膨張や氷河溶解により海面上昇が起き、土地水没や洪水・高潮の危険が

＊温室効果…CO_2などの温暖化ガスは、本来宇宙へ放出されるはずの赤外線を吸収、人が厚着をしたような状況となり、地球をあたためる。

高まる。さらに大気温度上昇により気候変動が起こりやすくなり、高温多雨による洪水や渇水、高温や熱波による熱射病・熱中症、伝染病など健康への影響も大きい。また、温度上昇による動植物全般にわたる生態系への影響も深刻であり、生態系破壊により生物種の急速な減少が懸念され、小麦・米・魚類などの食料生産も深刻なダメージを受けるおそれがある。

　この地球温暖化は、原因は主にCO_2（二酸化炭素）に代表される温室効果ガスの増加である。2008年のCO_2世界排出量は炭素換算で295億トン、産業革命以来現在も排出量は増え続けている。ちなみに日本は中国・アメリカ・ロシア・インドに続く世界第5位のCO_2排出国（11億8600万トン、4％）で、アフリカ全体・南米全体の排出量を上回っている。

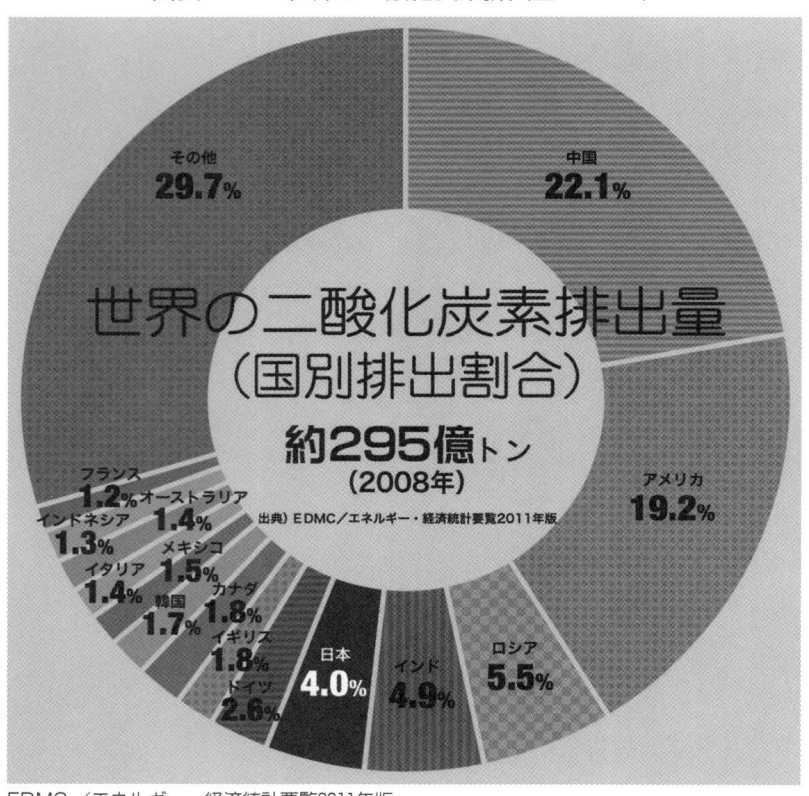

図表2-8　世界の二酸化炭素排出量　2008年

世界の二酸化炭素排出量（国別排出割合）
約295億トン（2008年）
出典）EDMC／エネルギー・経済統計要覧2011年版

- 中国 22.1%
- アメリカ 19.2%
- ロシア 5.5%
- インド 4.9%
- 日本 4.0%
- ドイツ 2.6%
- イギリス 1.8%
- カナダ 1.8%
- 韓国 1.7%
- イタリア 1.4%
- メキシコ 1.5%
- インドネシア 1.3%
- オーストラリア 1.4%
- フランス 1.2%
- その他 29.7%

EDMC／エネルギー・経済統計要覧2011年版
全国地球温暖化防止活動推進センター
ウェブサイト（http://www.jccca.org/）より

(2)　森が少なくなる？

　地球温暖化防止の切り札、CO_2を吸収する森林はどうなっているのだろうか。CO_2を吸収し大気調整機能をもつ森林は、現在急速に減少し続けて

いる。紙や建築材料として大量に伐採され、焼畑農業での用地確保のため焼き払われ、過放牧や灌漑(かんがい)などのため緑地の砂漠化が進行しているからである。特に熱帯雨林地帯における森林面積減少は急速に進んでおり、気候や生態系への影響が懸念されている。この森林面積減少は、微妙なバランスのもとに成り立つ地球環境を狂わせる。

(3) 水と大気が汚れる？

　ゴミや産業廃棄物の他、人間の生活や社会活動の結果として、工場や自動車からフロン、酸化化合物など大気汚染物質が排出される。これら排出物も大きな地球環境問題である。国際レベルでの対応検討がなされているが、大気汚染・水質汚染は私達の健康や生活に大きなダメージを与える。

　生産活動から発生するフロンガスはオゾン層を破壊する。オゾン層という一種の保護シートに穴が開く。私達は紫外線などの有害宇宙線に直接さらされることとなり、遺伝子損傷や皮膚ガン増加が懸念されている。また同様に工場などの生産活動から排出される酸化化合物は酸性雨となり、森林枯渇・湖沼酸性化・建物損傷他の原因となっている。近年では他国の生産活動による酸性雨が隣国へ影響するといった、国際間公害問題もおきている。

　海洋汚染も問題である。タンカーなどからの故意又は事故による油排出、廃棄物の不法投棄、船舶の防錆(ぼうせい)塗料の浸出、生活産業排水の流入等々、海洋汚染が進んでいる。魚類を食料資源として活用している私達は、プランクトン→魚類→人間といった食物連鎖の頂点におり、海洋汚染は人間の健康に間接的影響を与える。また、私達が日々飲む水道水である、上水の汚染も問題化している。酸性雨や排水流入で水質が低下し、各家庭で浄水器がとりつけられたり、ミネラルウォーター購入が一般化してきている。

　豊かさ、便利さ、快適性を追求して生み出した化学物質や生産活動が、間接的に私達にダメージを与えるという皮肉な状況になってきている。

図表2-9　環境ラベルあれこれ

（エコマーク）	エコマーク	環境保全に役立つ商品につけられる
（グリーンマーク）	グリーンマーク	古紙再生利用製品につけられる
（スチール）（PET）	再生資源 材質表示マーク	リサイクル（再生）促進、分別回収促進のための資源材質を表示する
（R100）	再生紙使用マーク	古紙配合率に合わせて表示する
（ENERGY STAR）	エネルギースター	消費電力効率のすぐれた製品につけられる

2-3-3　環境問題とビジネス

(1)　環境問題の根底にあるもの

　地球はよく宇宙船にたとえられるが、この限られた空間の中に現在約70億人の人間が生活している。地球人口は爆発的に増加しており（人口爆発）、現在も増加を続け、2050年には93億人に達すると予測されている。有史以来人々は便利さを求め進歩発展を願い続けてきた。そしてその目的に向かって、限られた地球資源を利用して開発を行い、新たな技術を開発し、新たな物質を生み出してきた。18世紀の産業革命以降は生産技術が革新的に進歩し、あらゆる分野で大量生産・大量消費・大量廃棄が行われてきた。人口爆発と大量生産・消費・廃棄のシステムは、20世紀後半より徐々にそのきしみとでも言うべき諸問題が表面化してきた。それがさまざまな環境汚染問題や公害問題であり、地球温暖化問題である。ダイオキシンや環境ホルモン（内分泌かく乱物質）も同様である。限られた宇宙船内に人が増え、豊かさを求め大量生産・消費・廃棄をくり返してきた、そのつけが環境問題といえる。

　21世紀におけるメガ・トレンドの最大テーマは地球環境問題である、と主張する学者や政治家・知識人が数多くいる。現在のままのシステムを継続すると、私達の子孫の代で取り返しのつかぬダメージを与えることになる。現在、国や各国政府が中心となり人口増加抑制策や地球資源使用制約・有害物質排出規制、ゼロエミッションプランなどが検討されているが、21世紀に入って地球環境問題は社会生活全般にわたる大テーマとして一層重要性を増している。

＊人口爆発…200年前10億人、100年前17億人、50年前25億人、1999年60億人、このような産業革命以後百数十年間での急激な人口増加を人口爆発という。

＊環境ホルモン（内分泌かく乱物質 environmental hormone）…生物の生殖機能に障害を及ぼすとされる、ダイオキシン（ゴミ焼却時発生）・トリハロメタン（水道水中の塩素化合物）・DDT（農薬殺虫剤）・TBT（船舶魚網の防汚剤）などの環境化学物質。

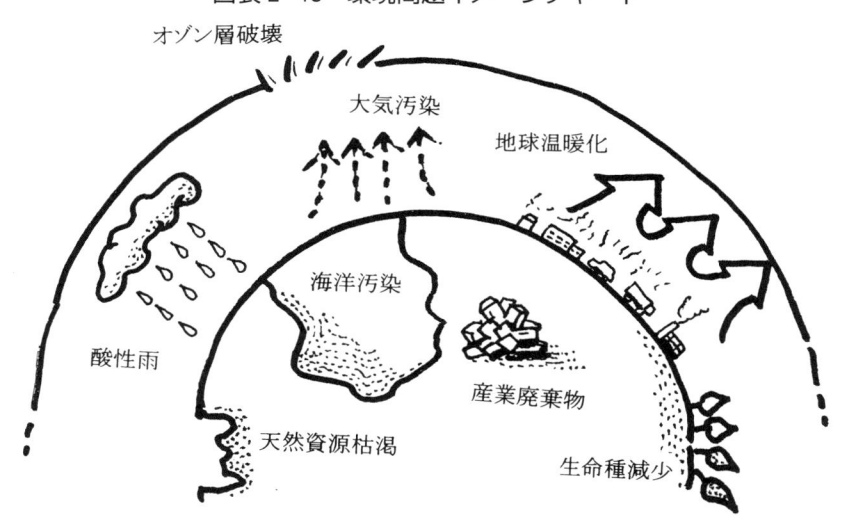

図表2-10 環境問題イメージチャート

オゾン層破壊
大気汚染
地球温暖化
海洋汚染
酸性雨
産業廃棄物
天然資源枯渇
生命種減少

(2) 環境問題はビジネスを変える

　ビジネス界では地球環境に配慮した展開が種々行われている。この動きは一部企業にとどまらず、産業界全体に広がりつつある。環境を汚染することは悪、との認識が社会的に一般化しビジネス活動そのものを変えているからである。安全性・コストパフォーマンスなどの観点で現在多くの問題もあるが（リサイクル商品や環境対応商品の流通に手間がかかったり割高であったりする）、21世紀には環境軽視のビジネスは成り立たなくなり、環境を汚した企業・汚染源企業は、存続さえ危うくなる。またエネルギー・資源の多消費型生活もスマートとはいえなくなる。より一層深刻化する地球環境問題に対し、商品選定が価格から環境基準に、社会全体がコスト優先思想から環境優先思想に変換するからである。環境国際基準ISO14000取得促進の動きなど、環境は確実にビジネスを変える大きなうねりとなっている。以下は、そのいくつかの事例である。

・東京都では再生紙以外の名刺は受け取らない運動を1998年より展開している。
・各自治体では環境にやさしい材料や再生材料を使用しているエコ商品指定購入を打ち出すことは当たり前になっている。
・文具メーカー、玩具メーカーなどは廃棄焼却時有害といわれる塩ビ製品の発売を中止、又は他素材に切り換えている。
・家電メーカー各社は2001年の家電リサイクル法の施行により、テレビなどに使用される500〜600種にもわたるプラスチック部品を再生しやすい

＊ISO14000（International Organization for Standardization 14000）…製品やサービスの国際規格を制定する国際標準化機構の定めた環境管理規定。グリーンパスポートとも呼ばれる。

＊家電リサイクル法…冷蔵庫・冷凍庫・洗濯機・テレビ・エアコンの家電製品5品目を対象に、廃棄時のリサイクルを義務づける法律。2001年4月から施行された。

ように数種に限定したり、金属部品に置き換えた。
- 自動車メーカーでは車体を分解再使用しやすい構造に設計変更すると同時に、石油等環境負荷の大きい化石燃料に代わるクリーンエネルギー開発や、CO_2排出そのものをなくす燃料電池車や電気自動車開発に取り組んでいる。

(3) 私達一人一人ができるエコロジカルライフ

　一方、私達市民レベルでもエネルギーや資源に対する気遣いで、廃棄排出物削減や温暖化防止のエコロジカルライフを実行することができる。電気・ガス・水道などの使用量を削減し、ゴミ排出を少なくし、エアコン・冷蔵庫・TV等家電製品を適正使用し、車の不使用や公共交通機関の利用を促進し、環境負荷の少ない商品やサービスの優先購入等々、一人一人の心がけで環境に優しい生活をおくることができる。

2-4 少子・高齢化

　若者の数より老人が多い社会が到来した。今後日本の総人口も徐々に減少する。少子・高齢化が21世紀の私達に与えるインパクトは多大である。

2-4-1 少子・高齢化問題とは何？

(1) もう起こりつつある近未来ストーリー

> 東北のある地方に、川沿いからなだらかな丘陵地にかけて、静かな町がある。その町は子供が少なく、学校近くにでも行かない限り子供を見かけない。町には中年やお年寄りが多く福祉施設や病院は充実しているものの、若者の集まるような店や場所はきわめて少ない。町に魅力がなく働く場所も少ないから若者達は卒業すると都会へ出ていってしまう。町の産業も徐々に衰退し、町外れのあちらこちらに今は使われなくなった工場が廃屋となっている。町の財政状況も厳しく、町民に対する税金は高いわりに公共サービスのレベルは低い。当然町民の生活は不便で、ちょっとした買い物やレジャーは隣の町や離れた都会まで出なければならない。その町に古くから住む老人は言う。昔この町は若者があふれ、活気があってよそから人々が集まってきた。何でこんなことになってしまったのだろう？

この話はフィクションであるが現在すでに同じような現象が起こっている。地方市町村の過疎化・活力低下の現象である。何も手が打たれないと数十年後日本のあちらこちらでこのような話を聞くことになる。そればかりか日本全体がここに書かれたような状況になる可能性も高い。日本の将来は要注意、と専門家は警鐘を鳴らしている。少子・高齢化問題は放っておくと、将来確実に私達に重い負担となる。少子・高齢化問題は統計で数値を把握でき、ある程度確実な予測をすることが可能な問題であり、私達自身の問題である。

(2)　地球人口は増加しているのに少子化？

　地球人口は約70億人、人口爆発といわれるほどの増加を現在も続けているが、この増加のほとんどはアジア・アフリカ・中南米などいわゆる「南」といわれる開発途上諸国である。一方「北」とよばれる先進諸国ではほぼ共通して少子・高齢化が進んでいる。

　開発途上諸国でなぜ人口が増加し、先進諸国で少子化が進むのであろうか？　開発途上国は、低所得で社会保障が遅れており、家計を助け老後の面倒をみてもらう子供を多く持つことがプラスになる。それでも貧困や医療制度の後れなどの原因で、平均寿命をみると先進国と比較して20歳早死にしている。

　日本で子供一人を育てるには約4000万円かかるとされているが、高所得で社会保障の進んだ国では一般的に子供を持たぬメリットの方が大きい。つまり、先進国では子供を持つことは経済的な負担になる可能性が大なのである。子供を持つことで収入がマイナスとなり育児に金がかかる、この厳しい現実に対する答え、それが少子化問題のひとつの理由である。その他、少子化の原因については、長時間労働による仕事と家事・育児の二重負担、晩婚化や非婚化、などさまざまな分析がなされている。

＊地域過疎化…地域在住の人口が減少すること。過疎化地域は一般的に高齢者が多く，活性化しないため更に人口減少がすすむという悪循環に陥るケースが多い。

図表2-11　世界人口の推移と推計：紀元前～2050年

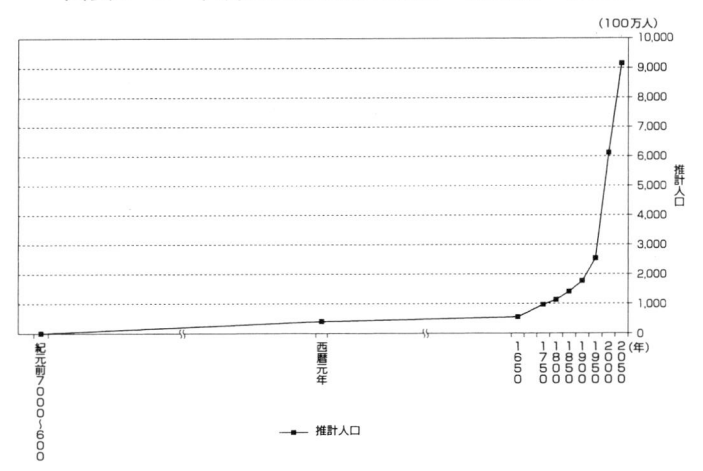

資料：国立社会保障・人口問題研究所「人口統計資料集（2010）」より環境省作成
（平成22年版　環境・循環型社会・生物多様性白書）

図表2-12　先進国の合計特殊出生率

	日　本	アメリカ	イギリス	フランス	ドイツ	スウェーデン
1950年	3.65	3.02	2.90	2.90	1.88	2.32
1980年	1.75	1.84	1.89	1.95	1.56	1.68
2009年	1.37	2.01	1.94	1.99	1.36	1.94

＊合計特殊出生率…女性が一生の間に何人子供を産むかを示す指標で、現人口を維持するためには2.08以上の出生率が必要とされる。

2-4-2　日本の人口構成と将来予測

(1)　日本の人口動向

　日本の人口が1億を超えたのは1967年である。1998年は1億2636万人であるが、2005年をピークに減少に転じた。2050年には9515万人になると予測されている（国立社会保障・人口問題研究所）。21世紀半ば、国民の3人に1人は65歳以上になっている。

(2)　急激な高齢化が進行中

　総人口中65歳以上老年人口の占める割合が増えることを人口高齢化といい、老年人口が7％を超えた社会を高齢化社会、14％を超えた社会を高齢社会という（国連分類）。日本の65歳以上人口は1970年に7％、1994年に14％を超え、高齢社会に入った。戦後の団塊世代が老年期に達した後の2020年には29％を超える、と予測されている。65歳以上人口数は1997年2000万人が、2050年には約3800万人に増加する。日本では他に例を見ない急激な勢いの高齢化が進行してる。100歳以上の高齢者も、2009年には4万人を突破した。

2-4 少子・高齢化

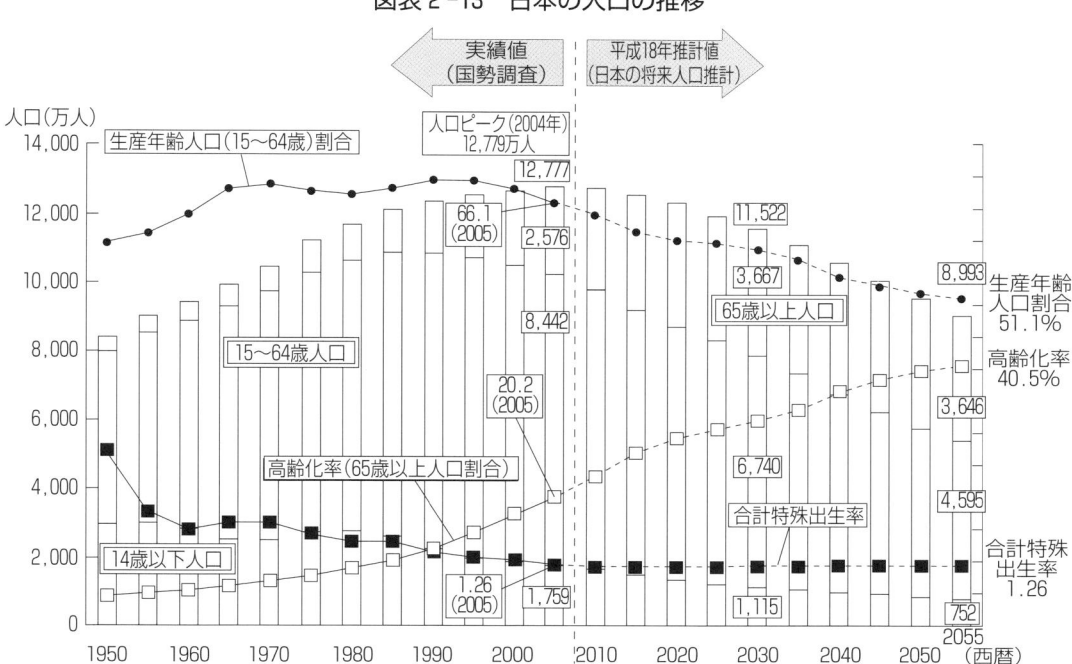

図表2-13 日本の人口の推移

資料：2005年までは総務省統計局「国勢調査」、2010年以降は国立社会保障・人口問題研究所「日本の将来推計人口（平成18年12月推計）中位推計」（平成23年版　厚生労働白書）

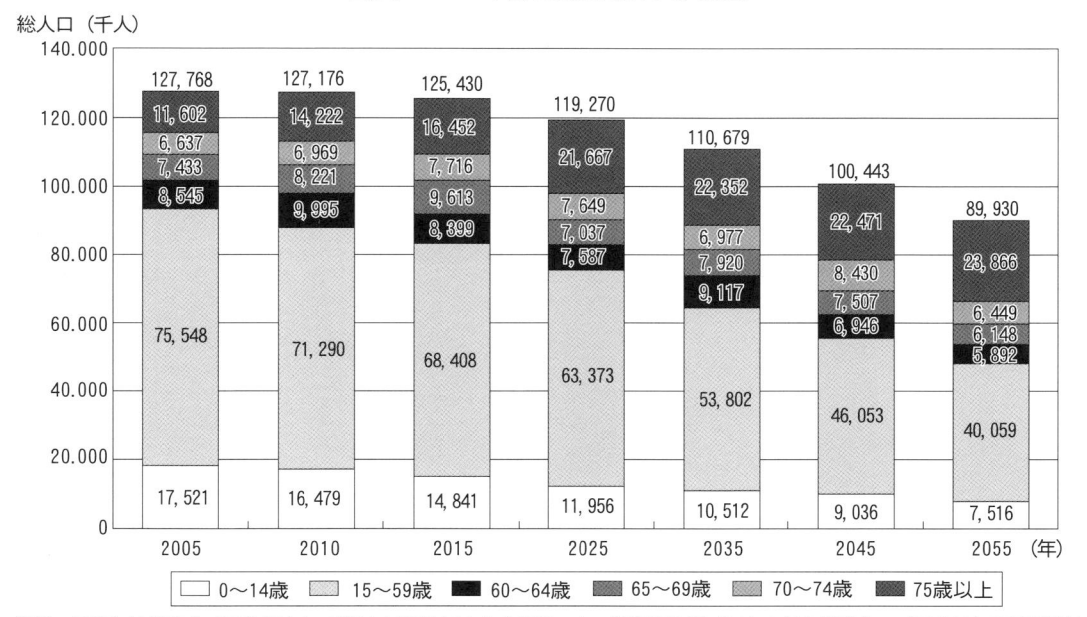

図表2-14 年齢区分別将来人口推計

年	総人口	0〜14歳	15〜59歳	60〜64歳	65〜69歳	70〜74歳	75歳以上
2005	127,768	17,521	75,548	8,545	7,433	6,637	11,602
2010	127,176	16,479	71,290	9,995	8,221	6,969	14,222
2015	125,430	14,841	68,408	8,399	9,613	7,716	16,452
2025	119,270	11,956	63,373	7,587	7,037	7,649	21,667
2035	110,679	10,512	53,802	9,117	7,920	6,977	22,352
2045	100,443	9,036	46,053	6,946	7,507	8,430	22,471
2055	89,930	7,516	40,059	5,892	6,148	6,449	23,866

資料：2005年は総務省「国勢調査」、2010年以降は国立社会保障・人口問題研究所「日本の将来推計人口（平成18年12月推計）」の出生中位・死亡中位仮定による推計結果（平成23年版　高齢社会白書）
（注）2005年の総数は年齢不詳を含む。

図表2-15　出生数及び合計特殊出生率の年次推移

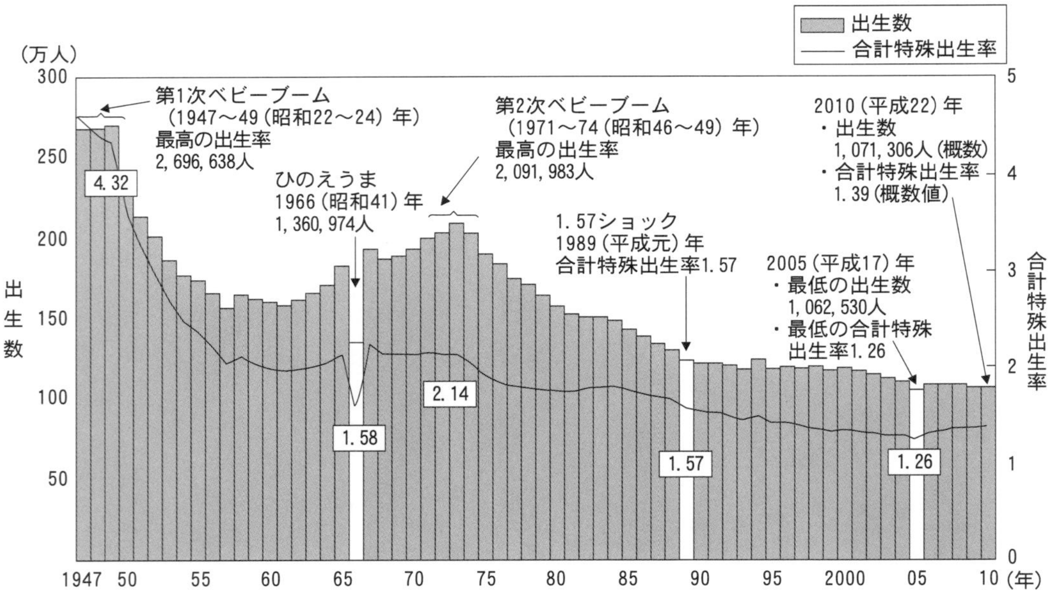

資料：厚生労働省「人口動態統計」（平成23年版　子ども・子育て白書）
注：1947～1972年は沖縄県を含まない。
　　2010年の出生数及び合計特殊出生率は概数である。

(3)　急激な少子化が進行中

　15歳未満（14歳以下）の人口、年少人口は1997年に1937万人となり、老年人口を下回った。日本全体でみると1997年を境に、老人より子供の数が少なくなった。

　一人の女性が一生のうちに産む平均子供数を出生率（合計特殊出生率）という。現人口を維持するには2.08の出生率が必要とされるが、1950年3.65であった出生率は1975年に2.0を割り、2005年には過去最低の1.26を記録している。この理由は前項でみたようにさまざま分析されている。年少人口の減少は今後も続き、2050年には2005年より940万人少ない820万人になると予測されている。少子化も同じく急激なスピードで進行しているのである。

(4)　労働力人口減少は現役世代の負担増加

　15歳以上64歳以下は生産年齢人口、別名労働力人口という。労働力人口は2010年に約8100万人であるが、2050年には約4900万人に減少すると予測される。8100万労働人口が2900万老人人口を支える構図が、このまま手をうたれないと40年後には4900万人が3700万人を支える社会構図に変わる。

　この数字の物語る意味は二つある。一つは社会の中堅にとり、軽い負担

が徐々に重い負担になることである。将来の人々にとって、老人医療・福祉・介護や税負担増加など直接間接の負担は大きくなる。二つ目は労働力人口総数の減少による社会構造変化である。労働力が減るということは社会の活力がそがれるということであり、これに対応するには生産活動面から社会生活全般までさまざまなパラダイムを変えねばならない。

図表2-16　労働人口と老年人口バランス

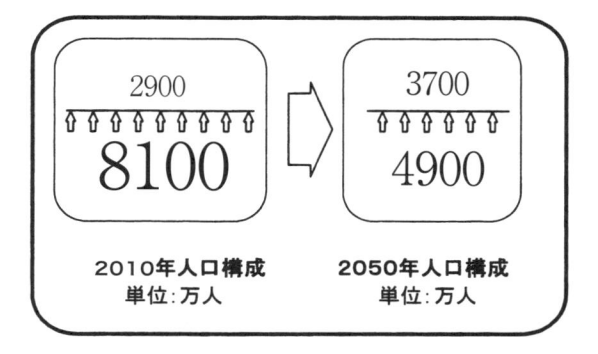

	2010年人口構成 単位：万人	2050年人口構成 単位：万人
老年人口	2900	3700
労働人口	8100	4900

2-4-3　ビジネス現場と少子・高齢化問題

(1)　少子・高齢化問題、ビジネスへの影響は？

　少子・高齢化により国の人口構造が変化すると、当然ながら将来の社会に避けようのない多大な影響をあたえる。その範囲は教育問題、雇用問題、住宅問題、医療福祉問題、年金問題から地域活性化問題に至るまで、きわめて広範にわたる。

　少子・高齢化は経済成長も制約する恐れが強い。国の活力尺度である実質経済成長率は1990年が5.57であったのに対し、1995年が1.88、2000年が2.86、2005年が1.93、2010年が3.96と推移している。また、2009年にはリーマンショックの影響で−6.28となっており、1998年が−2.05、2008年が−1.17などマイナス成長の年もある。

　ビジネスやオフィス関連では、労働力不足とそれに伴う女性や高齢者などの戦力化、雇用構造の変化などが予測される。企業は将来、労働力確保のため定年延長、女性労働力の積極活用、社外労働力活用などを検討せざるをえなくなる。景気低迷、失業率増加の90年代後半から、定年延長の動きがすでに散見されている。

(2)　高齢化対応について

　少子・高齢化は若い世代が高齢者を支える公的年金制度・医療保険制度など、社会保障制度に深刻な影響をあたえる。企業年金の財政的破綻は経

＊リーマン・ショック…2008年、アメリカの大手投資銀行リーマン・ブラザーズの経営破綻が引き金となった世界的な金融危機。

＊定年延長…高齢者層の社会的活用や労働力確保のため、現在の定年年齢を引き上げること。高齢化対策の一手段として国も各企業に推奨している。

営にも大きな影響を与える。社員の医療費用や欠勤を少しでも抑えるため、社員の心身健康維持に対する配慮がより一層進むであろう。そうしたなか、介護保険法が1997年に成立し、2000年から施行されている。

医療や福祉・介護分野のみならず、高齢者にとって快適な公共施設や働きやすい環境を準備すること、これも今後大きなビジネステーマになる。人の集まる駅や図書館など公共施設は当然として、オフィス構築でも高齢者などにやさしいバリアフリー設計が求められる。近年、障がい者や高齢者が通常の社会生活を享受できると共に、物やシステムは誰にでも人に優しくあるべきだというノーマライゼーション思想も普及している。また、高齢者を対象にしたシルバーマーケットも成長が見込まれ、高齢社会到来でビジネスも変革が進むであろう。

＊バリアフリー（barrier free）…身体障がい者・高齢者等が生活をする上での障害（バリア）をなくし除去（フリー）しようという考え。

＊シルバーマーケット…65歳以上の老年人口を対象にしたビジネスの総称。

図表2-17　少子・高齢化の影響

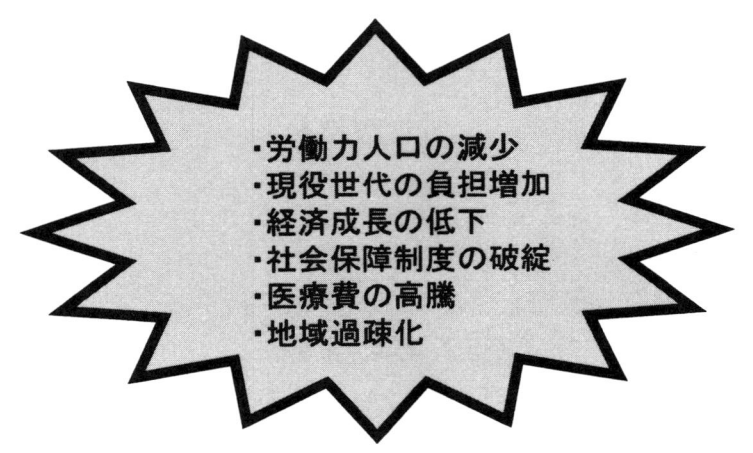

・労働力人口の減少
・現役世代の負担増加
・経済成長の低下
・社会保障制度の破綻
・医療費の高騰
・地域過疎化

(3)　少子化対応についてのテーマ

少子化による将来危機は深刻である。政府・経済団体・民間研究機関から仕事と子育てを両立できる雇用環境や育児支援など、さまざまな対策と提言がなされている。子供を産み育てることが個人にとって負担にならない制度や環境を、国や自治体のみならず企業レベルでも整えることが今後ポイントとなる。今現在働いている女性にとっては、経済的マイナスにならない労働環境と育児環境が準備され、良質で低廉な保育サービス（乳児保育・夜間保育・病児保育など）が受けられることが必要となる。これらを実現するには男性や周囲の理解と共に、政府・企業の膨大な費用負担も必要となり、決して容易ではない。しかし、これを乗り越えなければ、日本の未来は灰色のままである。

●有給育児休業制度・フレックスタイム制度や在宅勤務制度導入

＊育児支援…経済的・肉体的に負担の多い育児を、行政や企業がさまざまに支援すること。

●企業における再雇用制度・中途採用やパート雇用の積極活用
●保育所充実と保育費用支援・児童手当拡充・育児減税など
●教育費減税など教育関連支援

演習問題

1. 最近1カ月間の新聞を調べ、経済グローバリゼーション関連、企業M&A関連の記事タイトルを5つ以上あげなさい。
2. 経済グローバリゼーションのプラス効果とマイナス効果を整理してあげなさい。
3. 高度情報化のプラス効果、マイナス効果についてグループで討論し、身近な具体例を10以上あげなさい。
4. 次の文章を読み、正しいものには○、間違っているものには×をつけなさい。
   ① 情報革命は人の生き方を根源から変え、第3の波ともいわれる。（　）
   ② インターネット技術を活用し、企業内などの特定組織内で運用することをエクストラネットという。（　）
   ③ 人の声や音楽などをデジタル化し、インターネットで伝えることはまだ実験的にしかできない。（　）
   ④ 本や新聞はデータ・文字・画像のインタラクティブメディアである。（　）
5. 環境問題がクローズアップされている根本的理由を簡潔に述べなさい。
6. 環境問題がビジネス活動や働き方にどのように影響を与えるのか、グループで討論しなさい。
7. ゴミ・廃棄物を減らすための具体策をあげなさい。
8. 少子化傾向を抑えるためには何をするべきか、グループで討論しまとめなさい。
9. あなたの居住地（市町村など）の、過去10年間の人口動向を調べグラフ化しなさい。
10. 高齢化によりどのような社会的影響が起こるか、特にビジネスの現場に対する影響はどのようなものがあるのか、可能な限りあげなさい。

第3章　ビジネス現場をとらえる

3－1　日本的雇用システムの転換
3－2　オフィスからワークプレイスへ
3－3　ワークスタイルが変わる

<u>ビジネス現場、そこで今何が起こっているのか？</u>

　私達が働くビジネス現場、それは企業でありオフィスであり、時にバーチャルなネット上のサイバー空間である。それらのビジネス現場は前章でみたメガトレンドの影響を受け、根幹をなす雇用システムの変革と共に、今大きく変わりつつある。そしてその変化につれて私達のワークプレイスや、ワークスタイルも確実に変わりつつある。ビジネス現場では今、何が起こっているのか？働く個々人の視点からみてみよう。

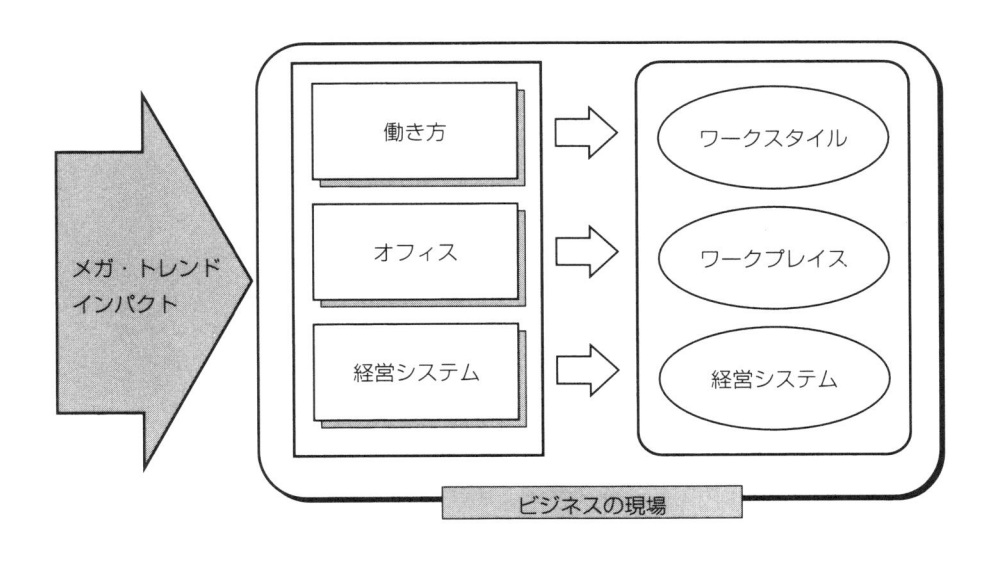

3－1　日本的雇用システムの転換

　ビジネス環境は激変しているが、それに伴って日本的雇用システムも大きな転換期を迎えている。集団志向性の高いシステムから「個」を尊重する選択システムに移行しようとしている。

3-1-1　自由・選択制の導入

　高度成長を支えてきた日本的雇用システムは、「三種の神器」と称される「終身雇用制」「年功序列制」「企業内組合」に代表されるが、その特質は同質性、集団性にある。日本の組織は「同一民族」「同一文化」を持つ日本人によって構成され、「みんなと同じであること」すなわち他の人と同じことをし、同じことを考えることが大切なこととされてきた。

　それが現在「異質なものを受け入れる」「他と異なってもよい」「人は人、自分は自分」というように考え方が変化してきている。その変化は、経営システムでみると一つの長い関係を前提とする終身雇用制が、転職などが容易にできる可動的な雇用制度に移行しているといえるし、労働力の評価も年功序列制で学歴や加齢による評価であったものが、成果によって判断する業績主義に転換しているといえる。

　また、機械的にみんな平等というこれまでの観念は「異なるものは異なるように、同じものは同じように」「人の事実上の属性の差異に応じて取り扱いを異にする」という相対的平等に転換し、「機会の平等」と「結果の平等」の使い分けを可能としている。

　このように激しい市場競争の中で、日本的雇用システムは大きく変容し、グローバルな基準にも通用するシステムとして再構築が行われている。個人をベースとした相対的で成果主義的なシステムへ、私達個々人が自由に選択するシステムへと転換がはかられているのである。

図表3-1　日本的雇用システムの転換

同質社会 学歴社会 集団主義文化 長期的な関係思考 機械的平等 終身雇用制度 年功序列	異質受容社会 能力主義社会 個人主義文化 多様な関係思考 相対的平等 可動的雇用制度 結果業績尊重

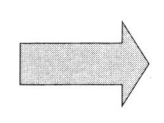

例えば、それは労働者自身の意識も変化させている。

私達は理想の働き方として、組織に依存するよりも個人として自立し、能力によって評価されることを望んでいる。理想の働き方は能力主義的処遇による個人自立型がもっとも多い。経営システムも、労働者の意識も、個をベースとする自由選択システムにむけて大きく転換してきた。

3-1-2 さまざまな就業形態

システムや意識の転換は、就業形態の多様化という状況を作り出す。今日の就業の形態は、正社員や契約社員、派遣社員、パートタイマーなど多様であり、そのいずれかを私達が選択することになる。以前のように正社員か無職かというような二者択一ではなくなっている。ここでは派遣社員とSOHOの働き方を考えてみる。

(1) 派遣社員

派遣社員とは、派遣事業主が自己の雇用する労働者を派遣先の依頼を受けて送り出すシステムで、労働者からすれば派遣会社の社員として、雇い主でない派遣先のもとで働くことをいう。

図表3-2 派遣労働とは

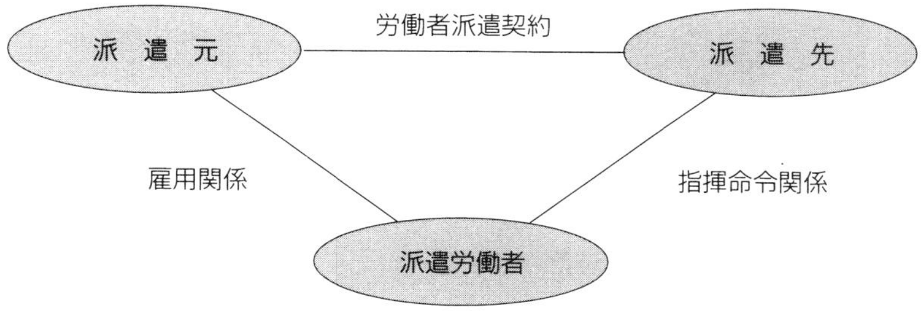

雇用が流動化する中で、この派遣会社や派遣社員が現われた。このような派遣事業ができるのは、はじめは政令で指定された26の業務、適用対象業務に限られており、それ以外の業務については派遣を行うことはできなかった。その後、自由化され実質的にはほとんどの業務に広がった。

もともと派遣社員は専門職として扱われてきた。ある意味では技術を高く評価されて賃金もそれなりに高かった。しかし、自由化により専門職という前提がなくなり、賃金水準は下がった。雇用の流動化は、選択の幅を広げるが、雇用条件を悪化させてきた。私達は、専門的なスキルを常に磨かないと好条件の労働環境を選択していくチャンスを失うことになる。

(2) SOHO

高度情報化の影響を受けた新しい働き方が、最近あらわれてきている。ワークスタイルの変化については、3-3「ワークスタイルが変わる」で詳しく述べるが、ここでは新しい就業形態の一つとして SOHO を紹介しよう。図表3-3は SOHO のうち Small Office の例である。自宅に近いオ

* SOHO…Small Office、Home Office の略。ソーホーと呼ばれる。自宅に近いところに小さなオフィスを持って仕事にあたるケースを Small Office と呼び、在宅のまま仕事を行うケースを Home Office と呼ぶ。

図表3-3　ワーキングマザーの1日（タイムスケジュール）：SOHO

時刻	項目	内容
6:00	起床	
	洗濯物干し	前夜洗濯した物を干す。夫にも手伝ってもらう。
	朝食の支度	
	子供を起こす	
7:30	家族で食事	
8:00	夫が家を出る	
8:15	子供の身支度	
8:45	登園	子供がぐずったりする日は遅れがちになる。自宅から保育園までは、徒歩10分弱。保母さんに預けた後、おむつや着替えなど身の回りの物をそろえるのに10分弱かかる。
10:00	オフィスへ到着	登園時間にもよるが、だいたいこの時間には仕事を始められる。保育園からSOHOオフィスまでは電車なら20分弱、車なら10分程度、徒歩でも通えないことはない。
	メールチェック	電子メールチェックと返信、自分が参加しているメーリングリストのチェック。
	自分の仕事	
12:00	昼食	
12:30	仕事再開	ただでさえ仕事の時間が限られているので食事が終わったらすぐに仕事を再開。
17:40		帰宅前にもう一度メールをチェックするように心がけている。時間に余裕があれば返信もする。
	オフィスを出る	
	お迎え	
18:00	帰宅	まずは洗濯物の取り込み。続いて、子供はすっかりおなかが減っているので、先に軽食を作って食べさせる。
	子供の世話	日中母親と離れているせいか、帰宅後は甘える。できるだけ相手をしてやりたい。
	夕食の支度	子供と関わり合いながら、その合間に夕食の支度をする。
20:00	夫が帰宅	ここでやっと子供の相手を交替し、急いで夕食の支度。
20:30	夕食	できるだけ親子で食卓を囲むようにしている。
21:00	子供入浴	夫と子供が入っている間に、子供の就寝準備。
21:30	子供に添い寝	母親が添い寝しないと眠れない様子。自分が疲れていると一緒にうたた寝してしまうこともある。
	洗濯	子供がいると洗濯物は毎日大量に出る。6kg用全自動洗濯機で2回が平均。その後、取り込んだ大量の洗濯物をたたむ。浴室乾燥機がありがたい。
23:30	雑事	保育園の連絡カードに記入したり、明日の持ち物を点検したり、家計簿を付けたり。
	自分の仕事	締め切り前などはしかたなく、この時間に仕事をするしかない。時には朝方まで。
0:30	入浴	
	就寝	できれば日付が変わらないうちに寝たいと思っているが…なかなか難しい。

フィスで仕事をしながら、育児や家事と仕事を両立させようとがんばっている様子がうかがえる。こうした新しいワークスタイルは、基本的には新しい成果能力主義の時代に適応するスタイルであり、情報化の進展に伴って初めて可能となったスタイルであるともいえる。

3－2　オフィスからワークプレイスへ

　オフィスとは何か？　会社とは何か？　そのなりたちと機能を考えてみる。前章のメガ・トレンドの影響を強く受けるオフィス、ビジネスの最前線であるオフィス、今そこでは大きな変化が起こっている。

3-2-1　オフィスとは、そのなりたちと機能

(1)　オフィスのはじめ

　古代エジプトの墳墓から草でできた紙、パピルスに記帳している書記の像が発見された。日本では平安時代の納税を記した和紙帳も見つかっている。中世16世紀イタリア、当時繁栄を誇っていたのはフィレンツェのメディチ家、この宮殿の中にフィレンツェの行政事務を行う建物、今で言うオフィスビルがあった。現在この建物は有名なウフィッツィ美術館（Museo Uffizi）として残っているが、オフィス（イタリア語 ufficio，英語 office）という言葉はここから生まれたと言われている。

　1819年、産業革命の中心地で世界の富と情報が集まったロンドンに、石組造り3階建てのオフィスビルが建てられた。この損害保険会社のビルが世界初のオフィスビルである。イギリスで生産された工業製品を世界へ輸出し各国から様々な品物を輸入していた当時、これら輸出入財貨をリスク

図表3－4　世界最初のオフィスビル

図表3-5　昔のオフィスシーン

ヘッジ（危機回避）する保険会社では膨大な事務作業が行われていた。19世紀後半、日本では明治初期、世界経済の中心はアメリカへ移ることになるが、シカゴやニューヨークで高層オフィスビルが建設された。その後20世紀には世界の主要都市でオフィスビル建設がすすみ、現在では世界のすみずみにオフィスがみられる。

(2) オフィスの機能とその変化

「オフィス」を軸に歴史を過去から現在までみてみたが、どの時代にあっても物や金の動きなどの情報を記す必要は昔からあった。そして、紙という媒体を使って情報の創造・加工・伝達・蓄積・処理をすることこそがオフィスワークの本質であった。古代エジプトでも日本でも、あるいはイタリアやイギリスでも資金や物の移動についての情報を紙に書き残していた。

工場が「物品」の製造・加工・処理をする場であるのに対し、オフィスは人が集まって形のない「情報」の創造・加工・処理をする場であり、その形のない情報を具体的な形にした物（情報媒体）が伝票や文書等の紙であった。

そして現在、情報媒体はコンピュータの発達により目に見える紙から目には見えないデジタル化された電子媒体に広がってきた。情報の創造・加工・処理というオフィスワークが行えるならオフィスという限定された空間にこだわらなくてもよい。この当然ともいえる考えが高度情報化につれてでてきた。もちろんオフィスビルやオフィスという場がなくなる訳ではないが、この大きな時代潮流はビジネスの現場とそこでの働き方（ワークスタイル）を確実に変えつつある。オフィスからワークプレイスへという潮流変化が、今起こっているのである。

＊ワークプレイス(work-place)…オフィスが働く場であるのに対し、いま仕事をしている空間そのものを言う。適切な訳語はない。

```
①オフィスからワークプレイスへ
   紙情報保管の特定空間   →ペーパーレスの自由空間
   集中型オフィス        →分散型オフィス
   固定的なオフィス      →フレキシブルなワークプレイス
②管理・統制型制度から裁量・成果型制度へ
   9時～5時の勤務時間    →フレキシブル・自由な勤務制度
   与えられた目標と予算   →自分で提案する目標と予算
   実績＋意欲・態度で評価→成果・実績で評価
```

図表3-6　オフィスと工場の機能比較

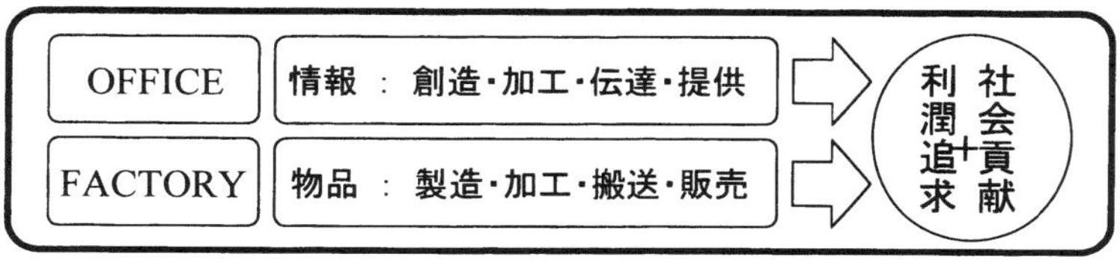

| OFFICE | 情報：創造・加工・伝達・提供 | → | 利潤追求＋社会貢献 |
| FACTORY | 物品：製造・加工・搬送・販売 | → | |

3-2-2　オフィスが変化してきた

(1) アメリカでのオフィスの変化

1980代後半から90年代にかけて、アメリカで起こった変化は画期的であった。連邦政府あげて情報化投資や促進を行い、ハードやソフトの情報産業を育成すると共に、全米に情報スーパーハイウェイとよぶ情報幹線網を整備したのである。このため、文字・データ・画像・音声といった情報がデジタル化され、ネットワーク化され、インタラクティブ（双方向）化された状態、すなわち高度情報化社会が他国にさきがけて出現した。

情報が紙からデータになったことの意味は大きかった。情報を皆が瞬時に共有化できる状況になり、ビジネス・医療・娯楽・文化など社会のあちこちで大きな変化が起き、ビジネス現場の変化はことさら大であった。いつでもどこでも情報アクセスができるようになり、私達はオフィスに限らず、街中や車中や自宅でオフィスワークが可能になった。これは、企業にとってもオフィスコスト削減、オフィス生産性向上などさまざまなメリットがあった。従来固定的であったオフィスは、1990年代にワークプレイス（働く場）という概念が重要視されるようになり、多様化し、分散化し、柔軟化してきたのである。

従来の集中型オフィスに対し、SOHO（スモールオフィス・ホームオフィス）やパブリックオフィス、モバイルオフィスなど分散化されたオフィスを総称して、オルタナティブオフィス（alternative＝代わりの・代替・選択）と呼んでいる。この形態は今後ますます増えていくと思われる。

＊パブリックオフィス（public office）…駅・空港・図書館など公共のための施設をオフィス機能として活用する概念。

図表3-7　ワークプレイス・イメージチャート

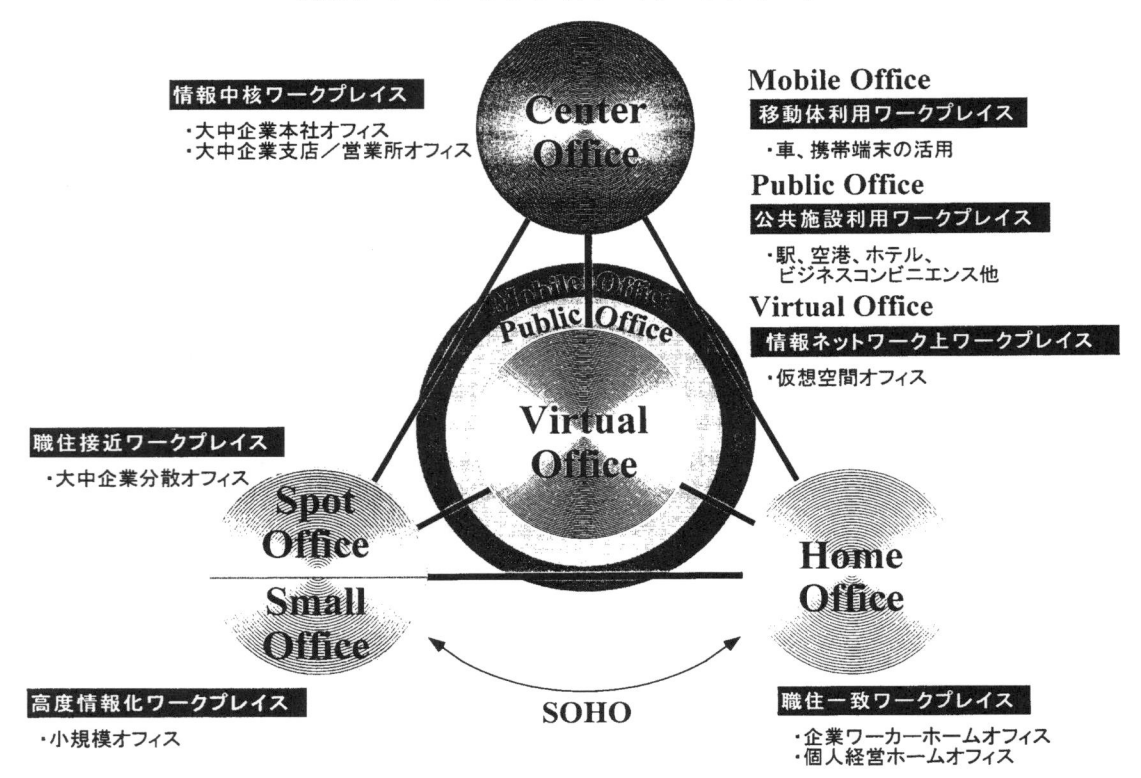

情報中核ワークプレイス
・大中企業本社オフィス
・大中企業支店／営業所オフィス

Mobile Office　移動体利用ワークプレイス
・車、携帯端末の活用

Public Office　公共施設利用ワークプレイス
・駅、空港、ホテル、ビジネスコンビニエンス他

Virtual Office　情報ネットワーク上ワークプレイス
・仮想空間オフィス

職住接近ワークプレイス
・大中企業分散オフィス

高度情報化ワークプレイス
・小規模オフィス

職住一致ワークプレイス
・企業ワーカーホームオフィス
・個人経営ホームオフィス

Center Office / Public Office / Virtual Office / Spot Office / Small Office / Home Office / SOHO

(2)　日本でのオフィスの変化

　日本では、1993年インターネット本格商用化以降、企業内でのPC（パソコン）導入、情報共有化のシステム（グループウェア）導入などが進み、90年代後半にはオフィスの分散化と多様化が進んだ。

　1996年頃より新聞などのマスメディアでも、SOHOという言葉が一般化して使われるようになってきている。また、モバイルコンピューティングを活用した営業マン出社不要の会社や、東京本社で周辺諸都市にサテライトオフィスを設置する企業などが現れてきている。1998年頃からは、テレワークという用語もビジネス社会では一般化、オフィスからワークプレイスへ、という大きな潮流が確実となった。

＊モバイルオフィス（mobile-office）…自動車・電車など移動しながらその時間を活用し仕事をする概念。

＊サテライトオフィス（satellite office）…住居に近接した駅周辺に設置される分散オフィス。センターオフィスに対して衛星（サテライト）型に配置されることから名付けられた。

＊テレワーク（tele-work）…携帯情報端末機器などを使い、自宅や客先など遠隔地（tele）でオフィスワークを行う働き方をいう。

図表3-8　インフォーマルコミュニケーション
　　　　：自由な発想で意見交換するワーカーたち

図表3-9　ノンテリトリアルオフィス
　　　　：場所を決めない働き方をする柔軟なオフィス

3-2-3　オフィスの構成とポイント

(1) オフィスを構成するスペースと運営

　オフィスという具体的スペースや環境について考えてみる。人が集まりそこで長時間過ごし、情報機器や事務機器を活用しオフィスワークを行うには、そのために工夫されたスペースや施設が必要となる。デスクを並べてオフィスワークをする執務スペース（業務に合ったより効率的なデスクレイアウトプランが種々考えられている）の他に、会議室・応接室・資料室などの業務支援スペース、リフレッシュルームや食堂・更衣室などの生活支援スペースも必要になる。これらのさまざまなスペースを具体的に配置したオフィスレイアウト図を掲載しておいたので（図表3-10、11）、どのようなスペースがプランされているのかみてみよう。

　スペースや施設を総称してファシリティ（facility）というが、大企業になればなるほどファシリティコストは膨大になる。経営の手段としてこれ

らを有効に管理しようとする考え方、そのためのシステムがファシリティマネジメント（facility management）と呼ばれ、日本を含め世界各国でオフィス運営に導入する企業が増加している。ファシリティマネジメントを推進する担当者をファシリティマネージャーと呼ぶ。

(2) 情報化オフィスという考え方

情報が紙であった時代、紙情報の作成・加工・処理のためのツールやしくみ（文書管理／ファイリングシステム）が開発され、働く人々はこれに精通していることが必須であった。それに対して、今日、情報がデジタル化され情報機器やアプリケーションソフトに精通することが必須となっている。

したがって現代のオフィスは、情報ワークを行うための環境整備が不可欠になってきている。オフィス内のどこでも情報機器操作を可能にするため電源やモジュラージャックの用意、情報共有化のためのLAN環境構築、それらのためのケーブル配線処理等々、情報化オフィスにはさまざまな工夫が必要となっている。オフィスはビジネス現場の最前線であり、情報化競争の最前線でもある。

(3) 知的生産性向上、３Ｃについて

工場で物品の製造をする際にロスが少なくより効率的に行おうとする概念を生産性向上と言うが、オフィスで情報活動をする際にもまったく同じ概念が考えられる。それが知的生産性である。これを分解すると次のようになる。

知的生産性＝ワークパフォーマンス（Work Performance）
　　　　　＝オフィスワーク品質向上＋オフィスコストダウン

すなわち知的生産性を高めるためには、私達が行うオフィスワークの品質向上と共に、オフィスワークをいかに効率よくコストをかけずに行うかが重要になる。知的生産性の向上要因は組織制度・人事給与体系・情報化・業務フロー・オフィス環境などさまざまある。この中で働く場であるオフィス環境を、３つのＣの観点で工夫すると効果がある。オフィス空間に必須の３つのＣ、これらをさまざまに組み合わせることにより、ワークパフォーマンスを高める環境が構築できる。

① COMMUNICATION…人と人とが面談し情報を生み出し伝達してゆくのがコミュニケーション。例えば営業セクションなど、同じブース内で

の対話型デスクレイアウトで情報交換がしやすくするなどの工夫をするとよい。打ち合わせコーナー・ブラウジングコーナー等が工夫されているとよりベターといえる。

② CONCENTRATION…集中してオフィスワークを行うのがコンセントレーション。高さのあるパーティションを使うなど、人から仕事を中断されないための工夫が必要。研究開発業務にはこもり部屋的空間を用意するのも有効といえる。また、リフレッシュエリアの設置も忘れてはならない。

③ COLLABORATION…同一部課内メンバーでなくさまざまな機能を持った人々が協業し（場合によっては社外の人々も含め）協同して作業してゆくのがコラボレーションである。プロジェクト・チームなどのための空間は不可欠である。アイディアを刺激し議論を活性化するため、情報機器、映像機器、ホワイトボードなどが準備されているとよい。

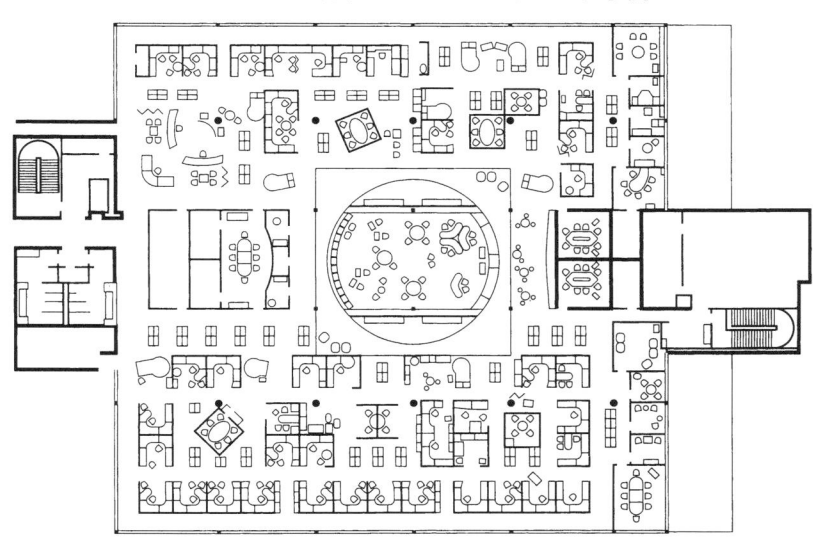

図表3-10　海外オフィスのレイアウト事例

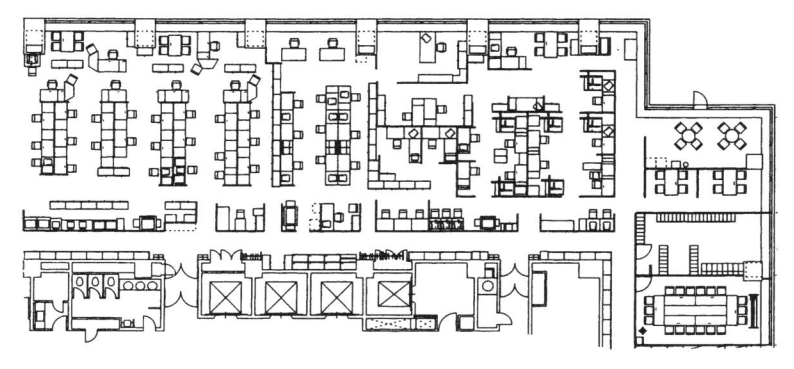

図表3-11　日本オフィスのレイアウト事例（部分）

3-3 ワークスタイルが変わる

　オフィスが変わると、そこでの働き方、ワークスタイルも変わってくる。過去・現在・未来、時間的推移と共に変わってきたオフィスと多様化するワークスタイルをみてみる。

3-3-1　ワークスタイルの変化…過去・現在・未来

(1)　1960年代のオフィスシーン

　1960年代は、1964年の新幹線開通と東京オリンピック開催を中心に日本経済が急速に発展した高度成長時代であり、国民生活水準はまだまだ低かったが社会に活気のあった時代である。しかし、成長のひずみである公害問題も各地で発生した。

───1960年代───

　地味な背広に社章を付け、紙袋片手に会社に向かう。都心部には高層ビルも建ってきたが4～5階建が平均的オフィスビルである。勤務時間は8時30分から5時30分まで、土曜日も出勤する。

　毎日朝礼で会社のスローガンを唱和してから仕事開始。グレイのスチールデスク（木製机の会社も多い）に向かう。私の前では白ブラウスに制服姿の女性が、ソロバン片手に伝票集計をしている。デスクからB5サイズの社内用箋を取り出し、文書作成に取りかかる。しばらくして完成した文書を郵便でお得意先に送る。契約書など正式書類は和文タイプライターで作成しているが、通常は手書き文書のやりとりが多い。カーボン紙をはさんで残した手元控を、スチールキャビネットに保管する。会社では近々コピー機を購入する予定、便利になることだろう。目の前の電話（ダイヤル式）が鳴った。お客様からの問い合わせだ。電算室で打ち出した販売実績表を引っ張り出して答える。満足してくれたようだ。

　昼、同期の仲間と食事に出る。彼も私も給料は同一、終身雇用でこの先何十年もの長いつきあいになるが、年功序列だから昇進もほぼ同じ年齢になるだろう。会社は業績順調、運動会や社員旅行もあり、まあ楽しいといってよいだろう。毎年確実に給与は上がり、テレビ・洗濯機・冷蔵庫をやっと揃えたが、車はまだだ。2～3年のうちにはローンで何とか手に入れたいと思っている。

図表3-12　1960年代のオフィス

(2) 1990年代のオフィスシーン

1990年代は、80年代後半からのバブルがはじけ全体的には低成長またはマイナス成長時代であるが、日本は欧米と肩を並べる先進国で生活水準は高い。情報化が進み、環境問題がクローズアップされ、人々の価値観は多様化している。

──1990年代──

10時にビジネスバッグ片手に10階のオフィスに出勤する。磁気カード式社員カードで勤務時間をチェックする会社もあるが、当社は出勤簿にサインする。フレックスタイム制度だから出勤は皆バラバラ、パーティションで囲まれてちょっと見づらいが、今日も何人かの人々はまだ出社していないようだ。

自分のブースで早速コンピュータの電源を入れる。社内メールと社外メールに目を通し、返事を入力する。情報はスピードが第一だから早めに処理するが、メールが多く毎日けっこう大変だ。あまり知らない顧客や部下からのアクセスも多い。書類は大半電子化されているが回覧・資料など紙情報も多く、お客様とはFAXのやりとりもけっこうある。

プロジェクトチームメンバーの女性が、ノートパソコンと携帯電話を持って打ち合わせに来た。彼女に限らず、社内でもパソコンを持ち歩く人が最近多くなってきている。彼女は有能で、能力給制だから同期の男性より収入が多い。有能といえば私の同期生だったK君は昨年退社し、外資系コンピュータソフト企業に移り給与が大幅アップしたそうだ。私も会社に特別こだわりはないが、自分の能力を磨くにはもうすこし時間が必要だ。大競争時代で経営状況も厳しくなってきている。こういう時だからこそ自分の能力を磨いておかなければならない。なにしろ実績次第で収入が変わるのだからシビアだ。

もう欲しい物はこれといってないが、友人との時間やプライベートタ

イムを充実させたい。この前の音楽グループ仲間との旅行は楽しかった。できれば将来、海外で長期休暇をエンジョイしたいものだ。

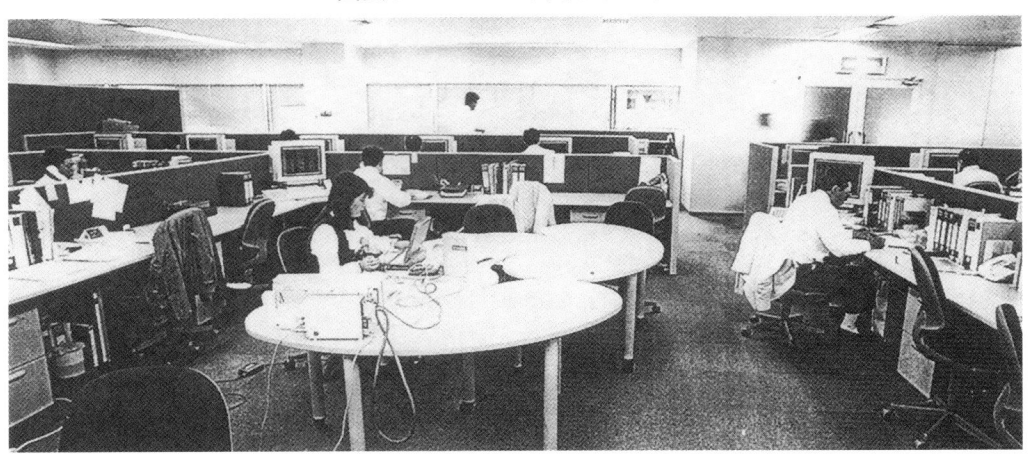

図表3-13　1990年代のオフィス

(3)　20XX年のシーン

――20XX年代――

　久々に本社オフィスに出社する。出社するのは月2～3回、場合によっては月1度のこともある。もちろん本社スタッフや営業内務など毎日定時出勤する人々もいるが、営業・販売促進・開発・設計部門のメンバーはフリー勤務制である。先輩の話によると、昔本社オフィスははるかに大きく社員全員が定時出社していたそうだ。現在、工場勤務はともかくオフィス勤務の出勤時間は、どの会社でも比較的自由になっている。

　私は建築会社に勤める営業、とはいってもビル建設を営業するのではなく環境コーディネートが専門である。学校で環境建築管理を学び、建築物を自然と共存させ環境負荷をいかに少なくさせるかを専門にしている。入社8年目でもちろん年俸制、基本給部分は少なく実績配分の比重が高い。昔は一企業に生涯勤めるケースもあったようだが、今は少数である。高齢者など社会的弱者への配慮は厚いが社会人には税負担がきつく、より高い収入を求めて他社に移籍し、仲間と会社を起こし、個人オフィスを開設し、あるいは充電のために長期休暇をとる、等々働き方が多様化しているからである。

　今日は客先で打ち合わせがある。クライアント他5人のプロジェクトメンバーが集まる。携帯の超薄型コンピュータを取り出し壁面の情報表示シートに接続、データを呼び出し資料を説明する。メンバーの一人か

らアドバイスがあり、図面の一部を修正する。昼時間、軽いランチを取りつつプロジェクト会議を続ける。会議をほぼ終えた頃、誰かがサッカーの試合はどうなったと一言、アタッチメントをセットし画面をTVに切り換えるとたった今試合終了。日本が2-0で勝ったようだ。この超薄型コンピュータは新聞でもTVでも電話でもすべての情報受信が可能であり、コンピュータというより情報送受信機といったほうがふさわしい。打ち合わせ議事録と修正レポートをメンバー全員に送信処理をして本日の会議を終える。

　午後、同級生だった友人とコーヒーをのみながらビジネスの情報交換を行う。ネットワーク化社会であっても、重要な話はやはり顔を合わせながらするのがいい。彼との話を最後に今日の仕事を終えることにした。電気自動車で自宅に向かう。乗用車に限らずトラックも天然ガスを燃料とするエコトラックで、昔主流だったガソリンやディーゼルカーはあまり見かけない。電気やガスなどのエネルギー事情は、昔よりはるかに効率的でかつ安価になっている。

　20XX年、社会全般に文明の潮流変化とでもいうべき大きな変化が起こっている。前世紀は大量生産・大量消費・大量廃棄の世紀、地球のあらゆるところで開発が進み、スピードがアップし、生活は豊かになった。しかし、その歪み、負の遺産をあちこちに残した。老朽化して危険な建物・ダム・橋梁、安全だったはずの埋め立て廃棄物公害、温暖化による食物収穫不良、放射能もれを起こした原子力発電所、数えるときりのないほどの問題がある。そして少子・高齢化で逼迫した財政、増すばかりの社会保障負担も厳しい。しかしそう悲観したものでもない。先人の残したプラスの社会遺産も数多くあるし、マイナス遺産はゼロまたはプラスに変えればいい。マイナスの遺産を見捨てるのではなく、それらを再生するのである。建物再生・都市再生から始まり、自然再生は21世紀の潮流となっている。人々にとって生活にゆとりと豊かさを保つことは永遠のテーマだが、スピードや開発優先でなく、文化・芸術・スポーツを楽しみ、ボランティア活動に力を入れ、自然と共にゆっくりと生きる、これが先進国に共通した価値観になっている。

　私も毎週末スケッチブックを持って、今は使われなくなった老朽ダムや建築物をゆっくり見て回るのが楽しみだ。自分の研究テーマでもあるし、何より自然を感じながらゆっくり過ごす時間がいい。えっ、一人だけで行くのかって？　それは、ご想像におまかせします。

3-3-2　さまざまなワークスタイル

　ワークスタイルは現在すでに多様化しているが、その状況をみてみよう。
●営業内務（従来型）
　建材卸会社勤務のNさんは、お客様である販売店からの電話注文を受け、コンピュータに入力し、出荷や配送を手配するのが仕事である。8時50分には席につき、5時過ぎまで在社する規則正しい毎日である。売上目標を達成すると、毎月末に課のメンバー全員で軽い飲み会がひらかれる。
●編集出版デザイナー（プロジェクト型）
　出版社に勤めるYさんはグラフィックデザイナー。パソコンソフトを使いイラスト・グラフ・チャートなどを作成している。いくつものプロジェクトに参加し、打ち合わせ・プラン出し・デザイン修正等々きわめて多忙、仕事が深夜土日に及ぶこともめずらしくない。プロジェクト会合時には鉛筆・ノートとともにパソコンを持参する。社内外との情報交換は、メールで行うことが多い。
●企画コンサルタント（SOHO型）
　コンサルタント会社でマーケットリサーチ（市場調査）を担当するM君は、4人構成チームの一員である。チーム打ち合わせ後、クライアント（顧客）に提出する企画書作成に取りかかると、数日間は自宅に閉じこもり集中して仕事をすることが多い。パソコンなどの情報機器や通信費用は会社で負担してくれている。実績評価制度で、チームの実績によりM君の年俸は毎年変わる。
●営業担当者（モバイルコンピューティングセールス）
　電機会社勤務のA君は入社6年目、中堅社員として主要販売店を担当している。会社では営業効率を高めるべくモバイルコンピューティングシステムを導入した。モバイルパソコンと携帯電話を与えられ、A君は出先にいても顧客情報や製品情報など必要情報をメールで取りよせられる。9時～17時出勤は不要で、出社するのは週に1～2度程度である。実績で評価されるのは一面厳しいが、A君にとってこのシステムは効率的で気に入っている。
●個人事業者
　元デザイン会社でCAD（キャド＝コンピュータによる設計デザイン）で仕事をしていたYさんは、結婚後もしばらく働いていたが夫の転勤に伴い退社した。彼女は、夫の転勤先のN県で個人オフィスを開設した。今彼

女は、元の会社から仕事を依頼され、CAD図面をメールで送受信して在宅で働いている。

3-3-3　求められるワークスタイル

　以上みたように、ビジネスの現場とそこでの働き方は一つでなく、さまざまなスタイルがあり業種・職種・企業規模・地域等々によりきわめて多様である。どちらかといえば従来型の働き方もあれば、先進的なワークスタイルもある。もちろん日本全体からみると定時出勤、定時退社の従来型勤務制度をとる企業が多数である。しかし概していえば、高度情報化の波をうけて働き方はよりフレキシブルになりつつあるといえる。

　ワークスタイルの変化、多様化の原因はさまざま分析されているが、大きくみると次の2点に集約されるであろう。

① 企業サイドの経営効率追求

　成果主義重視の経営思想：フレックスタイムなどの効率的勤務制度、効率的営業活動の情報武装化へ

② 就業意識の変化

　一つの会社に所属する終身雇用制度から、会社でなくビジネス分野重視、一定期間勤務、専門職志向へ

　ワークスタイルの変化、多様化についてみてきたが、傾向としては労働者は楽で先進的な面のみに目を奪われるきらいがある。個をベースとするSOHOのようなワークスタイルが普及する、大きな時代潮流の裏には、①の企業サイドからの要求があるのを忘れてはならない。知的生産性の一層の向上を求めるからこそのSOHOワークであり、テレワークであり、フレキシブルな勤務制度なのである。労働者には、これに応えられるだけの自己啓発、スキルアップ、成果が求められる。努力、地味な言葉であるがこれを忘れてはならない。

図表3-14　就業形態の多様化

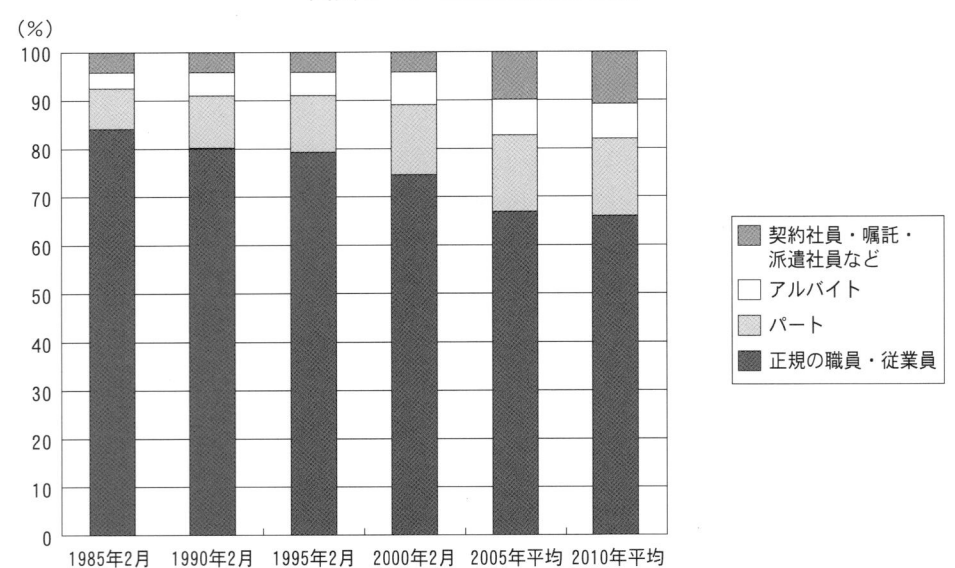

凡例：
- 契約社員・嘱託・派遣社員など
- アルバイト
- パート
- 正規の職員・従業員

2000年までは「労働力調査特別調査」(A)、2005年以降は「労働力調査詳細集計」(B)により作成。なお、(A)と(B)では、調査方法、調査月が異なる。

演習問題

1．オフィスの本質とは何か、簡潔に述べなさい。

2．あなたの身近（居住地または学校周辺）にはどのような業種のオフィスがあるか、調べて上位3業種をあげなさい。

3．事例であげた3つのオフィスシーンについて、年代別差異を項目別に整理し比較チャートにまとめなさい。

4．あなたの周囲の人々にヒアリングして（または観察をして）、その人のワークスタイルをA4で1枚程度にまとめなさい。また、あなたの所感も記述しなさい。

5．ワークスタイルが変わる、その根本にある事由は何か述べなさい。

第Ⅱ部　ビジネス実務論

ビジネス実務をめぐる基本と応用

　第Ⅱ部は、ビジネスの実務をめぐって学習する。ビジネス活動に携わる人が、ビジネス活動現場で求められる実践的な知識と技能とは何かをとらえる。実際のビジネス現場に立つ私達は、どのような実践的な実務力を求められるのか、その実務力をどのように開発していくのか、あるいはまた、職業生活の質（Quality of Working Life）を高めるためのビジネス実務力・ビジネスワーク力とは何かなどについて学んでいく。働く側に立ったビジネス実務論が第Ⅱ部のテーマである。

ビジネス実務論

能力開発のために必要なビジネス実務の基本と応用について論理的・実践的に学ぶ。

第4章　ビジネス実務を学ぶ：ビジネス実務学習のねらい

第5章　ビジネス実務の基本とは何か

第6章　ビジネス実務の活動をとらえる

第7章　ビジネス実務を創造する

第8章　ビジネス実務の事例研究

第4章 ビジネス実務を学ぶ：ビジネス実務学習のねらい

4－1　ビジネス実務を学ぶ
4－2　ビジネス実務学習のねらい
4－3　ビジネス実務の実際

<u>ビジネス実務とは何か
ビジネス実務を学ぶ意味やねらいについて考えてみよう</u>

　私達は多種多様なビジネスの現場に立つ。マズローのいう自己実現を強く求める私達は、ビジネス活動に単なる経済的な動機だけで関わるわけではない。私達は生活の質（Quality of Life：ＱＯＬ）を高めたいと常に望む傾向を持っている。このＱＯＬを高めるために必要な「働く人の心構え」や「実務的トレンド」について学ぶ。その後で、ビジネス実務学習の、他の教育研究分野にはない独自性について考え、最後に、具体的なケースを通してビジネス実務の現在を学習する。

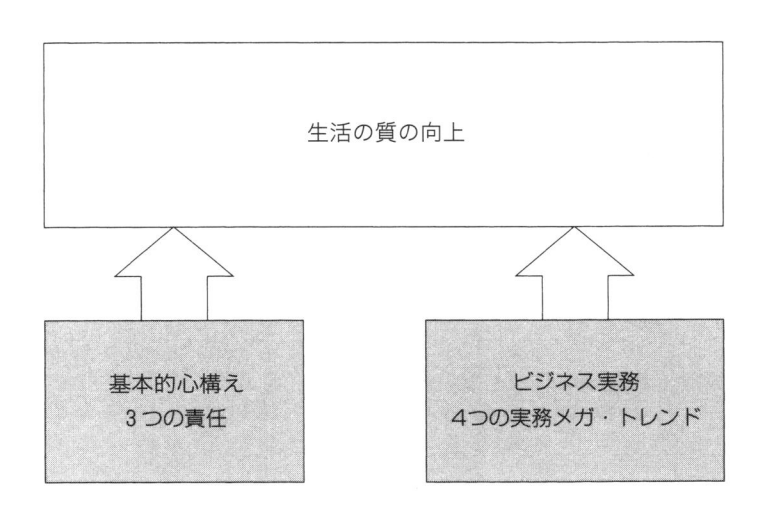

```
            ┌─────────────────────────────┐
            │        生活の質の向上        │
            └─────────────────────────────┘
                  ↑                ↑
         ┌──────────────┐   ┌──────────────────┐
         │  基本的心構え  │   │   ビジネス実務    │
         │   ３つの責任   │   │ ４つの実務メガ・トレンド │
         └──────────────┘   └──────────────────┘
```

4－1　ビジネス実務を学ぶ

　ビジネス現場で求められる基本的な心構えとは何だろうか。4つの実務的トレンド（業務遂行能力、クライアント志向、チーム・システム志向、創造性の発揮）を理解しよう。

4-1-1　基本的心構え（自由と自己責任）

　ビジネスの現場で、実際に仕事や活動を行う際、私達が心がけておきたい、いくつかの基本的な心構えがある。ビジネス活動を通じて、生活の質を高め、自分自身を豊かにするために、果たすべき責任がある。ここでは3つの責任を提示する。自分に対する責任、組織に対する責任、社会に対する責任である。以下、順を追ってみよう。

(1)　自分に対する責任

①自己実現（self-actualization）…私達は成熟社会に住んでいる。成熟社会は、個人の考えや生き方を可能な限り尊重する社会である。一人一人の人権を基本にして、社会システムを作ろうとする社会でもある。このような社会でビジネス活動に携わる場合、自分自身を豊かにしたいという自己実現欲求が基本になる。ビジネス活動は、ビジネス活動自体を面白いと感じ、ビジネス活動を通じて自己成長する可能性があることが前提になる。

②自己管理・自己責任（self-management, self-responsibility）…自己実現が基本になるということは、自分勝手でよいということを意味するわけではない。私達は、組織や社会の側から、組織目標を達成することを求められると同時に、自分で考え、自分で責任を持つ自主自律型の人間であることを要求される。自己管理・自己責任能力があってはじめて、組織メンバーとして自己実現をめざすことができる。もちろん、人間はさまざまな能力の違いを持つ。ハンディキャップを持った人もいる。自己管理・自己責任は、強者優先思想ではなく、一人一人の個性や能力の違いを前提に、それぞれが自分なりの立場で、自分の職業生活やビジネス活動のあり方を自己管理することを意味する。

＊自己管理・自己責任（self-management, self-responsibility）…自分が自分を管理し、自分の仕事に関しては自分が責任を持つという自主自律型の態度。

③営利ビジネス活動と非営利ビジネス活動…営利ビジネス活動では、どちらかといえば、自己実現よりも企業組織の中で利潤を得るために自己を管理し、自己責任を持つことが求められる。営利ビジネス活動は、原則的には最大利潤をあげることが組織の最大のテーマであり、それに対する自己

管理・自己責任が基本となる。

しかし、非営利ビジネス活動では、その組織の種類によって異なる。例えば、宗教法人やNGO組織では、自分を豊かにする自己実現が自己管理・自己責任よりも重視される傾向があり、逆に、行政や学校法人のような社会的・公共的な組織では、自己実現より自己管理・自己責任がより強く求められる傾向がある。

図表4-1　基本的心構え：3つの責任とビジネス活動

	営利ビジネス活動	非営利ビジネス活動
自分に対する責任	自己実現≦自己管理・自己責任	自己実現≧自己管理・自己責任 （NPO、NGO、ボランティア） 自己実現≦自己管理・自己責任 （行政、学校法人、財団）
組織に対する責任	ワークパフォーマンスとコストダウン、収益、協働（コラボレーション）能力、役割遂行	合理性と公正さ、協働（コラボレーション）能力、役割遂行
社会に対する責任	企業倫理の担い手として 地域社会、国家、地球環境、世界との関わり	組織倫理の担い手として 地域社会、国家、地球環境、世界との関わり

(2) 組織に対する責任
①ワークパフォーマンスとコストダウン…私達はビジネスに関わる場合、組織に対して役割を果たす責任を持つ。確かに自己実現は、私達にとって大事な要素である。活動を通して自分が豊かになりたいと思うのは当然である。しかし、私達がビジネスに関わる限り、その所属する組織に対して責任をとらなければならない。例えば、企業の社員であれば、仕事を行った結果、ある一定水準以上のワークパフォーマンス（work performance：成果）とコストダウン（cost down：費用の削減）を実現して、収益をあげる責任がある。少なくとも自分の給料分と同じだけの成果を出す必要がある。
②合理性と公正さ…行政や市民活動等の非営利ビジネス活動では、合理性と公正さの実現がより大切な組織に対する責任になる。事業目的の実現のために、どれだけ合理的に、かつ公平にビジネス活動にあたったか、その結果どのくらい事業目的の実現に寄与できたかが問われる。例えば、国際交流ボランティアに携わった場合、自分の活動がどれだけ「国際交流の推進」という目的にとってよい影響を与えたのか、しかも、公正に矛盾なく

実行できたかが問われるのである。

③協働（Collaboration）能力…組織の中で、収益をあげたり、合理的な活動を行うためには、協働能力が求められる。組織の中で役割を遂行し、責任を果たすためには、協働能力が必要になる。個人主義が浸透すればするほど、自己管理・自己責任能力を育成すると同時に、共に働く能力が必要になる。

(3) 社会に対する責任

①企業倫理（corporate ethics）…企業の営利活動等において、経営者や社員が、一個人、一市民としても遵守すべき道徳規範があり、それを企業倫理や経営倫理（managing ethics）という。私達は自分と組織に対してだけ責任を果たしていればよいのではない。社会に対する責任もある。企業の社会的責任という言葉を持ち出すまでもなく、営利ビジネス活動がたとえ可能な限りの利潤（収益）を追求するとはいえ、合法的な範囲内での活動になる。社会のルールを守ることが原則だが、より積極的にはビジネス活動を通じて、社会を豊かに形成する責任を負っている。

　企業倫理の重要性は、数多くのスキャンダルや不祥事が発生しているということや、2章で考えた環境問題に対する企業の対応等を考えれば明らかである。あるいはまた、金融機関が不良債権を抱え、貸し渋りが起こり、日本経済全体に対して、深刻な影響を与えるなどという問題は、企業倫理や企業の社会的影響力を考える上で参考になる事例といえる。

②組織倫理…企業倫理に対して、非営利組織の規範意識や社会的責任意識を「組織倫理」と仮に名づけてみる。行政やNPO等の非営利組織は、地域社会や国家に対して責任を果たすことが事業目的である。宗教、教育、環境保護、福祉等事業そのものの違いはあるが、非営利組織であるかぎり、社会に対する責任を果たさない場合は、これらの組織そのものの存在が無意味なものとなる。ところが、公益性を原則とする非営利組織においても、汚職等の多くの不祥事が生じている。非営利組織に携わる場合も、組織倫理の確立や遵守は重要である。

　このように、営利・非営利のいずれの組織活動であっても、グローバル化が進む現代では、ビジネス活動が地域社会、国家、地球環境、世界等に対して責任ある活動を実践することが期待されているといえる。

＊企業倫理（corporate ethics）・経営倫理（managing ethics）…グローバル化する経済状況下において、日本では、規範意識の欠如や組織全体の倫理意識の欠如によって多くの不祥事が生まれており、企業倫理の確立が急がれている。

＊貸し渋り…金融機関が不良債権を抱え、融資基準等を厳しくしたために、優良企業までもが融資を受けられなくなってしまった状態。

図表4-2　基本的心構え：3つの責任とその具体化

①自分に対する責任
　・自己実現：ビジネス活動を通じて自己成長を遂げる
　・自己管理・自己責任：自分で考え、自分で責任を持つ
②組織に対する責任
　・ワークパフォーマンスとコストダウン（営利ビジネス）、利益を出す
　・合理性と公正さ（非営利ビジネス）、成果を出す
　・協働（コラボレーション）能力、組織のなかで役割を遂行する
③社会に対する責任
　・企業倫理、組織倫理の担い手として社会的な役割を遂行する
　・地域社会、国家、地球環境、世界との関わりを自覚する

4-1-2　ビジネス実務のメガ・トレンド

ここでは現場で実際に求められるビジネス実務について考えてみる。現在、大きく4つの実務的トレンドがあると思われる。つまり、「業務遂行能力」「クライアント志向」「チーム・システム志向」「創造性の発揮」である。

これらの4つのビジネス実務能力は、現在、そしてこれから、どのような組織で、どのような活動に携わる場合でも、共通して必要になる実務能力だと思われる。私達が、「誰でも」「いつでも」「どこでも」獲得することが求められる4つのビジネス実務能力と表現することもできる。以下、順を追ってみてみよう。

＊クライアント（client）志向…顧客第一主義に立つ考え方で顧客志向といってもよいのだが、ここでは非営利ビジネスの対象者も含めたサービスの質の向上をとらえるため、サービスの対象者全体を指す意味で「クライアント」を使用した。

図表4-3　ビジネス実務の4つのメガ・トレンド

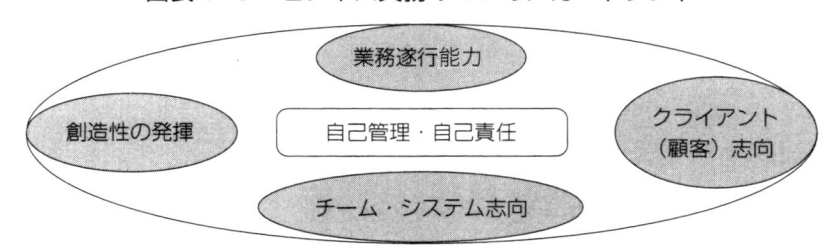

（図：中央に「自己管理・自己責任」、周囲に「業務遂行能力」「クライアント（顧客）志向」「チーム・システム志向」「創造性の発揮」）

① 業務遂行能力
　・コアスキル（核心的競争力としての専門スキル）
　・パフォーマンス能力（課題を達成する能力）
② クライアント（顧客）志向
　・サービスの対象者（顧客や住民等）をつねに意識する
　・ホスピタリティマインド
③ チーム・システム志向
　・コラボレーション能力
　・ネットワーク構築力（戦略的提携力）
④ 創造性の発揮
　・毎日の工夫（経験を生かす）
　・創造性を磨く（課題発見・変革の主体）

(1) 業務遂行能力

　業務遂行能力はいうまでもなく、その職場で携わっている自分の業務を遂行する実務能力である。自分の活動の課題を達成する実務能力、パフォーマンス（performance：遂行）能力のことをいう。図表４－４のように、例えば、営業部に所属した人は、自分が扱う商品知識を貯え、そのメリットやデメリット、セールスポイントを把握し、担当する顧客情報や地域性等の情報をできるだけ集めて、セールスに向かう。顧客に対してはできるだけ魅力的に商品を紹介し、顧客のニーズを会話の中から見つけだし、説得力豊かに話す。そして、一日が終わったら、この日の営業報告を作成しメールで送る。こうした営業に伴う業務遂行能力を私達は求められる。この業務遂行能力は、働く人々の側面から見れば、自分の専門的なスキルであり、それがほかのメンバーにないものであればあるほど、組織にとって貴重な実務能力となり、組織にとってのコア・コンピタンス（core competence）になる。「あの組織は国際経験豊かなＡさんがいるから、外資系の分野に関しては本当に強い」などという話をよく聞くが、それはこの業務遂行力とコア・コンピタンスの関連を言い当てている表現といえる。

＊コア・コンピタンス（core competence）…各企業で蓄積されてきた競業他社に対して優位性をもつ独自の固有な技術や能力。中核的な能力、資格。

(2) クライアント（client）志向

　今日のビジネス活動は、クライアント志向性を強く持つ。消費者やサービスの対象者の要求が多様化している現在、顧客満足度（Customer Satisfaction：CS）を高める商品開発、住民に利用してもらえる施設の建設等、クライアントの意向を可能な限り尊重するという考え方は、今日のビジネス実務の重要トレンドであるといえる。90年代以降のCSブームはこのクライアント志向の表れであり、自分が自分の好みで商品やサービスを選んでいくという市場成熟時代においては、あらゆる組織はクライアント志向を原則的にもたざるを得ない。

＊顧客満足度（Customer Satisfaction）…顧客の企業に対する満足度を客観的に評価分析し、それに従ってビジネス活動のあり方を変革し、サービスの向上に努めようとする考え方。

　クライアントを無視したビジネス活動は、競合他社とのサービス競争に遅かれ早かれ負けることになる。どのような活動であれ、サービスの対象者（顧客や住民等）を常に意識し、いわゆるホスピタリティ・マインド（hospitality mind：客を心からもてなす精神態度）を持つことがビジネス実務現場の原則になる。

(3) チーム・システム志向

　「基本的心構え」の中で、協働（コラボレーション）能力の大切さについてふれたが、今日のビジネス活動は、システム志向を強く持つ。個人主義の時代だからこそ、チームワーク力が必要になり、高度情報化の時代だか

らこそ、経営システム全体を理解して実務をこなす力が必要になる。

このシステム志向は、宇宙開発によって生み出されたシステム工学（system engineering）にその原型をみることもできよう。

あるいは、また、今日の営業現場では、チームセーリングが話題になっている。これまでのような、個人の経験や勘に頼ってお得意さまと信頼関係を維持し、セールスを展開する営業方法は限界にきている。いわゆる「80対20の法則」と呼ばれる、営業力のある2割のメンバーが、全体の8割の売上をあげているような状態を脱皮する必要がある。個人の営業力をベースにして、相互に協力し、チームとして営業力を発揮するチームセーリング（team selling）が工夫されようとしている。システム志向を持った営業が開発されているのである。

＊システム工学（system engineering）…アポロ宇宙船は、150万個に及ぶ部品からできていた。その各部品が、すべて作動しなければ月に着陸して生還することはできない。一つの部分が全体に対してどのような関わりがあるのかを徹底的に分析することによって、システム全体の安全が確保される。ここからシステム工学が生まれた。

図表4-4　4つのビジネス実務力と具体的展開事例

	営業部関係	人事部関係
業務遂行能力	商品知識、顧客情報、地域特性、説得力、コンピュータリテラシー	新しい人材の確保と育成、創造性、問題解決力、チャレンジ精神を有する人材
クライアント志向	顧客ニーズ、顧客満足度、アフターケア、競業他社とのサービス競争	組織とメンバー双方のニーズに応える人事システムづくり、経営戦略を実現する人材づくり、組織メンバーの自己実現に役立つ仕組み
チーム・システム志向	チームセーリング、チーム組織力、80対20の法則、情報の共有化戦略、コミュニケーションの円滑化	人事に関する情報ネットワークづくり、外部研修や研修のアウトソーシング
創造性の発揮	新たなセールス、新たな商品情報、顧客ニーズの最前線、課題の発見	付加価値創造の人材育成、創造性を発揮させるシステムづくり、創造的な人材を評価できる

(4)　創造性（creativity）の発揮

今日のビジネス現場では、創造性が常に求められる。誰でも、どこででも作れるものは、人件費や製造費等がコスト高になってしまう日本ではつくれなくなっている。安い土地や人件費などを求めて開発途上国に生産工場が移転し、いわゆる産業の空洞化現象が起きている。日本でビジネス活動を継続するためには、高付加価値創造が条件になる。

誰にも作れない商品を創造する、誰も考えなかったサービスを提供する、そこではじめてビジネスが成立する。「創造性の発揮」は、今日のビジネス実務の重要なトレンドといえる。私達は常に創造性を磨き、課題発見力を身につけ、好奇心豊かな前向きの姿勢を維持していくことが望まれる。マ

＊産業空洞化…日本人の人件費が高騰し、土地代等もコスト高になっている。その問題をクリアするために企業は、生産工場を海外に移転したため、国内産業が空洞化する現象が加速している。

ンネリズム（mannerism）に陥らずに、経験を生かしながら経験におぼれず、毎日小さな工夫を積み重ねる、そのようなビジネス実務力が求められている。

＊マンネリズム（mannerism）…思考や行動が同じことの繰り返しになり、新鮮な感覚や緊張感を失い、創造性や独創性のない状態が続いてしまうこと。

4－2　ビジネス実務学習のねらい

　ここでは、ビジネス実務のアプローチに関する3つの視点を提示する。個人の能力開発、アクションプログラム、実践の知・臨床の知という視点であるが、これらは、他の研究・教育分野とは異なるビジネス実務の独自な視点である。

　ビジネス実務のメガ・トレンドについて話を進めてきた。これらのトレンドを踏まえて、ビジネス現場における実務のあり方について、これからひとつひとつ学んで行くわけだが、その作業に入る前に確認しておくことがある。それは、今日のビジネス環境は急激に変化し、むしろ「進化」（evolution）しているといった方が適切だという事態が生じていることである。経済構造が大幅に転換し、基本的なプロセス自体が大きく変容しようとしている中で、当然ビジネス現場で期待される「実務」は目まぐるしく変わると予測される。「これが求められる実務だ」といって習得したところで、あっという間にその「実務内容」が変わってしまう可能性が大きい。

　例えば、現在のコンピュータに関わる現場の実務は、1、2年でまったく変化している。5年前のスキルは通用しないものも多い。それゆえ、今日のような進化する状況の中で、「ビジネス実務」を固定化し確定しようとする作業は、ある意味では無意味なものといえる。ここでは現在考えられる、できるだけ大枠の了解事項として「ビジネス実務」の特色を設定し、そこからスタートできればと思う。

4-2-1　実務学習の3つの視点

　これまで述べてきたように、企業を中心とする営利活動であれ、行政やボランティア等の非営利活動であれ、ビジネス（事業）活動を捉えようとするなら、さまざまな角度からのアプローチが可能である。しかし、ビジネスだけではなく、ビジネス「実務」にこだわろうとするとき、そこにい

くつかの特質が浮かび上がってくる。

　その特質とは言葉を換えていうなら、「ビジネス実務」学習にはあるが、他の研究領域にはない独自性であり固有性である。ここでは３つの視点から「ビジネス実務」学習の特質をあげてみる。

(1)　ビジネス実務を通した個人の能力開発（human side からの視点）

　ビジネス実務の学習は、現場の実務学習である。人事担当者、秘書、営業パーソン、情報処理者、ボランティア従事者等、たとえ実務内容は違っていても、ビジネスの現場で活動する個人の実務的な能力開発、職業生活や生活そのものの充実、キャリアの育成、自己実現の可能性等を、ヒューマンサイド（human side）から学んでいく。

　これまでの経営学を中心とする学問や研究は、経営全体、組織全体の視点から、労働者の活用（人的資源論、人事労務管理論）を考えてきた。しかし、ややもすると組織優先であり、現場無視の議論が多かったともいえる。ビジネス現場で活動する個人の側からアプローチし、個々人の実務的な能力開発を探るという視点は、今日の成熟市場社会では大切な視点であり、「ビジネス実務」学習の独自な視点のひとつである。

(2)　アクション・プログラム（action program）からのアプローチ

　(1)で述べたような視点は、言葉を換えて表現すると、アクション・プログラム（行動計画）からのアプローチを重視すると言うことにもなる。

　一般に、ビジネス活動の成功の鍵は、次の５つのレベルがいずれも効果的に働くことだといわれている。

図表４−５　５つのレベル

①世界経済・社会情勢
②経営ビジョン・組織ビジョン
③市場戦略・組織戦略
④マーケティング戦術・組織戦術
⑤アクション・プログラム

　組織（経営）活動は次のようなプロセスをたどる。まず、世界情勢や社会情勢を分析し、そうした状況分析を基礎にして経営ビジョンや組織ビジョンを明確に構想する。次に、そのビジョンを基本とした市場戦略や組織戦略を練り上げ、その市場（組織）戦略に従ったマーケティング戦術や組織戦術を確定し、そして実際の現場でのアクション・プログラムを立てる。こうしたプロセスは、どのような組織においても重要なプロセスである。

そしてまた、アクション・プログラムを立てながら、同時にマーケティングの戦略や戦術を見直し、経営ビジョンをとらえ直す。トップダウン型の意思決定だけにならないように、ボトムアップ型の意思決定パターンを作り出そうとする。これらのマクロ的なレベルからミクロ的で現場的なレベルまで相互に作用し合うことが大切であり、どのレベルの働きが抜けてもビジネス活動は停滞し、さまざまな問題や葛藤状況が生じてくる。

確かに、世界情勢の分析や経営ビジョンの確立がないまま市場戦略を立てて行動したり、あるいは逆に、現場でのアクション・プログラムを考慮に入れずに、経営ビジョンだけを先行させてビジネスを遂行しても、短期的には成功する場合もあるが、持続的な成功にはつながらない。

「ビジネス実務」学習は、これら5つのレベルの中で、特に、実際にビジネス活動を行うためのアクション・プログラムのレベルに力点を置いて、学ぶことになる。

(3) 実践の知・臨床の知の重視

アクション・プログラムに力点を置いてビジネス活動をとらえるということは、ビジネス現場の実践から生まれてくる「実践の知」や「臨床の知」を重視することを意味する。できるだけビジネスの現場に接近し、ビジネス活動を実務的な技能や知識を発揮して実践している現場サイドから把握しようという「実践の知」は、哲学者・中村雄二郎が提起した「永年の現場経験を通じて獲得される」という「臨床の知」と同じである。

予測不可能ともいえるほど、急速に変化し進化する今日のビジネス環境の中で、ビジネスを成功に導くためには、説得力あるビジョンをいかに打ち出すことができるかというビジョン形成力と同時に、現場の具体的なケースがどのように変化し動いていくのかを、「臨床の知」を駆使して一つ一つ拾い上げていく作業が必要なのだと思われる。実践を通じて得られる臨床の知・現場の知を大切にすること、これがビジネス実務学習の第3の視点である。

これらの独自な視点や特質を持つ「ビジネス実務」学習が、実践の学として効果的な教育を展開することができるなら、日本の教育研究も、より実践的で、より学生個人の視点に立った内容を持つことになると思われる。

コラム：戦略的経営プロセスと業務的経営プロセス────────

ビジネス実務が関わる領域は、戦略的経営プロセスよりも、業務的経営プロセスに関連が深い。現場で業務に当たる人々は、経営・組織目的がトッ

プの戦略会議等で既に与えられている場合が多く、その目的実現のためにもっとも効率的な方法を考え、短期的な視野で業務を遂行するケースが一般的である。そのため、比較的狭い視野で活動することが多い。

しかし、組織変革が急速に展開されており、付加価値創造が基本となっている今日の私達は、現場の実務にあたっても、業務的経営プロセスだけを考えていてはよい結果が得られない。戦略的経営プロセスを常に視野に入れながら、広い視野で業務全般を考え、効率性とともに、合理性も配慮し、外部の環境との調和や適応も意識しながら、活動を展開することが必要になる。

図表4-6　戦略的経営プロセスと業務的経営プロセス

	戦略的経営プロセス	業務的経営プロセス
目的の性格	決定・修正すべきもの	所　与
手段の性格	合理性	効率性
外部環境との関係	適応と働きかけ	適　応
環境の範囲	広　い	狭　い
内部環境	組み換え	所　与
検討対象期間	短期および中長期	短期中心

武藤泰明著『日経文庫ビジュアル　経営の基本〈第3版〉』日本経済新聞出版社、2010年　P.33

4-3　ビジネス実務の実際

この4章では、第Ⅱ部の導入の章として、ビジネス実務の基礎論を展開してきた。いろいろな視点から、ビジネス実務、ワーカーの心構え、ビジネス実務のメガ・トレンド等をめぐって考えてきたが、最後に、山下大介さんの電話応対をめぐってビジネス実務の実際を感じ取ってもらおう。

具体的な事例を通して、ビジネス実務活動の基本的なあり方を考えてみる。山下大介さんの電話応対のケースである。

山下大介さんの電話応対・来客応対

―― 事例 ――

　ミナミ株式会社（家電製品商社）の営業部に所属する山下大介さんは、入社して1年3ヶ月、ようやく仕事になれてきたという感じを持っている。今日は、山下さんの担当であるYK産業の田中部長が、営業用大型冷蔵庫購入の件で10時に来社する予定である。予定では11時頃まで、約1時間の面談になっている。この打ち合わせには、上司の佐藤営業部長と一緒に山下さんも同席する予定になっている。山下さんは、事前に第1応接室を確保しており、朝9時半には、打ち合わせに必要な商品カタログやYK産業との取引関係書類等の資料も確認し、準備を完了した。

　ところが、9時50分頃、先方（YK産業）の田中部長から打ち合わせを11時に延期してくれないかとの電話が入った。「こんなぎりぎりになってから電話をよこすなんて」と内心では思ったが、先方も困っているようなので、すぐに気持ちを切り換え、上司の佐藤営業部長に連絡を取った。部長は先方の都合に合わせて11時からで大丈夫というので、折り返し田中部長に知らせた。

　電話が終わるとすぐに、山下さんは社内システムの「応接室スケジュール」で、第1応接室の利用時間を確認した。心配した通り、人事部三浦和男の名前で、11時30分から別の来客予定が入っていることが分かった。他の応接室も予定が入っていた。早速、三浦さんに連絡を取り事情を伝え相談した。三浦さんの方は、社内担当者との打ち合わせなので、会議室に移動してくれることになった。

　山下さんはその話がすむと、今度は、佐藤営業部長の所に行き、予定変更の報告をしながら、昼食の用意が必要なのかを相談した。当初は10時からの1時間の面談予定だったので昼食は考えていなかったのだが、11時からの場合は用意する必要があると判断したためである。佐藤営業部長の了承を得たので、いつも利用している本社ビル隣の寿司店に12時頃の時間で予約をした。これで大丈夫かな、と一安心して時計を見ると10時10分、打ち合わせまで、まだだいぶ時間があるので、午後に予定している得意先回りの準備に入った。

　この山下さんのケースを振り返ってみよう。

予定変更の連絡が入ってから、約20分、山下さんは、電話応対、上司のスケジュール確認、第1応接室に関する交渉、寿司店の予約、上司や同僚との連携等、スピーディな実務処理を行っている。一見何でもないことのように思えるが、一つのスケジュール変更に対して、対応策をテキパキと行う対応力は、なかなかのものである。

山下さんは、もともとは工学部出身なので機械にも強く、今回の大型冷蔵庫等、機械に関する機能の説明には自信がある。営業センスもバツグン、商品に関する知識もかなりあり、営業部期待の若手である。

私達のビジネス活動は、現実には、毎日このような実務の積み重ねである。予定変更に対して、顧客の側に立って、どれだけ柔軟に、迅速に対応できるか。一つ一つの対応力が、信頼をうみ、ネットワークを広げ、ビジネス活動の幅を広げていくのである。

図表4-7　山下さんの予定変更に関する実務の流れ

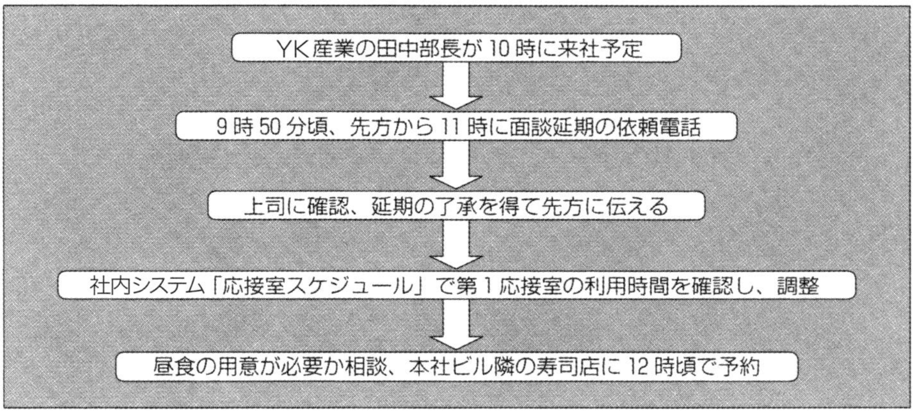

```
┌─────────────────────────────────────────────┐
│  YK産業の田中部長が10時に来社予定              │
└─────────────────────────────────────────────┘
                    ↓
┌─────────────────────────────────────────────┐
│  9時50分頃、先方から11時に面談延期の依頼電話  │
└─────────────────────────────────────────────┘
                    ↓
┌─────────────────────────────────────────────┐
│  上司に確認、延期の了承を得て先方に伝える      │
└─────────────────────────────────────────────┘
                    ↓
┌─────────────────────────────────────────────┐
│  社内システム「応接室スケジュール」で第1応接室の利用時間を確認し、調整 │
└─────────────────────────────────────────────┘
                    ↓
┌─────────────────────────────────────────────┐
│  昼食の用意が必要か相談、本社ビル隣の寿司店に12時頃で予約 │
└─────────────────────────────────────────────┘
```

演習問題

1．基本的心構えとして、どのようなことが大切か、簡潔に述べなさい。
2．ビジネス実務の4つのメガ・トレンドについて、自分はどの能力があるのか、あるいはどの能力を伸ばしていきたいのか考えてみよう。
3．実務学習の3つの視点についてもう一度確認しよう。
4．山下さんのケースをよく読んで、自分はどのような対応が得意で、どのような行動が不得意なのか考えてみよう。

第5章　ビジネス実務の基本とは何か

　　5－1　仕事の進め方
　　5－2　ビジネスとサービス活動
　　5－3　ビジネスと表現活動
　　5－4　ビジネス情報活用
　　5－5　ビジネスと組織活動

<u>ビジネス実務の基本を学ぶ</u>
<u>具体的なビジネス諸活動を学ぶ</u>

　私達ワーカーがビジネス実務活動を行う場合、知っておかねばならない基本、身につけておかねばならない基本とは、何だろうか？
　また、実際にビジネス活動を行う――仕事をする、クライアント（顧客）にサービスする、効果的な表現をする、効果的に情報活用する、組織の中で活動する――にはどうすればよいだろうか？
　この章では、ビジネス実務の基本と諸活動を学習する。

```
        仕事の進め方
    HOW TO MANAGE BUSINESS
              │
              ▼
       BUSINESS ACTIVITIES
  サービス活動……クライアント（顧客）にサービスする
  表 現 活 動…………………効果的な表現をする
  情 報 活 用…………………効果的に情報活用する
  組 織 活 動…………………組織の中で活動する
```

5-1 仕事の進め方

　仕事をするには、仕事の基本ルールを身につけ、多様な人と関わって仕事をすることの意味を理解する必要がある。また、仕事を改善する意識とコストや顧客に対する問題意識をもって仕事に取り組むことが大切である。

5-1-1 組織で仕事をすることの意味

　社会で仕事をする心構えとして、よく「組織で仕事をする」あるいは「従業員は組織で動く」などと言う。数多くの人達が協力して仕事を進め、その結果、一人ではできない大きな仕事を達成する。これは組織を作って仕事をする最大の理由である。従って、組織で働く者はこの心構えはごく当然のこととして受け入れなければならない。もちろん、どんな原則も環境が変われば、新しい解釈が加わったりニュアンスが変化することはある。しかし、基本的な意味がそう大きく変わることはない。「組織で仕事をする」とは、組織の中で多種多様な人達と関わりながら日々仕事をすることを意味する。社会に出る前と出た後では、この点に大きな違いがある。

　組織の中を縦と横で考えると、縦軸には、20歳そこそこの若者からかなりの年配の方までおり、多様性に富んでいる。また、役割や役職も多岐にわたる。横軸では、自分の仕事が他の人の仕事とつながり、他の職場の仕事と密接に関連しているケースも出てくる。以上の点をよく認識することによって、自分の役割や仕事の理解度が高まり、自分と職場との関わりをスムーズに受けとめられるようになる。これらのことは、組織の代表格である営利企業のみならず、非営利ビジネスを行う組織、さらにボランティアや地域活動など小規模な活動をする組織にもあてはまる。

5-1-2 仕事を効果的に進める：仕事の基本動作

　仕事を上手に進めるには、仕事の基本ルールを知らなければならない。
(1) 命令・指示と報告
　組織で仕事する際、最も大切な活動の一つがコミュニケーション活動である。円滑なコミュニケーションがなければ、協働もうまく行かず、組織の目標を達成することも不可能である。組織を人間の身体にたとえれば、コミュニケーションは身体を流れる血液と同じである。細胞という仕事をする組織は、新鮮な血液の供給を受けると、仕事の機能が一段と活発にな

る。組織の仕事にとって、円滑なコミュニケーションほど重要なものはない。

　上司の命令や指示とそれに対する報告は、コミュニケーション活動の基本である。いわば、身体の大動脈を循環する血液といえる。従って、命令・指示をしっかり受けとめ、期日までにタイミングよく報告する、この基本動作をまず確実に身につけることが大切である。

(2)　命令・指示を受ける基本動作

① 　すぐに返事をする（態度・マナー）

　上司に呼ばれた場合、まず明瞭に「はい」と返事をし、すぐ上司のもとに行かなくてはならない。特別な場合は別にして、自分の仕事が忙しくても、上司の命令・指示が優先する。この段階でつまずくと、円滑なコミュニケーションは期待できなくなる。

② 　話を最後までよく聞く

　話の進め方には、各人各様のスタイルがある。途中でわからない点があっても、最後まで聞くと理解できることが多い。また、途中で不用意に質問されると、話のリズムが崩れる結果になりかねない。

③ 　要点をメモに取る

　確実に要点を押さえるには、When（いつ、いつまでに）、Where（どこで）、Who（だれが、だれを）、What（何を）、Why（なぜ）、How（どのように）の5W1Hによって指示内容を把握する。メモは、指示を受けて仕事をする際にも有効な情報源となる。

④ 　指示内容を復唱する

　仕事のミスは指示内容の誤解に基づくことが多い。また、メモをとって復唱すると、上司も最初の指示内容を訂正することもある。

⑤ 　不明な点、理解できない点は質問をする

　5W1Hに抜けている点があれば、原則として質問すべきである。

⑥ 　意見を言う

　上司から意見を求められた場合、意見がある場合は申し述べる。実際は、中間報告などをする際の方が妥当な意見を述べやすい。

⑦ 　優先順位を確認する

　別の仕事があったりして、指示された仕事を指定の時間までにできそうにないときは、率直にその旨を伝え、指示を求める必要がある。安請け合いによって、上司の仕事に支障をきたすことは避けなければならない。仕事の優先順位は、最終的には上司の判断に委ねるべきである。

(3) 報告の基本
① 中間報告の重要性

　期限までに間に合いそうにない場合は、直ちにその旨を報告する。ある程度時間を要する仕事は中間報告が必要である。途中までの調査結果により、上司は指示内容を変える場合もある。また、中間報告の内容を見て、新しいアイディアが生まれ、新しい指示が出ることも多い。一般的に、仕事を依頼した側は、報告がまったくないと大変不安になるものである。従って、仕事が順調なときも、進捗状況を適宜報告することが望ましい。

② 要点を整理して報告する

　報告も5W1Hを基本とし、できるだけ結論を先に述べるようにする。一般的には、結論―理由―経過―意見の順番で報告するのがよい。また、報告の際、事実の部分と自分の意見や推量を明確に分ける必要がある。

③ 報告の相手

　命令・指示をした上司に報告するのが原則である。よほどのことがない限り、この原則に従って報告しなければならない。

5-1-3　仕事を効果的に進める：仕事を進める基本サイクル

　具体的に仕事に取りかかる場合、最も気にかかることは、どのように仕事を進めたら仕事がうまく完成できるか、という点である。仕事が複雑になればなるほど、この点に神経を使うものである。マネジメント・サイクルという経営管理の手法にならって、自分で自分の仕事を管理するのが、実践的で効果的である。最初はサイクルのステップを慎重に踏みながら進めるが、経験を積むと、仕事を処理するスピードがかなり早くなる。この手法に慣れると、物事を筋道を立てて処理する訓練にもなり、仕事以外でも適用範囲が広がる。

　ここでは、次の具体例に基づいて、仕事の開始から完成までの各ステップを検討してみる。

> ――事例――
> 　入社2年目のAさんは、営業企画課に勤務している。Aさんは、課長から、来週の営業推進会議に使う、取引先C社に関する次の資料作成を指示された。
> ・過去3年間の売上実績を月別にまとめる
> ・過去3年間の売上実績を製品別にまとめる

*マネジメント・サイクル（management cycle）…マネジメント（経営管理）活動では、計画の立案／計画実施のための組織化（plan）、リーダーシップなどを発揮して組織を動かす（do）、計画と実績の比較と評価（see）という3つの機能が1つのサイクルをなしている。このサイクルを簡略化して、PDSのサイクルと呼ぶ。あるいは、PDCAサイクルと呼ぶことも多い。plan（立案・計画）、do（実施）、check（検証・評価）、action（改善）の4つの機能である。

(1) 仕事の進め方を考える（計画：plan）
① 仕事の内容・目的・期限を正確に理解する
　このケースでは、作成すべき資料の内容ははっきりしている。ただ、製品別の実績も月別にまとめるのか、その点が不明確である。この点は、課長に確認しておくべきである。また、目的との関連をより明確にするために、会議の出席メンバー、会議の議題も確認しておくとよい。さらに、会議が来週の金曜日だとすると、Aさんは、水曜日までに資料を作成し、水曜日午後か木曜日午前中に課長に説明する日程を立て、課長の了解を得ておくべきである。
② 必要な情報を考える
　月別の実績はデータベースから簡単に入手できる。製品別のデータをどのようにして入手するかが問題である。また資料のレイアウトも考えておく必要がある。
③ 仕事を進める手順を決め、解決手段を選択する
　仕事を進める上での問題点を明らかにし、解決の手順と手段を選択する。
(2) 仕事に取りかかる（実施：do）
① 仕事を処理するスピードを考える
　まず、月別データを入手しておく。Aさんは、製品別データをつかむため、いろいろやってみるが、どうもうまくいかない。こういう時、一人で悩んでも進まないものである。この仕事には期限がある。だれが製品のデータに詳しいのか、先輩や同僚に相談してみるべきである。人に聞くと、意外と簡単に解決の糸口が見つかることが多い。
② 中間報告や連絡・相談を心がける
　製品別データもなんとか入手したが、月別に一覧できるように分類されていない。製品別の実績を月別に分類するには、相当時間がかかり、会議には間に合いそうにない。この場合、Aさんは直ちに課長に事情を報告し、改めて指示を受けなければならない。その他、重要だと思われる点は、柔軟に判断しながら、適宜、連絡・相談を心がけるべきである。
(3) 仕事の成果をチェックし次に役立てる（検証・改善：check and action）
① 完成した仕事をよく見直す
　資料が当初の目的どおりに完成しているかよくチェックしなければならない。数字などのデータ作成で特に注意しなければならないのは、「木を見て森を見ず」ということにならないことである。個々のデータ（木）だ

＊報告／連絡／相談…仕事を進める際、常に心がけるべき3つの要素である。それぞれの頭文字をとって「ホウレンソウ（報・連・相）」などと呼ばれている。

けでなく、全体のデータの流れ（森）に常識的な矛盾がないか、検討してみることが大切である。

② 仕事を改善する芽を見つける

仕事の進め方の全体を振り返り、どの部分に時間がかかったか、どうすればもっと効率よく進むか、など改善点をまとめておく必要がある。「データをグラフ化して資料に加えておけば、会議の進行がもっと効率的になったのではないか」など、いくつか改善点があるかも知れない。今後の仕事のためにも、会議後、課長の意見も聞いておくとよい。

③ 仕事の標準化とマニュアル化をはかる

仕事の改善点も含め、資料作成の手順をまとめて自分用のマニュアルを作ると、今後の仕事に大変役に立つ。標準化したりマニュアル化することは、自分にとって仕事を見えやすい状態にすることになり、より一層の改善が可能になる。

図表5-1　マネジメント・サイクル

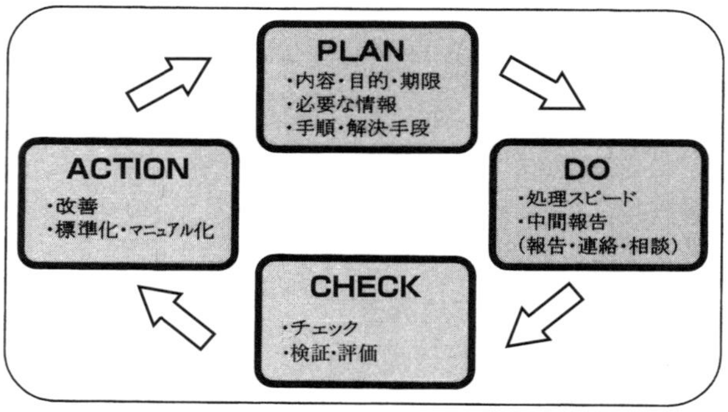

```
        PLAN
       ・内容・目的・期限
       ・必要な情報
       ・手順・解決手段
  ACTION              DO
  ・改善              ・処理スピード
  ・標準化・マニュアル化    ・中間報告
                      （報告・連絡・相談）
        CHECK
       ・チェック
       ・検証・評価
```

5-1-4　仕事の特徴

(1)　仕事の特徴

仕事は、その特徴によって次の2つに分けることができる。

① 自分の担当業務などで、定期的に発生する仕事

例えば、毎朝、パソコンで職場メンバー全員の一日のスケジュールと彼等からのメッセージを確認する。毎月決まった日時に伝票を処理する。あるいは、毎週水曜日の午後1時からミーティングがあるなど、一定の期間に繰り返し発生する仕事である。このような仕事をルーチン・ワーク（routine work）と呼ぶ。

② 突然発生する不定期な仕事

例えば、毎月末までにある資料を完成させるルーチン・ワークがあり、

*ルーチン・ワーク（routine work）…日々決まって行う（ルーチン）仕事や業務（ワーク）で、通常業務、日常業務などと訳される。

今日は月末だとする。その仕事を午前中に完成させたいのだが、取引先から電話が入った。ある商品の在庫を午前中に確認し、返事をするよう依頼された。あるいは、予定外の会議があり、出席することになった。

　このように定期・不定期なことが、次々に発生するのが仕事の特徴である。予定外のことが発生する中で仕事をこなして行くことは、決して簡単なことではないが、仕事を進める上で、避けて通ることができない。逆に、これが仕事の実際の姿だと考えなければならない。では、どんな点に留意して仕事に取り組めばよいのであろうか。次の3つが留意点として上げられる。

①スケジュールを明確に…定期的な仕事を、発生するサイクル（1ケ月間、1週間、1日）に従ってスケジュール化し、自分が他の仕事をできる時間とできない時間をあらかじめ明らかにしておく。

②優先順位をつける…定期・不定期な仕事にも、その仕事の期限や内容などにさまざまな違いがある。場合によっては、自分が締切り間際の仕事を抱えていても、別の仕事を先に処理しなければならないこともある。従って、仕事の優先順位を判断しながら仕事を進めることが必要である。

③上司に相談する…優先順位の判断はなかなか難しいもので、的確な判断には経験が必要である。自分で判断するのが難しければ、上司に指示を求めることも大切である。

(2)　仕事の流れとつなぎ

　組織では、通常、部や課あるいは係といった単位で業務が配分されている（業務を柔軟に機動的に遂行するため、課単位による業務配分を廃止し、グループ制を導入する組織も増えている）。これらの業務はさらに細かく分けられ、一人ひとりが担当する業務が決められている。この担当業務について各人が責任を負うのである。担当業務という守備範囲の中で、日々の仕事が遂行されることになる。

　守備範囲といっても、自分の殻の中に閉じこもって仕事をするわけではない。自分の守備範囲だけに目を向けていると、仕事の流れとつなぎが見えなくなる。例えば、ある仕事がAという部署から届き、自分の守備範囲で処理・加工され、次にBという部署に渡される。社内だけでなく、取引先から依頼のあった商品の在庫確認を行い、その結果を上司に報告し上司が取引先に連絡する、といったことも生じる。

　このように、仕事は上司や同僚・他の部署・社外との間を流れる性格があり、これを「仕事の流れ」という。「仕事のつなぎ」とは、他から流れて

＊在庫確認…生産や販売のために必要な材料・部品・製品などの手持ち量を在庫という。顧客が一定量の製品を求めた場合、まず在庫量を確認する。情報技術の発達により、在庫管理システムはコンピュータ化され、在庫確認もコンピュータ端末を操作して行うことが多くなっている。

＊グループ制…課の単位で業務を配分すると、各課の間で縄張り意識が生じやすく、会社全体の業務が硬直化する傾向がある。そのため課制を廃止し、グループ制を採用し柔軟に業務を進める会社が増えている。

きた仕事を次の流れに確実に結びつけるよう、自分の守備範囲で責任を遂行することを意味する。「仕事の流れ」を把握すると、自分が果たすべき責任範囲が明らかになる。

図表5-2　仕事の流れと仕事のつなぎ

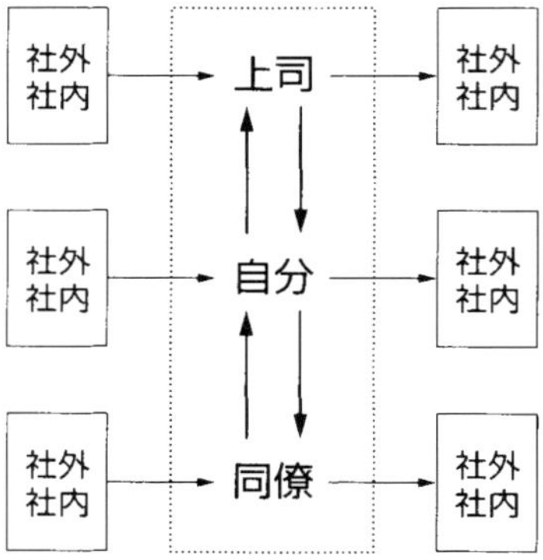

```
社外        →  上司  →   社外
社内            ↕        社内
社外        →  自分  →   社外
社内            ↕        社内
社外        →  同僚  →   社外
社内                     社内
```

5-1-5　自分の仕事をステップアップする

(1)　仕事の質を高め幅を拡げる

① 仕事の因果関係をつかむ

　どんな仕事にも改善すべき点がある。改善の芽に気づくということは、それだけ仕事の能力が高くなった証拠である。改善の芽に気がつくには、「この仕事のここをこうすれば、こういうことになる」と日頃から仕事の因果関係に注意を払いながら、仕事をする習慣を身につけることである。

② コスト意識を高める

　企業のビジネス活動はすべて金銭に換算され、その結果が期末に貸借対照表や損益計算書にまとめられる（6―4「コストパフォーマンス」参照）。ビジネス活動にかかる原価や諸経費をコストと呼ぶが、どんな仕事をする場合にも、不要なコストをできるだけ減らす努力をしなければならない。ひとつは、時間や消耗品を無駄にしないことである。もうひとつは、売上や利益につながるビジネス・チャンスを逃さないことである。例えば、顧客が嫌がる対応をし購買意欲を失わせたり、顧客から寄せられた製品やサービスに対する貴重な苦情をそのままにし、製品・サービスの改善に結びつけるチャンスを失ったりすることである。

(2)　仕事の全体像と他の仕事とのつながりを意識する

　自分の仕事を責任を持って進めるには、「仕事の流れ」を把握することが大切である。「仕事の流れ」を知るとは、自分の仕事と他人の仕事とのつな

＊因果関係…原因とそれによって発生する結果の関係である。例えば利益減少（結果）とコスト増（原因）がどんな関係になるかといった問題である。

がりを知ることを意味する。会議やミーティングの目的のひとつは、この点にある。グループ全体の仕事の流れや情報を把握することにより、自分の仕事の新しい問題点や課題を発見することができる。何名かがチームを組んで特定の目的のために仕事をするケース、例えば、プロジェクト・チームなどでは、チーム全体の仕事の流れと自分が担当する仕事がより密接に関わることになり、つながりを意識することは、プロジェクトの成否そのものに影響する。4－1で述べたチーム・システム志向は、このつながりを意識する能力でもある。

(3) 顧客とのかかわりを意識する

製品やサービスに対する顧客（クライアント）の満足度を高めることが、ビジネス活動の目的である。顧客を満足させるためには、直接顧客と接する従業員ばかりではなく、すべての従業員の意識が顧客に向いていなければならない。普段、顧客と接することの少ない部署の人達は、どうかすると、相手（利用者・顧客）の立場よりも、自分達の都合を優先して仕事をしてしまうことがある。自分達の都合を優先する度合が大きければ大きいほど、利用者の利便性は低下する。最終的な顧客と自分の仕事がどうつながっているか、この点を常に意識しながら仕事をすることが大切である。クライアント（顧客）志向を持ち続けることが重要になる。

＊プロジェクト・チーム…特定の課題（プロジェクト）を実行するため、社内の各部門から人材を集め（チーム）、課題解決を進めて行く。類似のものにタスク・フォース（task force）があるが、これは情報ネットワーク化や経費削減など社内の共通課題を解決するために設けることが多い。

図表5-3　仕事のステップアップのためのポイント

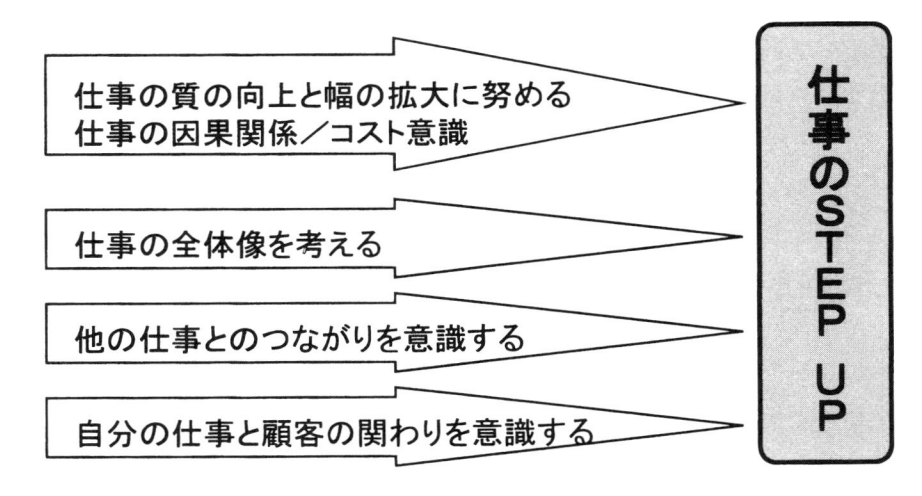

- 仕事の質の向上と幅の拡大に努める　仕事の因果関係／コスト意識
- 仕事の全体像を考える
- 他の仕事とのつながりを意識する
- 自分の仕事と顧客の関わりを意識する

→ 仕事のSTEP UP

5-2　ビジネスとサービス活動

　すぐれたサービス能力を身につけるには、まず相手の気持ちや立場を理解する習慣をもたなくてはならない。その習慣からホスピタリティの精神が養成され、相手に高い満足を与えるサービスが可能になる。

5-2-1　ビジネス活動とサービスのかかわり

　私達のまわりにはモノがあふれている。特別のモノでなければ、いつでもどこでも手に入る状況である。また、標準的なモノ、例えば、テレビや冷蔵庫などは、どの製品でも品質や価格に大きな差はない。モノが豊富にあり、いつでも買える状態にあると、私達はモノ自体にそれほど価値を置かなくなる。むしろ、モノ以外、例えば人間同士のふれあい、友達との交流、家族、自分の趣味や余暇の過ごし方などに、より高い価値を置き、それらの活動に時間やお金を使うようになる。別の言い方をすると、私達は程度の差はあっても自分のライフ・スタイルを意識し、それにそって消費活動をするようになる。

　以上の傾向は、ビジネスに携わる私達に2つのことを教えている。1つは、モノを売る場合も、どんな売り方をするか、客とどんなコミュニケーションをはかるか、さらに販売に関し、モノ以外にどんなサービスを提供するか、こうした点が重要になるのである。もう1つは、消費者や顧客一人ひとりが求めるものはすべて違う、という認識をもつことである。一人ひとりのニーズが違うので、それを感じ取り、相手の立場を理解する感受性が必要になる。これは、相手に満足感を与えるホスピタリティの気持ちがあるかないかの問題とも言えるのである。相手が抱える問題やニーズを発見し、それに応える気持ちと努力がなければ、そもそもサービスの成り立ちようがない。一人ひとりの違いを前提にすると、マニュアルによる画一的なサービスには限界がある。マニュアルはあくまで基本を教えるものに過ぎない。本当のサービスはマニュアルを超えたところで、自分なりの創意工夫を発揮することによって、はじめて実現できるものである。

＊ホスピタリティ(hospitality)…ラテン語のホスペス(hospes:客人を保護する人)が語源と言われている。一般的には「見知らぬ人や客を歓迎し、もてなす心」と解釈されている。一方「サービス」という言葉は、第三者に何かを提供するなど、義務的なニュアンスがあると言われている。

5-2-2　サービス能力を身につける

(1)　サービスの特徴：モノとサービスを区別する要素
　モノもサービスも商品として提供され、相手から提供の対価を得るとい

う点では同じである。しかし、商品の性格がまったく異なっている。モノと異なるサービスの特徴は、細かく見るとさまざまな点があるが、ここでは、以下の4つの要素を挙げておくことにする。

図表5-4　サービスの4要素

1. サービスには形がない
2. サービスを提供するには顧客の協力が必要である
3. サービスは生産されると同時に消費される
4. サービスの質は人と人との相互作用で決まる

大学生が中学生の家庭教師をする、家庭教師サービスを例に挙げ、4つの要素を簡単に考えてみる。

① サービスには形がない

大学生は、毎週決まった時間に中学生の自宅に行き、勉強を見る。その大学生が忙しくなり、今週と来週は中学生の家に行けなくなりそうだとしても、勉強を見る「サービス」を2週間分事前に作り、それを中学生に届けることはできない。仮に2週間分をビデオに収録し届けても、サービスをしたことにはならない。すなわち、家庭教師サービスは、その中学生と顔を合わせて初めて提供できるもので、在庫が利くものではない。サービスはモノと違って形がないからである。

② サービスには顧客（クライアント）の協力が必要である

大学生にとって中学生は顧客である。しかし、大学生が出かけていっても、中学生がその時間に自宅にいなければ勉強を見ることができない。また、中学生が予習をしなかったり、大学生の話を真面目に聞こうとしなければ、このサービスの教育効果は上がらないことになる。

③ 対人サービスは生産されると同時に消費される

中学生が数学の問題がわからない場合、大学生はいろいろヒントを与えながら、中学生がその問題を理解するよう努力する。大学生がヒントを与え考えさせる（サービスの生産）、それに対し、中学生が少しずつ理解する（サービスの消費）。

この生産と消費はほぼ同時に起こる。大学生が体調が悪かったり、準備が不十分だったりすると、教え方がまずくなり、中学生は勉強がよく理解できず、不満を持つ。大学生がこの問題は来週また教えると言っても、中学生はその日に提供された質の悪いサービスを消費させられることになる。

来週、どんなにいい教え方をされても、この日のサービスが悪かったことには変わりがない。サービスは旬でなければならない。

④ 対人サービスの質は人と人との相互作用で決まる

サービスを提供する人とそれを受ける人が交流するプロセスをサービス・エンカウンターと言う。エンカウンターという言葉は心理学でも使われるが、心とこころのふれあいといった意味がある。

大学生が中学生に勉強を教える場合も、2人の間に好ましい人間関係がないと、教えたり、教えられたりするサービスのやり取り（相互作用）はスムーズにいかない。その結果、家庭教師を雇った効果（サービスの質）は上がらないことになる。逆に、大学生が中学生の性格や特性、得意科目などの情報をしっかり把握すると、大学生は中学生とのエンカウンターで優れた対応が可能になる。

(2) サービスの提供と顧客満足

① サービスの評価

サービスが提供された場合、サービスの受け手はそれをどう評価するのであろうか。製品などのモノの場合は、性能がよいとか使いやすいといった基準で評価できる。サービスの場合も、レストランの料理が美味しい、医者の専門的知識が豊富である、家庭教師は数学が得意で中学生の質問に正確に答えるなど、料理の味や知識はモノと同じように評価できるかも知れない。

しかし、それらが充実していたら十分かというと、そうはいかない。医学知識が豊富で見立てがよくても、医者や看護婦の対応がごう慢だったら、患者の評価は決して高くはならない。このように、サービス内容そのものがよくても、提供する態度や姿勢が悪ければ、顧客の評価は決して高くならないのである。

サービスはどんな仕組みで評価されるのであろうか。私達がサービスを受ける場合、そのサービスに対し、事前に何らかの期待を抱く。実際に提供されたサービスが期待を上回ったと感じると高く評価し、下回ると低く評価する。

一般的には図表5—5のように、そのサービスの評判、これまでの経験、本人がそのサービスに求めるニーズなどによって、サービスへの具体的な期待感が形成される。その期待感と実際のサービスが比較され、サービスの評価が決まるのである。

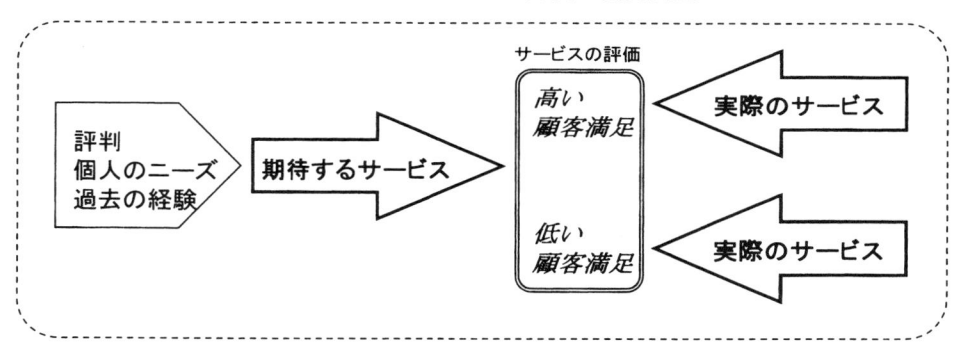

図表5-5 サービスの評価と顧客満足

図表5-5を家庭教師サービスに当てはめると次のようなプロセスになる。評判から満足度までを並べてみる。
・A大学の学生の家庭教師はなかなかよい（評判）
・数学が苦手なので、うまく教えてほしい。勉強以外のことも相談したい（個人のニーズ）
・前の家庭教師は数学の教え方が下手だった（過去の経験）
・中学生の新しい家庭教師への期待感（期待するサービス）
・大学生の家庭教師ぶり（実際のサービス）
・中学生の受けとめ方（サービスの評価・満足度）

② 隠されたニーズと状況の理解

相手が本当に求めるものを感知するのは簡単ではない。なぜなら私達の生活体験からも理解できるように、サービスの受け手は自分から本当のニーズを示さず、相手にそのニーズを察してほしいと思うからである。家庭教師の例では、数学の問題が分からないが、本当はもっと基礎的なことが分からないので、基本から教えてほしいと思っても、そのことを大学生に伝えることはできないかも知れない。

このように、サービスの受け手は、常に隠されたニーズが満たされることを期待している。このニーズが満たされたとき、相手は期待したサービスが提供されたと考えるのである。このニーズを感知するには、相手とのエンカウンターの状況を理解する能力が必要である。状況の理解力を開発するには、まず相手と過不足なくコミュニケーションする能力を育成しなくてはならない。

5-2-3 サービスは現場で創造される

ホスピタリティという言葉がある。日本語の「もてなし」の意味に近い

言葉といえる。いうまでもなく、サービス活動を行う人間に、相手をもてなし満足させる気持ちや姿勢が伴っていないと、本当のサービスは実現できない。その意味から、ホスピタリティは、サービスを提供する者の心や気持ちの作法をただす言葉として、常に思い起こす必要がある。ところで、サービスの実践に関し「真実の瞬間」の大切さが指摘されている。これは、サービスの最前線で顧客と接する従業員が、最初の15秒間にどんな対応をしたか、それによって顧客のその企業に対する印象が決まるというものである。この15秒間を「真実の瞬間」と言う。顧客と「真実の瞬間」を最初に共有するのは第一線のサービス現場の人達である。その意味で、サービスは多くの場合、現場で創造されるといえる。

＊真実の瞬間…顧客サービスに関するコンセプトである。1980年代前半、スカンジナビア航空のヤン・カールソン社長が提唱し、同社を顧客本位の企業に改革するのに成功した。

　ここではサービス現場の場面をいくつか取り上げ、ホスピタリティを実現するために何が必要で、何を心がけるべきなのか、その基本を考える。

(1) 一般的な対人応対

　サービス活動が行われる現場では、実にさまざまな応対場面がある。企業における受付などの来客応対、電話による応対、クレームへの応対などのほか、病院など非営利組織においても、患者と医師の応対などがある。どの場面でも、内容は異なっても、「相手を受け入れる気持ち」を大事にし「心で話す」ことが応対の心得であることに変わりはない。

　この心得を表現する基本動作は態度や姿勢である。態度が悪ければ、どんなによいサービスを受けても、受け手の不満は解消されない。図表5－6は、病院スタッフの態度に対し、患者がどのような不満を抱いているかを示したものである。これらの不満は、医療サービス自体とは直接関係ないものだが、医療サービスの評価に大きな影響を与えるものである。図表5－7は、米国のサービス業の例である。

図表5-6　病院スタッフへの患者の不満

```
「(医師が) くだらないジョークをとばしながらの告知でした」
「医療技術者の中に言葉がぞんざいな人が一人いた」
「(医師が) 診察室でたばこを吸っていた」
「(看護婦に) きつく言われるとグサッときてしまったことがありました。
　言い方がきついとイヤになります」
「会計の待ち時間が長いので尋ねた所、つっけんどんの返事がかえってき
　た」
「医師に対して不安なことを質問しづらい。質問してもめんどくさそうで
　答えてもらえない」
「患者に対する言動とは思えないような事を言うので病気は治らなくても
　退院したくなりました」
「婦長は偉いとみえて、廊下であってもニコリともしません」など。
```

サービス企業生産性研究委員会編『サービスの品質と生産性』
社会経済生産性本部（現　日本生産性本部）、1996年、P.176

図表5-7　企業が顧客を失う理由

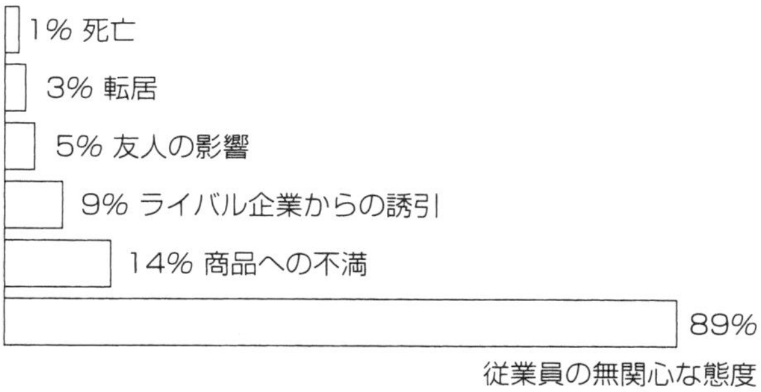

- 1% 死亡
- 3% 転居
- 5% 友人の影響
- 9% ライバル企業からの誘引
- 14% 商品への不満
- 89% 従業員の無関心な態度

ベッツィ・サンダース著、和田正春訳
『サービスが伝説になる時』ダイヤモンド社、1996年

このように、基本動作はサービス行為の重要な要素である。ここでは、いくつかのケースを例示し、基本動作のあり方をみてみたいと思う。

図表5-8　サービスと基本動作

ケース	問題点／望ましい対応
①相手の問いかけに対し「わかりません」「知りません」「違います」など機械的な応答をする。	相手を受け入れる気持を示すため、「申し訳ありませんが、そのことはよくわかりません」など、表現を柔らかくする。
②「Aさん、この仕事を午前中にしてもらいたいんだ。頼んだよ」	もっと相手の気持ちに配慮した表現にする。例えば「Aさん、この仕事を午前中にしてもらいたいんだ。忙しいのに悪いけど、頼むよ」
③ある会社の受付で名刺を出し取り次ぎを依頼した。受付の女性は取り次ぎの電話口で名刺を見ながら社内の人と談笑を始め、時々こちらを見ながら笑っている。	来訪者の前で笑うことは、来訪者を軽蔑したととられかねない。受付である以上、社内と社外を区別した行動が不可欠である。
④A氏は、簡単な仕事の打ち合わせで人が立寄ると、必ず別の仕事をしながら相手の話を聞くクセがある。	人の話を聞く際「何かしながら相手の話を聞かない」という会話の原則に反している。
⑤外部から電話があり、「Aさんをお願いします」と依頼があった。それに対し、「今日はいません」と答えた。先方は「いつごろお帰りですか」と聞くと、「私ではわかりません」と答えた。	もう少し丁寧で心をこめた応対をすべきである。例えば「私でよろしければ、ご用件をおうかがいいたします」「もどりましたら、ご用件を申し伝えます」など、相手を受け入れる気持ちを示す。

(2) 販売

「顧客が何を求めて来訪したか」「顧客の期待がどこにあるのか」こうしたことを即座に的確に感じ取るのは、大変難しいことである。従って、少しでも感じ取れるように行動し、顧客との距離を縮める努力をする必要がある。その際、応対する自分自身の生活体験などに照らして、その顧客の

立場を推測することが大切である。顧客との接触は、まず挨拶で始まるが、同じ挨拶でも、親しみを込めた挨拶と表面的でぞんざいな挨拶では、「真実の瞬間」の形成に決定的な影響が出る。

① 顧客との出会い…「自分が顧客だったらどうしてほしいのか」

> **事例**
>
> 中年の男性Aが、奥さんの誕生日プレゼントを見つけるため、百貨店の婦人装飾品売場を訪れた。この男性は、婦人物売場に行くのがかなり照れ臭いのだが、この種の商品について知識がないので、とにかく一通り商品を見てみたいと思い、勇気を出して出かけた。
>
> ・百貨店Bの対応　Aが売場を歩き始めると、すぐ若い店員がAのすぐ後ろについた。Aも出来ればいろいろ商品について聞いてみたいと思った。しかし、店員は元気のよい、かなり大きな声で次のようにしゃべり出した。「お客さま、どのようなものがいいですか！　贈り物ですか！　相手の方は何歳ぐらいですか！　ご予算は！」。Aは逃げるようにその百貨店から出た。
>
> ・百貨店Cの対応　Aが売場を歩き始めても、だれも近づいてくる気配がない。おかげで、Aはじっくり商品を見ることができた。予算を頭に置きながら、奥さんの好みを想像したりした。でも、何がいいのか、自分では決断できそうにない。すると、横にすっと店員が近寄ってきた。大変静かな女性で、まるで一緒に買物に来たような錯覚さえ覚えたくらいだ。Aは彼女のアドバイスに従い、即座に商品を買い求めた。
>
> ・Aの感想「自分は彼女が勧めた商品がよいかどうかよりも、その女性が勧めたからこそ買ったという気がします」

② 顧客の隠れたニーズ…「顧客は本当に何を望んでいるのか」

顧客は、本当のニーズをなかなか自分から示してくれない。サービス提供者が気がつくのを待っていることが多い。しかし、気がつくどころか、ニーズを発見する努力さえ忘れたサービス行為が意外と多いようである。例えば、コーセー化粧品の接客教育では、スタッフにカウンセリング・マインドの重要性を説いている。「顧客に商品を売るのではなく、化粧品の相談にのる」という姿勢は、顧客の隠れたニーズを発見する上で大切なことである。これは、すべてのサービス活動に求められる姿勢である。

(3) ホテル

米国近代ホテルの始祖であるスタットラーの言葉に次の一節がある。

＊カウンセリング（counseling）…専門家が個人のもつ問題などに対して相談に乗り、問題を解決するため助言などを行うこと。

＊スタットラー…1908年「スタットラー・ホテル」など、一般庶民が負担できる価格の近代ホテルを作った。スタットラーのホテルは、その後の米国ホテルのモデルとなった。

「ホテルには唯一の売り物がある。それはサービスである。悪いサービスを売るホテルは悪いホテルであり、よいサービスを売るホテルはよいホテルである」。ホテルにもさまざまな種類があるが、スタットラーの指摘はすべてのホテルにあてはまる。ホテルには際立った特徴がある。客室以外は誰でも自由に出入りできるという点である。ホテルには、宿泊客はもちろん、ホテル内のレストランに食事に来る客もいる。ロビーで休憩する人もいる。従って、ホテルのサービスには、客室のサービス、レストランでの飲食や宴会部門のサービス、出入り自由な場所でのサービスがある。ホテルという言葉自体がホスピタリティに由来しており、「もてなす」ことがホテルのサービスそのものだとも言える。その意味で、すでに述べた対人応対の心得や顧客のニーズに応えるといったサービスの基本が、ホテルでは他の場合よりも高いレベルで実現されなければならない。

以下では、ホテルサービスの特徴を簡単にみてみたい。

① 宿泊客のサービス

宿泊予約なども含めてサービスの中心となるのはフロントである。応対の丁重さや親しみやすさといったサービスの基本的心構えのほかに、フロントサービスには、的確さと迅速性が強く求められる。

② 飲食・宴会のサービス

人間が飲食をする目的はさまざまである。ホテルのレストランでの夕食は、その多くは「食べる」ことよりも、他の人との社交や親交にウエイトがある。従って、サービスの提供も社交や親交の雰囲気を支える内容でなければならない。レストランに入った顧客にわかることは、従業員の言葉づかい、服装などの外見、態度や物腰である。これらが社交や親交の雰囲気を左右する。一方、朝食の目的は少し違い、「食べる」ことにウエイトがある。朝食時のレストランは混雑することが多く、雰囲気づくりよりもサービスの迅速性が求められる。

③ 出入り自由な場所でのサービス

ホテルの従業員は、「口で教えるな、手で教えるな、足で教えろ」というサービス教育を受けるそうである。ホテルのサービスは、宿泊客やレストランの客だけではなく、ホテルに出入りするすべての人に提供される。ものぐさな人は、駐車場の場所を聞かれると、口で説明し手で指さして場所を教えるかも知れない。このようなものぐさなサービスと正反対に、駐車場まで案内する（足で教える）のがホテルサービスの核心と言える。

(4) 社内サービス

　モノを生産する場合、必要な原材料を投入し加工作業を行い製品が完成する。製品完成までのさまざまな作業手順を工程と言う。自動車の生産を例にとると、車体組立→塗装→内装組立→最終組立と各工程が進んでいく。この場合、前の工程の作業に基づいて後の工程の作業が行われるので、前工程は後工程の作業がうまく行くように作業をしなければならない。このように社内の仕事は、ひとつの仕事が次の仕事に結びつき、最終的に顧客など社外に向けた仕事が行われる。

　よく「後工程はお客さま」と言う。これは、社内の仕事はそれぞれ結びついており、前工程の担当者は後工程の仕事がどうしたらうまく行くか、常に考えながら仕事をしなければならない、という教訓である。その際、前工程の担当者は後工程の担当者を「お客さま」と考え、お客さまにサービスを提供する気持ちを持つことが大切である。後工程の担当者を社内顧客と考えると、社内の仕事も相手の満足度を意識したサービス活動に近いものになる。このように、社内サービスの質が向上すると、その結果、社外へのサービスの質も高くなり、最終的な顧客満足を達成できることになる。

5-3　ビジネスと表現活動

　ビジネスを協働活動であると捉えると、さまざまな場面で行われる表現活動がどんなに大切なものであるかを理解することができる。この節ではビジネスにおける表現活動について考えてみたい。

5-3-1　ビジネスにおける表現活動

　ビジネス（事業）とは、営利・非営利を問わず、個人または各々の組織共同体が、事業目的を実現するために、ヒト・モノ・カネ・情報などの諸資源を活用して、価値を創出するための協働行為の総称をいう。

　ここでは、ビジネスが協働行為であることに注目したい。協働行為というからには、相手が必要である。その相手とスムーズに協働していくためには、当然コミュニケーションをはからなければならない。実はこのコミュニケーションを円滑に進めるための活動の一つが表現活動といえる。

(1) 表現活動とコミュニケーション

表現活動とコミュニケーションは密接に関係している。コミュニケーションの階層構造で考えてみよう。

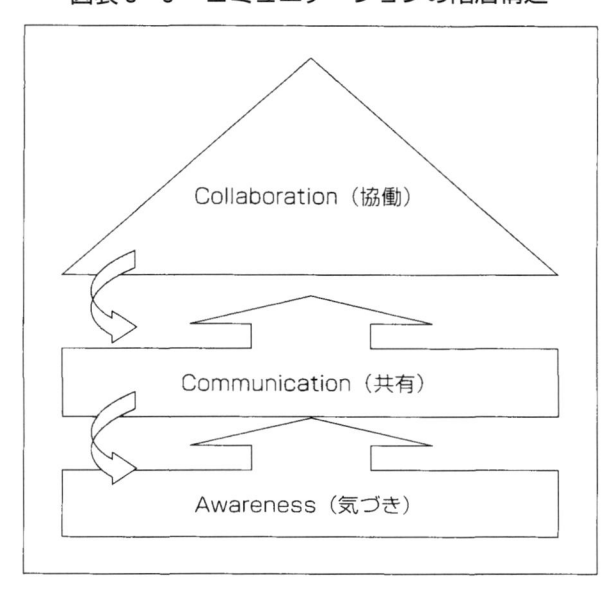

図表5-9　コミュニケーションの階層構造

```
       Collaboration（協働）
       Communication（共有）
       Awareness（気づき）
```

コミュニケーションを、ピンポンゲームにたとえることがある。こちらから打ったボールは、相手からなんらかの形で帰ってくる。このやりとりをコミュニケーションの基本と考えることができる。またこの図表の中心になるコミュニケーションは、単に情報の相互伝達という意味だけでなく、情報の共有という側面を持つ。さまざまな情報を相互に伝達しあい、共有し合うということからお互いの考えを理解し合うことができるのである。特にビジネスにおいては、組織の目的実現のために情報を伝達し、情報を共有する。この伝達や共有のために表現活動があるといえる。またこの図表の中でコミュニケーションの下位に気づきがあることにも注目したい。相手の存在に気づくことなくしてコミュニケーションは成り立たない。気づきという個人の中で起こる事柄がコミュニケーションを膨らませていくことにもつながる。この方向は必ずしも一定ではなく、コミュニケーションの中から新たな気づきを生むということも一般によく聞かれることである。

このようにビジネスにおける表現活動は、口先だけの技術の問題というより、自律した個人が協働のために情報を伝達・共有し、新たな価値を生むために不可欠なものといえる。

(2) 表現活動の場（メディア）

　ビジネスでは、常になんらかの表現をすることを求められる。これまで何度も述べてきたように、上司の指示に対する応答、顧客の電話応対、文書の発信など実にさまざまである。このような表現活動では、場面に応じた的確な表現を行うことが肝要である。

　例えば、顧客からの電話応対ではすぐその場でなんらかの応答をしなければいけない。またその後、文書などできちんと回答しなければいけない場合もある。何がどのように求められているのかを理解し、それにふさわしい方法を選択し、適切な表現をすることが大切である。

　ビジネスでは、表現活動の媒体として、電話、ファクシミリ、電子メール、文書、メモ、会議、面談、立ち話などが頻繁に使用される。それぞれの特徴を理解した上で、活用することが大切である。

5-3-2　表現活動の基本

　私達は、会話などの口頭表現、文章を使用した表現、そして言葉を使用しない身振りや態度といったものまで実にさまざまな表現活動を行っている。ここでは、口語表現、文章表現、ビジュアル表現を取り上げて学習する。

(1)　口語表現

　もっとも一般的な表現活動に、会話や電話応対のような口語による表現がある。コミュニケーションを円滑に行うために、しっかり学習することが大切である。

① 話し方

　学生時代と異なり、社会人になると年齢、立場、また経験も違った実にさまざまな人と仕事をすることが多い。例えば、年上の先輩に年上の後輩、同年代の同僚、年上の上司に年下の上司、お客様に納入業者の担当者などである。それぞれの人たちにそれぞれの人生があり、考え方も違っている。このようにいろいろな人と関わりを持って仕事をするのであるから、相手の立場に立った話し方をする必要がある。

　社会人としての話し方の基本と言えるのが敬語表現である。敬語の基本は相手の気持ちに立って考え、相手が心地よいと思う言葉を使うことにある。あなたを取り巻く人々を顧客（クライアント）と考えたとき、その顧客の満足度を上げることに気を使うべきであることは言うまでもない。

　以下のような敬語表現の基本を理解し、正しい表現を身につけることが

ビジネスにおけるコミュニケーションには欠かせない。

尊敬語

　相手方に尊敬を持って高める機能を持つ表現のことである。

　語形は「お／ご～になる・なさる・いらっしゃる」「～（ら）れる・お／ご～だ・くださる・おっしゃる・召し上がる」となる。

謙譲語

　自分を謙譲して低める機能を持つ表現のことである。

　語形は「お／ご～する」「お／ご～申し上げる」「いただく」「伺う」「存じ上げる」「さしあげる」などとなる。

丁寧語

　丁寧な表現である。

　また信頼のおける話し方を心がけることも必要である。5―1「仕事の進め方」でもふれたが、態度やマナーといった基本的な動作によって相手の受ける印象は大きく左右される。例えば上司に報告を行うとき、上司の目を見てハキハキと笑顔で行うのと、まったく別の場所を見ながら、不明瞭な対応で行うのとでは、ずいぶん印象が違う。前者はとても信頼でき、好印象と捉えられるのに比べ、後者は自信がなく、ともすればその報告内容まで疑われてしまうかもしれない。話し方だけでもずいぶん相手にもたれる印象が違う。相手の存在を忘れないことである。

② 聴き方、質問

　話し方と同様に聴き方も大切である。「聞き上手は話し上手」ともいわれるが、まず自分の話をする前に、相手の話をより正確に深く聴くことに意識を払うべきであろう。この聴く姿勢ができていないために職場で苦労することが意外に多い。相手の考えを知ることにより、より適切な表現で考えを話すことができるようになる。

　またより深く聴こうと考えるならば、適切な質問をすることも大切である。質問によって、話し手の考えをより深く、また正確につかむことができる。

---　事例　---

　Aさんは、ある商事会社に勤めて4年になる。彼女は上司B課長からの信頼も厚く、まったく気取ったところのない人物であった。AさんとB課長の会話である。

B課長「Aちゃん、ちょっとC物産の見積書どこいったっけ」

> Aさん「なに言ってんの、課長の机の上でしょう！」
> B課長「おお。そうかさっきもらったんだよ。うっかりしとった」
> Aさん「もう！」
>
> 　この会話から、あなたはAさんが正しい言葉遣いで応答していたと感じましたか。敬語表現などまったくなされていませんでした。しかしこの会話を課長が心地よいと感じていたとするならばどうなるでしょう。考えてみてください。
> 　またもう一つ、その会話をたまたま訪問していた取引先の社長が聞いていたとするとどうでしょうか。

(2)　文章表現

　ビジネスではさまざまな文書がやりとりされる。基本的に仕事は文書による指示や依頼のもとに行われていく。文書の作成と提出により仕事を依頼し、文書の受け取りによって仕事を開始する。そして文書によって結果の報告を行うという具合である。口頭での指示や依頼といったもの、また結果の報告といったものもあるが、ビジネス活動は正確な情報の伝達を期することと、記録保持という特徴から文書主義の原則によって進められるのである。このように文書には、大きくわけて情報伝達と記録保持という2つの目的がある。

　まず情報伝達を行う目的について考えてみる。なによりも表記や表現は簡単明瞭でなければいけない。わかりやすい文章を書き「名文より明文」と心がけることが求められる。これは情報を相手に正確に伝えるという目的を遂行することになるからである。この明文を書くためには、いくつかの留意点がある。（図表5—10）

図表5-10　明文のための留意点

- なるべく短い文章を書く
- 主語と述語の関係を明確に
- 接続助詞を多用しない
- 句読点を適切に使用する
- あいまいな表現をさける
- 重複をさける
- 簡・明・短・薄をモットーに
- 5W1Hを明確にする

次に記録保持を行う目的について考える。利害得失の関係がビジネスにはつきものである。このような関係の中で極力あいまいな部分を残さない仕組みが必要とされる。トラブルが発生した場合、残しておいた文書が証拠として役に立つ場合も多い。

(3) ビジュアル表現

文章による表現より、図や表とした方が視覚的で直感的な理解ができることもある。また図や表にするため要点が整理されることになる。ここでは、図解とグラフを例に学習したい。

① 図解による表現

実にさまざまな図解手法が用いられている。ここではよく使用される代表的な図解表現を紹介したい。

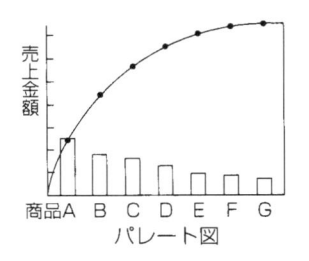

図表5-11 図解表現

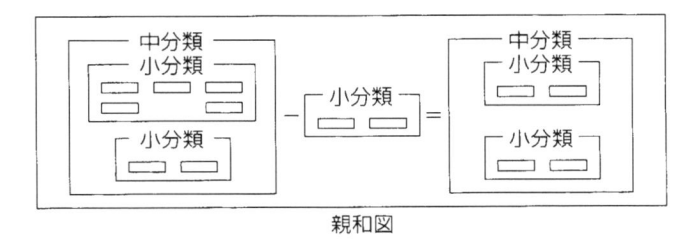

② グラフ化による表現

図解と同様にグラフを効果的に活用することも大切である。グラフには、それぞれの特性がある。対象の内訳や構成比を示す場合、多くは円グラフが使用される。また時系列変動や時間的推移を示す場合、棒グラフや線グラフが使用される。そして要素の分布状態や相関関係を表すにはレーダーチャートなどが用いられる。

図表 5-12　グラフ表現

売上高比較表

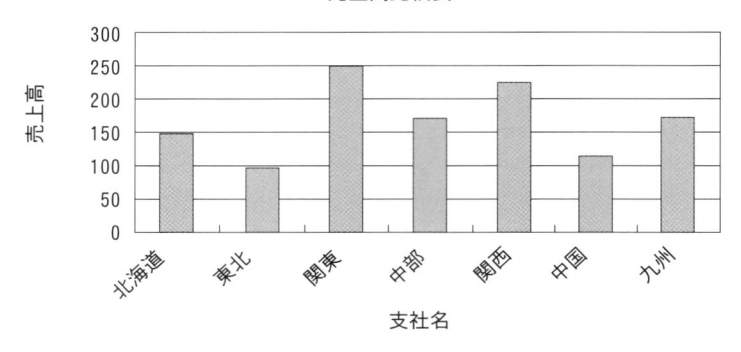

売上高の構成グラフ

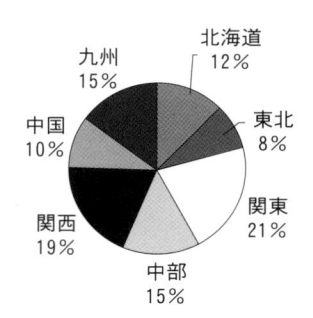

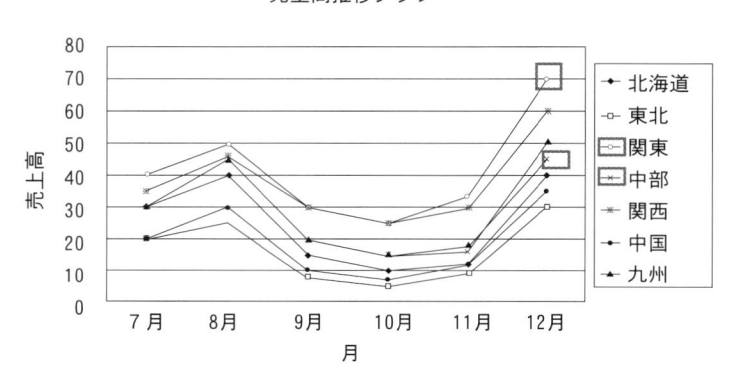

売上高推移グラフ

5-3-3　表現活動の実際

　表現には実にさまざまな方法があることを学習してきた。私達は、日常の業務の中で、どの表現形態を用いればよいのか、常に判断する必要がある。ここでは、具体的な表現活動の中から、口頭表現活動として電話応対、文章表現活動としてビジネス文書、総合的な表現活動としてプレゼンテーションについて学習してみたい。

(1)　電話応対における表現

　よく「この会社は電話応対がいいな」と思うことがある。決まった言葉で応対してくれているのだろうが、機械的な感じがしない。電話の向こうで、ニコニコしながら応対してくれている姿を思い浮かべることができる。電話という機械が間にない感じすらする。

　特に、「はい。〇〇株式会社でございます」というフレーズだけでも、印象が違うものである。電話による応対は、姿が相手に見えないだけに、相

対して話す以上に気を使わなければいけない。電話応対は企業の顔といわれることもあるくらいである。

電話での応対は、突発的であり、臨機応変に対応することが求められる。また、事後の処理も責任を持って行うことが求められる。

図表5-13　電話応対における表現

(2) ビジネス文書における表現

ビジネスで作成される文書には以下のようにさまざまな種類のものがある。企業間での社交的ないしは儀礼的な社交文書、企業内で仕事を進めるために必要な社内文書、そして業務に関連して社外に発信される社外文書などがそれである。

- ●社交文書　挨拶状・招待状・案内状・祝賀状・見舞い状など
- ●社外文書　通知状・承諾状・照会状・請求状・依頼状など
- ●社内文書　稟議書・議事録・会議連絡書・督促文書・回覧文書など

これらの文書は、次のような基本フォームに準拠した形で作成される。これは記録としての文書の性質上、必要なことである。この基本フォームの理解は大切であるため、詳細は別に学習を深めてもらいたい。

図表5-14　ビジネス文書例

```
                                              総発3002号
                                              平成24年1月23日
  株式会社 ○○○○
  営業課長 吉崎 豊様

                                    ○△□株式会社
                                    代表取締役社長　山崎敬三


              弊社豊島支店移転のご案内

  拝啓　晩秋の候、貴社ますますご清祥の事とお慶び申し上げます。平素は格別のご高配を
  賜り、厚く御礼申し上げます。
  　さて、弊社の豊島支店ビルの竣工に伴いまして、下記のように平成24年2月20日より
  支店を移転し、新たに業務を行いたいと存じます。また、それに伴いまして、下記のとおり部
  門ごとの電話番号が変更となります。みなさまには、ご迷惑またご不便をお掛けいたします
  が、ご理解の程よろしくお願い申し上げます。
                                                    敬具

                          記

           新所在地
           〒170-0000　東京都豊島区駒込9丁目12-12
           代表電話　　03-0000-0000

           | 営業課     | 03-0000-0001 |
           | 総務課     | 03-0000-0002 |
           | 人事課     | 03-0000-0003 |
           | 新規事業課 | 03-0000-0004 |
           | ショールーム | 03-0000-0005 |

  追伸：代表電話は混雑が予想されます。お手数ですが、各課直通番号をご利用
        くださいますよう、お願い申し上げます。

                                                    以　上
```

(3)　プレゼンテーションにおける表現

　自分の意見や考え、企画の提案を他人に発表し、理解してもらう技術がとても重要になっている。例えば講演、講習会での発表、会議での企画の発表、顧客への新商品のデモンストレーションなど、さまざまな場面でプレゼンテーションが行われている。このプレゼンテーションを効果的に行うためには、口語表現や文章表現の技術を総合的に活用しなければならない。またそれらに加えプレゼンテーション特有の聴衆を引きつける技術が大切になる。

　プレゼンテーションを成功させるには、その目的と対象についての把握と理解が必要である。また要点を論理的に構成しまとめる能力、魅力的、

かつ明解にはなす能力、そしてプレゼンテーションに使用するツールを使いこなす能力が求められる。

　プレゼンテーションは、通常の会話とは異なり、多数の相手になることが多い。この場合、相手に応じてその場で内容を修正することは比較的難しい。準備の段階で、そのプレゼンテーションの目的を把握し、対象となる聴衆について理解しておく必要がある。

　多数の聴衆を自分の話に引きつけるためには、それなりのパワーが必要である。明解にそして魅力的に話をするためには、身振り手振りや立つ位置の移動というような注目を喚起するような工夫が必要となる。

　最後にプレゼンテーションには、それを補助するツールを使用することが多い。わかりやすい資料を作成し、ポインターなどを上手に使いプレゼンテーションを行いたい。

図表5-15　プレゼンテーションにおける表現

5-4 ビジネスと情報活用

　ビジネスは情報をいかに効果的に活用していくかで、その成否が決まる。情報活用の目的と基本について、また効果的な情報活用はどのようにして行われているのかについて考えてみたい。

5-4-1　情報を活用するって？　どんな意味があるのだろう

　まず情報の有効な活用事例として私達の身近にあるコンビニエンスストアにおける情報活用と、インターネットにおける情報の活用、そして有効に活用されなかった事例として阪神淡路大震災における情報の混乱を取り上げ、情報活用の意味を考えてみることにしたい。

(1)　コンビニエンスストアにおける情報活用

　ほとんどの人がPOS（Point of Sales 販売時点管理）システムという言葉を耳にしたことがあると思う。このシステムは、どの商品をいつどこで誰に販売したかを販売した時点ですべてコンピュータに保存し、それを次の販売計画に活用することができるシステムである。このシステムの最大の特徴は、すべての商品に印刷されているバーコードを活用し、一つ一つの商品ごとに管理することである。それまでの簡単な計算機能を持ったレジの装置では、各商品分類ごとの販売管理しかできなかった。しかしこのバーコードを瞬時に読み取る装置がレジに設置されることにより、販売した時点で販売した商品をすべてその商品のサイズや色までデータとしてコンピュータに記録することが可能になった。それだけでなく、販売した顧客の性別や年齢層までデータとしてコンピュータに記録することができるようになった。

　これらの情報は一つの店舗のみにとどまらず、チェーン店の本部に送られる。そこに収集されたデータは分析され、次の日からの販売戦略に生かされていく。コンビニエンスストアでは、この情報によって店舗面積に応じたより効果的な販売戦略を立てることができる。要は、売れる商品＝顧客ニーズを中心とした品揃えと徹底した在庫管理を行うことがねらいなのである。顧客が欲する商品が必ずある、という安心感が他社との差別化を生み、生き残っていく可能性が生まれる。

＊ POS（Point Of Sales）システム…販売時点情報管理と呼ばれる。単品別・部品別に詳しい販売情報をタイムリーに収集し、販売店の品切れを防ぐなど、品揃えの適正化をはかることができる。

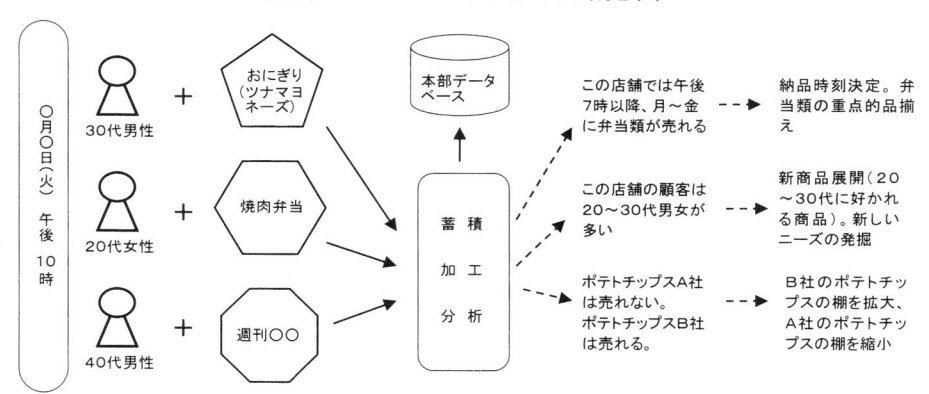

図表5-16 POSシステムの概念図

(2) インターネットにおける情報活用

次にインターネットを利用し、ビジネス情報を有効活用している事例について考えたい。

多くの情報（ホームページ）がインターネット上に公開され、ローカルな話題や個人的趣味のものから、国家や企業の公式な情報まで枚挙に暇がない。銀行の取引や旅行の予約などもインターネット経由で行えるサービスが運用されている。

新聞社や放送局のホームページは、無料で多くの情報を提供している。多くの情報がその企業と直接利害関係もない全世界のインターネットユーザーに無料で提供されている。なぜなのだろうか。

実は私達はホームページを利用することによって、情報提供という代償を支払っている。私達は興味を持ったホームページを開く。開いたページの回数という単純なデータの積み重ねが全世界規模になった場合、その情報の付加価値の高さが結果的に証明されることになる。今、人々は何を知りたがっているのか、何に興味を示し、また示さないのか、この情報が大きな価値を生み出すもとになるのである。

(3) 阪神大震災における情報活用

最後に、情報をうまく活用することができなかった事例として、悲惨で甚大な被害を出した阪神淡路大震災の情報伝達を取り上げてみたい。

この大震災の被害概要を図表5—17にまとめてみた。想像を絶する規模の震災であったといえよう。

図表5-17　阪神大震災の被害状況

発生時刻	1995年1月17日（火曜日）午前5時46分
地震規模	M7.3（震度7－激震）
死者	6,434人
家屋全半壊	24万9,180棟
家屋焼失	7,036棟
火災発生	293件
停電世帯	約100万世帯（神戸市92万世帯含む）
被害総額	約10兆円（GNP466兆円の2％）

しかし、そのような大規模な災害であったにも関わらず、情報の伝達がうまくいかなかったために行政サイドの対応が遅れた。発生より数時間の対応の状況を次にまとめてみた。

図表5-18　阪神大震災における行政サイドの対応

時間	陸上自衛隊	政府	警察庁発表	兵庫県庁
5時46分発生				
7時	偵察機（14分）	村山首相、秘書官から報告を受ける。以後通常通り閣議（30分）		副知事登庁（自家用車）災害対策本部設置。知事に電話連絡事後承認
8時	兵庫県に電話連絡。県防災係長「いずれ派遣要請いたします」（10分）			知事登庁。第1回対策会議6人、被害状況把握できず(30分)
9時	地元市町村より派遣要請を受ける			
10時	兵庫県へ電話連絡「この電話をもって派遣要請としたい」	非常災害対策本部設置（国土庁長官本部長）		陸上自衛隊より派遣要請の逆申入れ。知事「よし、それでゆけ」
11時			NHKニュース死者41名	
12時		TV情報を聞き、エーッ大変な事態だ	NHKニュース死者203名	
13時	救援隊員1,000名派遣			
15時		政府調査団大阪空港到着（小沢国土庁長官他）（40分）		
18時			NHKニュース死者1,000名	

これだけ大規模な災害をだれも正しく把握できていなかったことが理解できる。通信回線の切断や100万世帯にも及ぶ停電、そしてコンピュータシステムの破壊など、いくつもの状況が重なったためである。非常時の危

機管理に関するマニュアルが存在していなかったことに対する反省がその後語られるようになった。

ここで比較のために1994年1月17日にカリフォルニアで発生したノースリッジ地震（死者57人）の時の情報伝達と対応をまとめてみた。アメリカでは、FEMA（連邦緊急事態管理庁）が大統領直属機関として1979年に発足している。

図表5-19 ノースリッジ地震における対応

4時31分	ロサンゼルス北西30Kで地震発生M6.7
4時45分	FEMA長官、大統領に報告
5時50分	市長、非常事態を宣言、大統領と州知事に協力要請
6時00分	FEMAワシントン本部に支援本部設置
9時05分	州知事、非常事態宣言
14時08分	大統領、同地区を特別災害地域に指定
19時00分	FEMA長官現地入り、以後16日間連続現場指揮
(19日)	重点被災地区11カ所に被災者受付オフィス

組織的に危機管理に対するマニュアルが整備され、情報が円滑に流れていることがよく理解できる。危機管理における情報活用の良し悪しは、私達の生命に直結するといえる。

これまで3つの情報活用をみてきた。情報をいかに収集し、それをどう活用するか、このことによって私達の生活は大きく変わってくる。とりわけオフィスは、知的生産活動の場である。言い換えれば、情報を活用する場としてのオフィスということもいえよう。このオフィスには、さまざまな情報が流れ、また保存され、加工され、付加価値創造が行われている。効果的に情報を活用することにより、オフィスの生産（効率、効果）性を高めることもできる。ビジネスにおいて情報をどう活用し、効果・効率をあげるためにはどうすればいいのか次の項で学習しよう。

5-4-2 ビジネス情報活用の基本

まずビジネスにおける情報活用を働く個人の視点に立って考えてみたい。情報の活用には、どのようなことに注意しなければならないのか。また情報を効果的に活用できるためには何が必要なのか。基本に立ち返ってしっかり学習してみよう。

Aさんは、某コンピュータ販売会社の営業課に配属され3年になる。Aさんのある一日を例に効果的な情報活用を考えてみたい。

(1) 情報の収集

── 事例 ──
　Aさんは必ず毎日、新聞を持ち歩いている。朝の30分は少々つらいが、ちょっとした空き時間を使って必ず目を通すようにしているのだ。これだけでも世の中の動きがわかる気がする。毎日の継続があってこそ、大切なことに気づくことができるのかもしれない。

　情報はあらゆる場所にあるといえる。ビジネスでの情報活用の基礎は、情報を情報として受け取れるかどうかということにある。情報を情報として認識できなければ、それはただのデータにすぎないからである。その意味で、常に興味と問題意識のアンテナを張っておくことが大切である。この興味や問題意識はひらめきや気づきを生んでくれる。

　また他の人の話をよく聞き、メモをとるようにすることが必要である。メモをとりながら相手の話を聞くと記録に残るだけでなく、より深く理解し、会話を膨らませることができる。読んだ本や雑誌の内容や、思いついたアイディアなどについても常にメモする癖をつけるようにする。これだけでもずいぶん多くの情報が収集できる。

　これらのメモは後に整理し、自分なりのノートを作成すると、よりまとまった情報が得られる。

(2) 情報の評価

── 事例 ──
　午前中にアポイントメントをとっていたB社に打ち合わせに出かけた。
　Aさんは、得意先のB社の担当者との打ち合わせの席で、現在B社の社長が病気で入院中であることを聞いた。入院先を確認し、帰社後さっそく課長に報告した。

　多くの情報が取り巻いている中で、情報の価値を見極め、また正確な情報かどうかを判断する目を養わなければならない。それには日ごろから新聞などで情勢の大局を理解し、自分なりの考えを持っておくことが必要である。なにより自分の頭で考え判断することが重要である。

　この情報を評価し取捨選択していく時、価値基準を持っておくことが必要である。その情報が個人の知識として評価できるか、組織の知識とする必要があるのか、そして直接的に業績に影響を与えるような情報であるのかを評価しなければ、効果的な活用もできないのである。

図表5-20　情報の価値基準

> 1．働く者にとって知っておくべき情報かどうか
> 2．組織のビジネス活動に必要な情報かどうか
> 3．売上・利益等、実績に影響を与える情報かどうか

(3) 情報の加工・活用

――事例――

　Aさんは、昼食を近くのコンビニ弁当で済ませることが多い。近くの喫茶店は、たばこ臭く昼食時はいつも混雑しているからだ。今日もコンビニ弁当を抱えて、レジの行列にならび、ふと考えた。どうして24時間あいているのに、いつも欲しいものが品切れにならないのだろう。

　情報は加工されることで、より大きな価値を生み出す。情報を加工するためのツールとしてのコンピュータリテラシー（コンピュータの基本操作技能）を身につけておく必要がある。

　管理情報の多くは統計的な性格がある。特に財務、経理などの情報は統計的な分析によって極めて有効なビジネス情報を提供する。数値データはそのままでは数字の羅列にしか見えないが、他のものと関連づけられて解釈されるとき、初めて管理支援情報として有用な情報に変わる。例えば、各部の経費集計と数値化された実績を、配布された予算と比べて比率を出せば、部門間の生産性比率を出すことができる。ランク付け、クロス集計、比率、平均、中位置、最大／最小値、予測値、上昇や下降の程度など、よく使われる統計の方法とグラフの知識を身につけることが大切である。

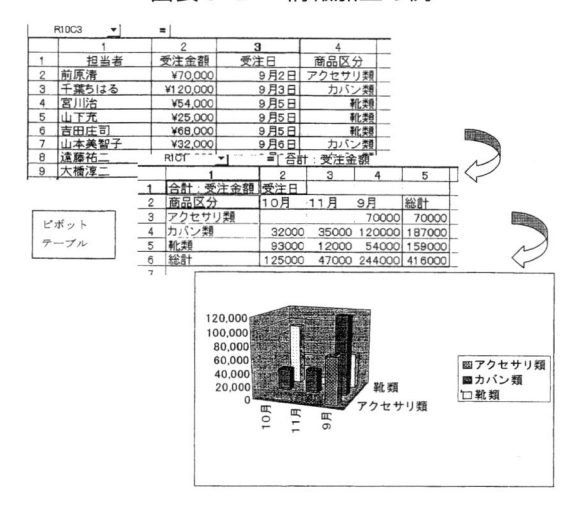

図表5-21　情報加工の例

(4) 情報の整理・保管

―― 事例 ――
　Aさんの所属する営業課の課長から、取引先であるB社に先日発行したコンピュータシステムの見積書を、確認のため持ってくるよう指示された。
　Aさんは、オフィスの壁面に設置されているファイリングキャビネットから、最新の見積書ファイルを取り出し、その中から指示された見積書を抜き出し、コピーして課長のところへ持っていった。見積書は必ずこの場所に保管される。また期限切れ後一定期間を過ぎたものは破棄するように管理されている。

　収集された情報は必要なときに利用できなければならない。そのために収集された情報を並べ替えたり、分類したりする。しかし情報の中にはあまり利用価値がないものもある。このような情報を捨てていくことも情報を整理するときには大切なポイントになる。一定期間参照しなかった情報や時間の経過によって価値が喪失してしまった情報などを時系列で判断し、整理することも大切である。

　組織における効率的かつ効果的な情報活用を考えるとき、標準化と共有化が大切である。どのように価値のある情報でも、それをすぐに活用することができなければなんの意味もない。必要であれば、誰でもいつでもその情報を活用することができるように、標準化した形式で管理する必要がある。以前からファイリングやレコードマネジメントという手法で記録管理が行われてきた。必要な文書を、必要に応じてすぐに利用できるかたちで管理運用するのである。標準的（マニュアル化された）形式で情報を管理する仕組みが企業活動を支えているといっても過言でない。

5-4-3　現代的な情報伝達活動：電子コミュニケーション

　情報活用には、情報の収集・評価・加工・活用・整理・保管という基本的な段階があることを学習してきた。ここでは、情報の伝達という観点から現代的な情報活動について学習してみたい。

(1)　電子メール

　電子メール（E-mail）は、現在ビジネスに不可欠なコミュニケーションツールとして定着している。電話は、その特性から1対1のリアルタイムなコミュニケーションが可能である。ところがリアルタイムなコミュニケ

ーションであるゆえに、逆に不都合な場合も発生する。例えば、国際電話をかけるときにまず考慮するのは時差のことである。相手がいまどんな状況にあるのか。日中なのか、それとも真夜中か。このようなことは、きちんと確認をしなければいけない。

　ところが、電子メールは相手がどのような状況であろうと、気にする必要がない。相手が自分の都合のよい時に読むことを前提にしているからである。また電子メールの場合、通信文を二次的に利用することができる。メールの文章を引用しながら返信を書くことや、メールを保存することも可能である。また文章だけでなく、図や写真、音声までも送ることができる。

　また電話が1対1のコミュニケーションだったのに対し、電子メールはその運用において1対多のコミュニケーションを可能にする。1通のメールを複数の宛先に送付することが可能であるからだ。

　このように電子メールは、記録保持と情報の伝達という観点から有効なコミュニケーションツールであり、現在、企業ではこの電子メールをさまざまな場面で利用している。企業内や企業間での情報伝達や、顧客のサポートやクレーム処理、商品の受発注業務にまで利用されている。

(2) WWWによる情報発信

　WWW（World Wide Web）とは世界規模にクモの巣のように広がった情報ページの網のことをいう。この情報ページのことをホームページや、Webページと呼んでいる。

　現在このWWWを利用した企業のホームページが作成されている。広告や広報に利用されたり、顧客のニーズを把握するためのアンケートが行われるなど、企業の24時間窓口としても活用されている。

　このWWWの特徴は3つある。マルチメディアに対応していること、ハイパーテキスト（hyper text）という仕組みを使用していること、そしてリアルタイム（real time）でインタラクティブ（interactive）に情報を提供していること、この3つである。

　マルチメディアに対応しているというのは、絵や写真、音楽、動画像をひとつのページに含め配信することができることを意味する。

　またハイパーテキストとは、ページからページへのリンク（link）により、関連するサイトの情報まで、使用者が知りたい情報にアクセスできることである。

　そしてリアルタイムとインタラクティブとは、通常の広告などとは違い、

ホームページとしてWWWを作成すれば、情報を公開することができ、また修正や変更も随時行うことができる。利用者は、最新の情報にいつでもアクセスすることができる。また利用者が意見などを書き込むことも可能である。

5-4-4 企業の情報処理システムの理解

情報システムといっても、さまざまなものが存在する。ここでは、企業にはどんなシステムがあり、どのように活用されているのか学習してみよう。

(1) 基幹系情報処理システムとエンドユーザー系情報処理システム

ここでまたAさんに登場していただくことにする。

事例

Aさんの会社では、いくつかの基幹系処理システムが運用されている。これらは情報システム課の管理するクライアント／サーバーシステムにより、全社的にネットワークが構築されている。以前は、メインフレームを中心としたネットワークにより基幹業務を行ってきたが、エンドユーザーコンピューティングに代表されるような、各ユーザーの自主的な情報処理と厳格な管理を必要とする基幹系のシステムを統合したものに再構築したのであった。

Aさんの日常業務は、この基幹系処理システムを利用して行われる。商品の受注が発生すると受注伝票をシステム画面から入力する。この受注伝票がもとになり、在庫の確認、配送伝票などが出力されるようになっている。

また基幹系処理システムにより、保存管理されているデータをもとに、独自のデータ処理を行うこともある。Aさんは、こんな時情報活用の面白さと仕事のやりがいを感じる。

＊クライアント／サーバーシステム（client server system）…Ｃ／Ｓとも書く。LANの中に分散配置されたサーバーマシンを、LANに接続されたパソコンから利用するシステムである。

＊メインフレーム（main frame）…汎用コンピュータのこと。

現在企業で稼働している情報処理システムを分類すると2系統になる。1つは基幹系処理システムで、販売管理システム、生産管理システム、在庫管理システム、顧客管理システム、財務システム、人事システムなどのように基幹になるシステムをいう。このシステムは、業務システムの基幹になる情報処理をサポートしている。もう1つはエンドユーザー系情報処理システムで、ユーザーが個別業務のため、基幹系処理システムのデータや個別に持っているデータを活用するためのものである。

この2種類の情報処理システムを使いこなすことが、業務を進める上でとても大切になる。基幹系処理システムを活用することができなければ、業務自体を進めることができない。またエンドユーザー系処理システムを活用できなければ、基幹系処理システムの膨大な情報も効果的に活用することはできなくなる。どちらにしてもコンピュータの基本操作を十分にマスターする必要がある。

図表5-22　基幹系とエンドユーザー系の図

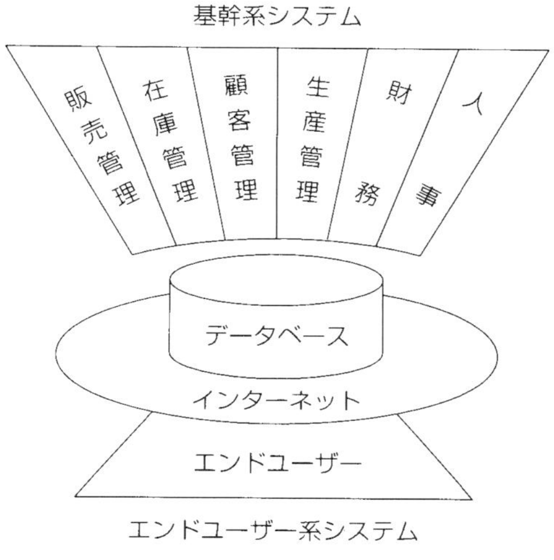

基幹系システム

販売管理／在庫管理／顧客管理／生産管理／財務／人事

データベース
インターネット
エンドユーザー

エンドユーザー系システム

(2) イントラネット（Intranet）

――事例――

Aさんの勤務する会社では、イントラネットを構築し情報の共有を積極的に行っている。社内専用のホームページから各種情報の閲覧ができるだけでなく、以前は営業社員が個々人で持っていた顧客の詳しい情報や、営業ノウハウなどの個人の知を組織で共有する仕組みを構築している。

定例の営業課ミーティングが中止になった。このミーティングは課員全員で毎週行われるものである。イントラネットのスケジュールには、課員全員がこの時間帯にミーティングを行うよう予定が入っている。Aさんはこのミーティング予定を削除した。10分後、新規販売企画プロジェクトのプロジェクトリーダーからこの時間帯にオンラインミーティングの要請があった。このプロジェクトメンバーは全国の支店に分散しているので、電子会議を利用して行うことが多いのだ。Aさんはこのプロジェクトに営業課代表で参加している。

インターネットの技術を応用した、企業内のネットワークであるイントラネットがある。インターネットが全世界に広がる切れ目のないオープンな情報通信網と考えると、イントラネットは企業内に閉じたネットワークであり、そこでは企業の重要な情報を企業内で共有する仕組みが整備されている。例えば営業マンが顧客をまわって集めてきた情報やノウハウなどといった情報がデータベース化されている場合もある。

また情報を効果的に共有する仕組みが整備されつつある。これはグループウェアと呼ばれ、スケジュール管理や掲示板、ワークフローなどさまざまな業務をネットワーク上で実現することができる。

* グループウェア（group-ware）…組織内での情報の共有や流通をネットワーク経由で行うためのソフトウェア。

* ワークフロー（work flow）…組織内で回覧される書類をネットワーク上で自動的に回覧するための仕組み。例えば稟議書を自動的に回覧するなど。

5-5 ビジネスと組織活動

ビジネスの基本活動のひとつが協働（コラボレーション）であることは、繰り返し述べてきた。この節では、協働活動の中身をさらに深く掘り下げて、グループワークが効果的に機能するメカニズムについて理解する。

5-5-1 組織とは

(1) 組織は変化する

組織とは、営利・非営利を問わず一定の目標を持った人々の集まりであり、その共通目標を達成するために、仕事を分担し役割を決めて縦横の組織構造に分化（組織化）した共同体をいう。また組織化とは、資源や施設を共有し、明確な組織構造を作り上げ、人材を適材適所に配置することによって組織としての効率性を高める経営手法である。多勢の人が無秩序に集まりバラバラに仕事をし、指揮・統制する機能がない場合を想像してみれば、効率的なビジネス活動に合理的な組織化が欠かせないことは容易に理解できるだろう。

これまでの伝統的なピラミッド型階層組織には、次のような4つの原則がある。

① 職務分担の原則（合理的な組織構造で役割を分担している）
② 命令系統の原則（命令と報告の方向性がはっきりしている）
③ 職務領域の原則（職務領域が決められている）
④ 権限と責任一致の原則（権限と結果責任は不可分である）

これらの原則は、手順化・標準化が高度に発達して効率性が高いこと、

個人的な判断にならない公正さが確保できること、階層分化および明確な命令系統が上下の伝達をスムーズにすること、などのメリットがあった。しかしその一方で、マイナス面も多い。すなわち、規則が形骸化し手続きが煩雑になりがち、機械的な組織となり実態にそぐわなくても変更が容易にできない、人間の判断や裁量の余地が狭い、意思決定までの道のりが長く時間がかかる、などである。このような欠点が、創造性や機動力を要求する今日のビジネス環境に対応することを難しくしている。そのためこの欠点を解消し、企業の競争力を高める意図で、チーム編成型の柔軟な組織への変革が盛んになってきている。

(2) グループのタイプ

企業でみられるグループのタイプを以下に列挙して、それぞれの特徴をみてみよう。

ここでグループとチームの違いを明らかにしておくと、グループとは、複数のメンバーが目的を持って相互活動を行うために集まった集団の総称で、ボランティアグループや趣味のサークルもグループである。他方、チームは、はっきりした課題をもち、その遂行のために編成されたグループのひとつの種類である。高生産性を特徴とする、より積極的な課題達成集団ということができる。この典型的な例がスポーツチームであり、勝利という極めて明快な目的をもち、メンバーに守備範囲や役割を割り振り、個人プレーよりチームワークを重視する。

① フォーマル／インフォーマル・グループ

フォーマル・グループとは、組織構造図に表される公式の組織のことである。これには、部／課などの職場単位の比較的長期に維持されるグループと、タスクフォースやプロジェクトチームといった名称をもつ特定の課題遂行を目的に編成される機動部隊のような比較的短期のグループとがある。

一方、インフォーマル・グループは、クラブや友人など仕事とは直接関係しないグループや、組織内での勢力関係や派閥のように、外部からは見えない情緒的な結びつきのグループをいう。これらのインフォーマル・グループの長所は、コミュニケーション・ネットワークが発達し、フォーマル・グループからは得られにくい情報や人間的な結びつきが得られること、人間の所属欲求を満足させ、心理的な安定感を与えてくれること、仕事のトラブルやストレスを和らげたり、有益なアドバイスを受けたりするネットワークを提供してくれることである。ホーソン実験以来、インフォーマ

＊チーム（team）…はっきりした目的を掲げ、協働作業によって相乗効果を高め、高生産性を重視する、グループに比べてより積極的な課題達成集団である。

ル・グループの存在は組織にとっても有益であると知られている（コラム参照）。その反面、うわさや事実と反する情報が混乱を招いたり、良好な人間関係に亀裂を入らせたり、利権がらみの派閥闘争に巻き込まれるなど、私達の正常な判断を誤らせる危険も少なくないので、注意が必要である。

コラム：ホーソン工場の実験

　1920年代の半ばから10年にわたって、当時広く受け入れられていた科学的管理に基いて行われたウエスタン・エレクトリック社ホーソン工場での実験で、当初は照明という物理的条件をよくすれば生産性が高まることを証明しようとした。しかしモデルとして選ばれたという意識が社員達を動機づけ、照明の如何にかかわらず労働意欲を高めたため、結果は失敗に終わった。生産性は人間の感情という心理的側面に影響を受けるものだという点を実証した画期的な実験として有名である。

---

② セルフマネジング・チーム（自己管理型チーム）

　セルフマネジング・チームの基本的な理念は、メンバーのエンパワーメント（empowerment）と自主運営である。このタイプの組織を編成するねらいは、現場に近い個々のメンバーの創造性を発揮させ、チームとしての機動力を高めることにある。図表5−23は、従来の階層型組織からセルフマネジング・チームを取り入れた組織へとシフトした場合をイメージしている。

＊エンパワーメント（empowerment）…上位の権限を下位の者に委譲し、自由裁量の幅を広げて主体性を強化すること。

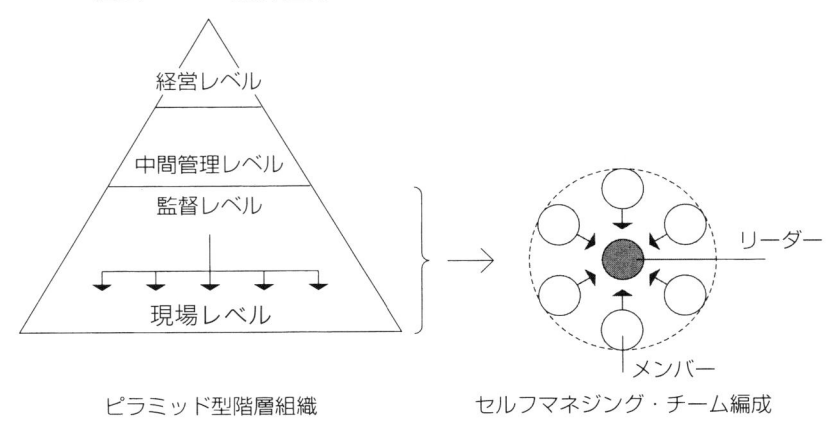

図表5−23　階層組織とセルフマネジング・チーム編成組織

ピラミッド型階層組織　　セルフマネジング・チーム編成

　左の階層組織では、従来型の中央集権体制をとっている。現場で働く層

は、監督によって統率され、判断や決定は上位者から伝えられる。これに対してセルフマネジング・チーム組織では、監督者と部下はリーダーとメンバーの関係へと変わり、権限をなるべくメンバーに委譲し、メンバーによる民主的な運営が図られる。これまで監督者が決めていた目標の設定や手順、スケジュール、仕事の配分もメンバーの話し合いで決定されるようになる。

セルフマネジング・チームには、
1) 多様な人材が参加するため独創的な発想が生まれやすい
2) 外的環境の変化に機敏に対処しやすい
3) エンパワーメントにより個々の仕事の幅が広がり、質が高まる
といった機能的側面と、
4) メンバーの自主性を重んじることで参加意識が高まる
5) メンバーの達成感や満足感が高い
といった心理的側面との両面でメリットがある。そのため、メンバーの職業生活の質を高めることにつながると期待されている。

＊職業生活の質（Quality of Working Life ＝ QWL）…仕事の中で自己実現を達成し、豊かな職業生活をめざすこと。

コラム：ボルボ社カルマル工場の試み────────

　スウェーデンのボルボ社は1974年にカルマル工場を新設したが、当時一般的だったベルトコンベア方式を廃止し、代わって移動式のプラットホームを導入し、グループ単位の組み立て方式に変更した。これによってグループのコミュニケーションが活発になり、仕事の共有化が図られ、作業員の士気が高まり、生産性が向上したという。加えて、作業員には自動車を製造しているという実感が得られ、満足感や達成感が得られるようになった。つまり、従来の生産現場の流れ作業は効率は高いが、人間のやる気を出させるものではなかったことを証明した。

③　クオリティ・サークル

　日本で始められた、職場における問題解決型のグループのひとつに、QCサークル（Quality Control Circle）と呼ばれているグループがある。クオリティ・サークルのメンバーは職場単位のグループで構成され、品質改善、生産性の向上、コスト削減などの仕事に直結した議題を討議する。メンバーは事前に情報収集と分析手法等の研修を受けているため、専門的な議論が行われる。サークルといっても任意の私的活動ではなく、経営管理層の

支援を受けて就業時間内に実施され、あくまで公的活動としての位置づけがなされている。日本の生産現場でQCサークル活動がメンバー層の動機づけを促し、高生産性を上げていることは海外からも高い評価を受けている。

5-5-2　グループ・ダイナミクス

　グループ・ダイナミクスとは、協働作業が成果を高めたり低めたりする機能のメカニズムを説明するものである。チームワークによって生産性が上昇したり低減したりするのは、なぜだろうか。グループ活動では、協働の過程で個々のメンバーが貢献した各部分の総和に加えて、価値（もしくは損失）が付加されていくためと説明される。一人ひとりが持ち寄った案が、ミーティングで協議するうちに大きく発展し、まったく新しい発想が生まれる例は少なくない。これには、以下のようなメカニズムが働いて、グループ活動の有効性が高められることが知られている。

①将来予測など未知の問題に対処するには、個人の判断よりもグループによる判断の方が信頼性が高い。
②多様な個性がぶつかり合う過程で独創的なアイディアが生まれる。
③個々が情報を持ち寄るので情報が多く集まる。
④個人はグループになると、目標をより高く掲げチャレンジしようとする傾向を強める。

　このように協働作業は、個々が持つ能力の単純な合計よりも高い価値を創造することが実証されており、それゆえに企業のさまざまな領域でグループ編成が試みられているのである。

　協働作業の過程でチーム全体に学習効果が生まれる。そして学習を積み重ねていくことによって、組織も個人も自己変容しつつ、エンパワーメントが促進される。

　その反面、強い安定志向をもつメンバーが多い場合は、逆に独創的なアイディアをつぶしてしまうこともある。その他、異論が多く出すぎて収拾がつかなくなる、合意に達するまでに時間がかかり過ぎる、といったマイナス効果もよく耳にする現象である。このようにプラス面とマイナス面をもつグループ・ダイナミクスについて、さらに詳しくみていこう。

(1)　シナジー（synergy）

　チームワークの結果、個々の実力を総和した以上の高い成果が生まれる現象をシナジー効果と呼んでいる。ではシナジーはどのようにして発生す

*グループ・ダイナミクス（group dynamics）…グループの成果と生産性を決める動力・活力と理解される。グループ機能のメカニズムを説明してくれるものである。

*シナジー（synergy）効果…チームワークの結果、個々の能力の総和以上に高い成果が生まれる現象。

るのだろうか。チームワークはある期間を協働で活動するプロセスである。このプロセスで、個性がぶつかり合い、意見が交わされて、思いもかけない発想へと転換したり、個人では気づかなかった問題点が浮き彫りにされ、より緻密で効果的な解決案が練られる、というように発展していき、知的創造が行われる。よきライバルの存在が実力以上の能力を発揮させるとか、切磋琢磨する、という表現は同じことを意味している。

(2) グループ規範

グループ規範は集団内で共有される行動規準であり、メンバーがすべきこと、あるいはしてはならないことのルールである。組織内には、明示された公的な規範の他に、暗黙のうちに合意されている規範がある。前者は人事雇用制度や就業規則、仕事の手順や経理上のルール、職権などで、後者は前例や慣行、グループの圧力、社内の勢力関係や派閥グループなど、明示されていないルールである。暗黙の規範がポジティブな時は、グループ内の混乱やコンフリクト（対立、葛藤）を中和し混乱を回避するのに役立ち、組織にとって有益である反面、規範がネガティブな時は、組織に大きな弊害をもたらすことがある。青少年が、仲間からの報復や仲間はずれを恐れて、気の進まないまま反社会的な集団行動に加担する場合がこの例である。

＊グループ規範…集団内で共有される行動規準であり、メンバーがすべきこと、あるいはしてはならないことのルール。

(3) グループの結束

結束の固いグループほどメンバー同士の情緒的な結びつきは強く、組織に一体感をもつようになり、チームワークが働いて生産性が向上する。日本人労働者は結束が固いことで有名である。

ところで、結束が固いことは組織にとって常に望ましいことだろうか。グループ規範の性格によっては、結束の強さが組織にとってネガティブにも作用する。図表5—24は、グループ規範の性質と結束力の組み合わせが、組織の生産性にどのように作用するかをわかりやすく図示したものである。

結束が強い時、グループの規範がもっと頑張ろうという方向性に働けば、生産性を高め組織にとって極めて有効である。逆に規範が働かない方向に影響を与える場合は、結束の強さがかえって弊害となり、組織の生産性を低下させる（上の図）。

結束が弱ければ、グループのコントロールがそれほど強くないため、たとえグループ規範が否定的な方向に動いても、大きな影響要因とはならない。すなわち生産性にも変化を与えない（下の図）。

＊グループの結束…各々のメンバーが自分のグループに魅きつけられる程度をさす。メンバーがグループの一員であることに満足し、それを維持したいと思う強さといえる。

図表5-24　規範と結束と生産性

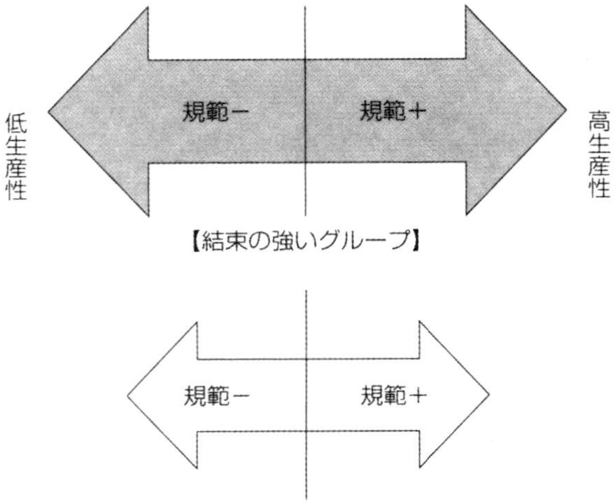

低生産性　規範−　規範＋　高生産性
【結束の強いグループ】

規範−　規範＋
【結束の弱いグループ】

コラム：あるアイロンかけ作業員の事例

　Aさんはあるパジャマ縫製工場のアイロンかけ作業員として採用された。工場では一日の作業量を60ユニットに設定しているが、Aさんの作業グループでは50ユニットに抑えるという、みんなで怠業しようとする暗黙の規範があった。新人のAさんは努力して基準作業量の60ユニットまでこなすようになったが、次第にグループから非難を受けるようになり、仲間はずれにされはじめた。そのためAさんは作業量を再びグループ規範の50ユニットに落とした。作業量を基準以下に押さえるという組織にとってネガティブなグループ規範が、組織の生産性を低下させた例である。その後工場では、Aさん以外のメンバーを他の作業員と入れ替えたところ、彼女の作業量は再び上昇しはじめ、90ユニットを越えるまでに上昇したという。

---

(4) コンフリクト（葛藤）

　コンフリクト（葛藤）とは、蔦や藤の枝のように問題や感情が絡み合い、もつれている状態をいう。グループ内のコンフリクトは、それがもし適度であれば、メンバーの革新性や創造性を刺激して、グループへの関心を高め、極めて改革的な土壌を作り出す働きを持つ。

　創造的思考には、異質な個性を持ったメンバー編成の方が、効果が高いといわれている。その反面、対立やあつれきの起こる可能性は、メンバー

＊コンフリクト（conflict）…蔦や藤の枝のように問題や感情が絡み合っている状態。

が異質であるほど高くなる。従って創造的グループ活動には、コンフリクトへの対処が不可欠のスキルとなっている。

グループ内のコンフリクトには、以下の5つの対処法が考えられる。
- ●競合：論争して勝つか負けるかで決着する。対立はしこりとなって残る。
- ●回避：自分の意見は表明せず、関与しない態度をとる。
- ●順応：対立を避けるあまり、賛成でない案でもすぐに同調する。
- ●妥協：対立した双方が少しずつ歩み寄って中間の妥協案をつくる。
- ●協働：自分の意見を明確にし、メンバーの意見にも耳を傾ける姿勢をもち、合意できる部分とできない部分を分析し、新しい選択肢を創造する。

以上の5つの対処法の中では、「協働」（コラボレーション）が最も生産的かつ創造的な対処法であることは明らかである。

5-5-3 チームワークと個人

ここまでグループの機能について学んできたが、以下ではチームワークにおける個人の役割について考える。

(1) チームへの参加とメンバーシップ

今日、チームをうまく活用することが企業の重要課題となっている。そのため、いかにして効果的なチームを編成するかが管理者の課題となるが、個々の社員にとっては、チームワークの遂行能力を高めることが課題となる。メンバーとしての義務や責任は、参加グループのもつ目標や性格によって異なる。明確な目標と構造をもつ企業組織と、任意の団体でやれる人が好きなだけ貢献し充実感や有意義感を得る、というゆるやかなボランティア組織とでは当然異なる。従って一定の法則で個々のメンバーの役割を決めることは難しいが、大きく分けて以下の2つの面でとらえることができよう。1つは、仕事に関連したもので、課題遂行役割（パフォーマンス）である。もう1つは、集団の維持に関連したもので、対人関係役割（メンテナンス）である。この二つの側面からみた役割をバランスよく遂行することが、個々のメンバーに課せられた任務ということができる。

- ●課題遂行役割：1）自律的な行動、2）情報収集と情報の提供、3）メンバーとの相互活動、グループ運営、4）実行と評価
- ●対人関係役割：1）他のメンバーを受け入れ、意見に耳を傾ける柔軟性、2）協調性、3）単独行動や自己中心的な言動を慎む調和力、4）全員参加の民主的ルールの尊重

(2) 創造的問題解決法

以下では、チームの課題を遂行していく過程で必要な能力を具体的に考えてみよう。

まず、問題解決のプロセスは、次の4つのステップで進められる。

①アイディア創出ステージ：個々のアイディアを各自が創造する。従ってチームワークよりも個人的な作業が中心となる。
②選択ステージ：アイディアや課題に関連した問題点などを個々が選んでグループに提示する。
③協議ステージ：メンバーが持ち寄った案をメンバー全員で協議する。グループ作業が多くなる。
④課題遂行ステージ：案の中から1つを選び、各々が遂行すべき役割行動を分担し実施する。

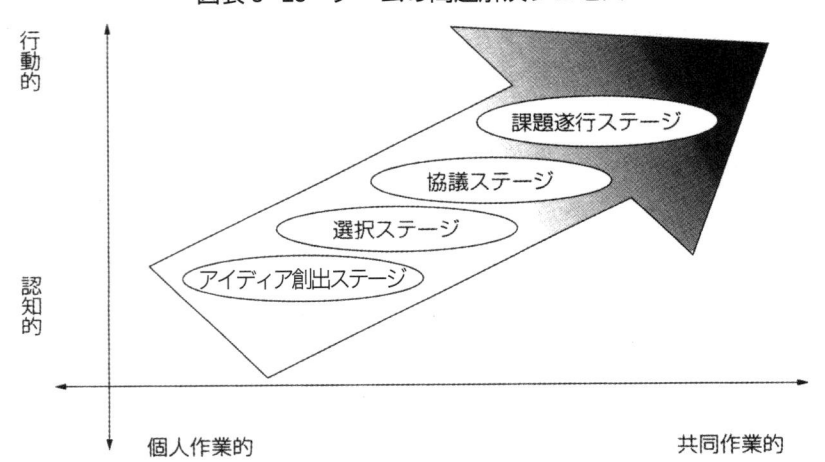

図表5-25　チームの問題解決プロセス

図表5-25は、チームワークのプロセスに従って求められる実務スキルの性質が変化してくることを示している。チームワークに求められる個々のスキルの性格が、プロセスの進行に伴って、個人作業的・認知的な要素から、次第に共同作業的・行動的要素へと転換していく。

会議や打ち合わせの運営方法としては、以上の4つのステップを理解しておくことが有用である。

選択ステージや協議ステージで重要になるグループ討議の手法には、以下のものがよく知られている。それぞれ実習してみよう。

●ブレーンストーミング：課題に関連したアイディアをできるだけ多く提案する。創造的な問題解決やアイディア創出に効果的である。これには4

つの厳格なルールが定められている。
1）メンバーの案は善し悪しの判断をせずに聞く。
2）革新的で自由奔放なアイディアほど歓迎される。
3）量が求められる。
4）複数の案を合成して新しい案を作るのもよい。

●ノミナル・グループ手法：記名グループ法ともいわれる。話し合いの前に個別に問題に対する現状把握と原因分析などを行い、これに対する解決案やアイディアを個別に紙に記入して提出する。次に提出したアイディアを発表する。それらのアイディアをメンバー全員で話し合いながら再構成をはかる。さらに、さまざまな案の長所をとりいれ、コンセンサスを得られるよう努力する。コンセンサスを得ることが難しい場合は、ミーティングで全員のリストからよいと思う順に各々ランクづけし、無記名投票形式で再び提出する。最終的にどの案に最も支持が高かったかが発表される。フリーディスカッションには上位者に遠慮したり、よく発言する人としない人のアンバランスが生じやすい、などの欠陥があるのに対して、この方法は、みんなが決定に関与したという実感が得られ、実施段階での参加意識が高まるという利点がある。

＊ノミナル・グループ手法…デルベックとファン・デン・フェンの2人が開発したグループ討議の手法。5つのステップで構成されている。

(3) グループシンクの防止

　社会学者アービン・ジェニスによって初めて指摘されたグループシンクは、全体の合意を図る方に重点が置かれ、性急に意見を一つにまとめようとする傾向のことである。そのためメンバーの批判や評価能力が低下する。全体の流れに無理に逆らえば、反対分子とか優柔不断と非難されるのではないかという懸念から意見や反論は表明されず、その結果低いレベルで結論が出されてしまう。わが国ではグループの調和やコンセンサスが重視されてきたため、批判を好まない文化的特徴があるといわれている。しかし批判や異論があることによって、多面的な角度からの検討が必要となり、分析が深められ、グループシンクが防止されるという側面がある。つまり、異質のメンバー構成を図り、反対意見を歓迎する態度をもち、活発な討論が交わされることによって、意思決定は個々の時に比べて格段に優れたものとなる。

＊グループシンク（group think）…全体の合意を図ることに重点が置かれ、メンバーの批判や評価能力が低下して、早い段階で意見が一つにまとめられてしまうこと。

コラム：異質な構成メンバーの有効例

　ある高層ビルのオーナーのもとに、このビルのエレベータが遅いという苦情が何件も寄せられた。そこで技術者グループと心理学者グループのそれぞれに解決案を検討してもらったところ、技術者グループは高速エレベータと付け替える、急行用と各階止まり用に分ける、といった技術面の解決案を出した。一方心理学者グループは、いかに待ち時間を快適にし、長く感じさせないかという心理面に配慮し、ホールに鏡を付ける、コーヒーを置いておく、などの解決案を出したという。このケースから、見方が異なればまったく違う解決案が導かれること、さまざまな専門分野や価値観の異なるメンバー編成の方が、多様な選択肢が生まれることがわかる。

5-5-4　グループとリーダーシップ

　リーダーシップとはメンバーに影響を及ぼし、その行動や態度に変化を生じさせることと定義される。これまでのリーダーシップの研究がどのように変化してきたかを見てみよう。

(1)　リーダーシップ研究の推移

　リーダーシップの研究は、まず最初はリーダーを選ぶ際の条件として、リーダーにふさわしい人物の特性を抽出するという、リーダーの「特性理論」から始まった。しかし、リーダーの特性が概念化されても、それらをすべて備えるリーダーの候補者を見つけることは容易でない。次に、リーダーに望まれる行動スタイルを特定し、リーダーを育成しようという「行動論アプローチ」へと移行した（マクレガーのＸＹ理論、ブレイクとムートンのマネジリアル・グリッド理論が有名）。しかし、望ましい行動は当然ながら状況次第で異なるため、万能薬となる行動スタイルを見つけ出すことは不可能である。つまり、リーダーに求められる行動スタイルは条件次第で異なることを認め、リーダーとは、それぞれの条件にふさわしい行動スタイルがとれることである、というアプローチへ推移してきた。今日では、この「状況適合理論（コンティンジェンシー理論）」が、変化の激しい複雑な環境要因に対処できる、最も信頼性のあるリーダーシップ理論と考えられている。

(2)　リーダーシップの状況適合理論（コンティンジェンシー理論）

　前述したことから、リーダーシップはリーダーとメンバーおよび状況と

＊リーダーシップ…メンバーに影響を及ぼし、その行動や態度に変化を生じさせることである。

＊状況適合理論（コンティンジェンシー理論）…特定条件の状況を設定して、それに応じてリーダーシップのスタイルを変更するというのが、リーダーシップの状況適合理論である。

いう3つの変数の関数であることが明らかとなった。すなわち、

> リーダーシップ＝f（リーダー、メンバー、状況）

と書き表すことができる。このことから、開発すべきリーダーシップ能力は、「状況判断力×人間理解×柔軟な行動力」と特定することができる。

●状況判断力：リーダーは、どの行動を取るべき状況なのか、的確な判断ができなければならない。状況を正確に診断しなければ、処方箋はかけないのである。

●人間理解：どんなリーダーシップが適切かは、メンバーのもつ能力や性格によって変わってくる。本来人は個性的であり、興味、適性、キャリアへの関心の強さ、成功への意欲やライフスタイルなど、実にさまざまである。どのリーダーシップ行動が適切かを判断するためには、まず、メンバーに関心を寄せること、そして人間理解の基本的な枠組みを学習しておくことが大切である（6－3－4「キャリア発達」を参照）。

●柔軟な行動力：どのようなリーダーシップ・スタイルがあるかを知って、多様な行動スタイルが臨機応変に遂行できるよう学習する。

　これまで研究に取り上げられたリーダーシップ・スタイルの代表的なものは下図の2組である。これらのリーダーシップ・スタイルについて、自分で研究を深めてみよう。

図表5-26　リーダーシップ・スタイルの推移

研究アプローチ ＼ 行動スタイル	民主型 ←→ 専制型	人間志向 ←→ 課題志向
行動論アプローチ	XY理論 （マクレガー）	マネジリアル・グリッド （ブレイクとムートン）
状況適合アプローチ	状況理論 （ハーシーとブランチャード）	状況適合理論 （フィドラー）

演習問題

1．Aさんは毎月末までに完成させなければならない仕事を担当しています。今日は月末で、その仕事をどうしても午前中に完成させなければなりません。その忙しい最中に、大切な取引先からAさんあてに電話が入り、あることを調べて午前中に返事をするよう依頼されました。この場合、A

さんはどのように対応すべきなのでしょうか。

2．K君は今春東京の大学を卒業しH社に入社しました。K君の配属先は地方の営業所で、そこでルートセールスを担当することになりました。このルートセールスは、H社の製品を販売している代理店にH社の新製品を紹介したり、代理店の販売業務を支援したりするものです。新人のK君もある程度仕事を覚えると、一人でお得意さんである代理店を訪問し、代理店のご主人や従業員達と日常的にいろいろな話をするようになりました。K君の仕事ぶりは真面目で毎日はりきって仕事をしています。K君は、どちらかというと、仕事は仕事、私事は私事と割り切って考え行動するタイプです。

ところで、K君のビジネス・ファッションには一つの特徴があります。K君が毎日会社に着てくるワイシャツの色や柄は他の若手社員と比べても、かなり派手で目立つのです。仕事が代理店相手の営業で、お客さんのところに出向くことが多いので、K君の上司は、もう少し地味なワイシャツを着るよう何度かアドバイスしました。しかし、K君自身は特にお客さんから何か言われたこともないため、どうしても上司のアドバイスは納得できません。

　問１：上司のアドバイスを受け入れないK君の姿勢は間違っているのでしょうか。
　問２：K君のファッションは、営業の仕事にマイナスの影響を与える可能性があるでしょうか。あるとすれば、その理由は何でしょうか。

3．会社などに電話をかける場合、かける人は「間違いなく電話がつながるだろうか」「自分の問い合わせはこの番号のところで大丈夫だろうか」など、さまざまな不安を持つものです。初めてかける会社であれば、その不安も大きくなります。従って、電話を受ける人は相手の不安を取り除き安心感を与えるよう、挨拶に気持ちを込めなければなりません。

では、次の場合、どんな言葉を発し、どんな気持ちを込めるべきなのでしょうか。考えてみて下さい。

　　　　　　電話での言葉　　　言葉に込める気持ち
「おはようございます。
　＊＊会社でございます」………さあ、お聞きしますよ、お話しください。

「お待たせいたしました」………

「いつもお世話になっております」
　　　　　　　　　　　　………

4．次の文は、あるアメリカ人が日本を訪問した時の話である。
「A氏は東京の高級ホテルに夜遅くチェックインし、翌朝の会合のために背広のプレスをホテルに頼んだ。しかし、結局A氏の望みはかなえられなかった。A氏の依頼に対するホテルの対応は以下のようなものであった。1回目は、プレスのサービスは外注しているので夜遅くは無理であると丁重に断られた。次にホテルのハウスキーピングの人でアイロンをかける人はいないかと聞いたら断られた。最後に、自分でかけるからアイロンを貸してほしいと頼んだが、置いていないという返事がきた。毎回、マネージャーはA氏の部屋に来て、とても礼儀正しく申し訳なさそうに何回もあやまる。しかし、何かが根本的に欠けている。」（奥住正道『顧客社会』中公新書、184頁の記述を一部修正して作成した）

　上の文に出てくるマネージャーの接客マナーは大変優れたものと言えます。しかし、このアメリカ人は「何かが根本的に欠けている」と感じました。このマネージャーにはどんな問題があったのでしょうか。問題点をみんなで議論して下さい。

5．以下の文を読んで正しいものに〇を、間違っているものに×をつけなさい。
①社内のインフォーマルグループは、ワーカーの社会的欲求が満たされたり、緊密なコミュニケーションがとれるなどプラスの面がある。（　　）
②グループ規範は他のルールより常に優先されるものだ。（　　）
③グループシンクは一人の場合よりグループの方がよいアイディアが生まれるという、いわば3人よれば文殊の知恵のことである。（　　）
④結束が強いことは組織にとっていつも望ましい結果をもたらす。（　　）
⑤適度なコンフリクトは創造的思考の刺激となる。（　　）

6．チーム編成型の組織はなぜ今日の環境に適しているといわれているのだろうか。理由について述べなさい。

7．グループで何かを決める時の方法の一つにノミナル・グループ手法がある。これを用いて以下の手順でグループ討議を行い、結論を出しなさい。

①事前に討議すべき課題について講師から十分な説明を受けて下さい。課題の例を参照してください。

②グループのリーダー役を決めておく。

③メンバーは個別に課題に関する解決案を考えて紙に書き、リーダーに手渡す。この時お互いに話し合ってはならない。

④次に、それぞれ自分のアイディアを口頭でメンバーに発表する。

⑤リーダーは提出された代替案を整理し、必要なら表現を変えたり合成したり、同じ案はまとめたりして、マスターリストを作成する。

⑥メンバーは、マスターリストの中で最もよいと思う案から順に3位まで選び、点数にして記入して提出する。（点数は、1位3ポイント、2位2ポイント、3位1ポイントとする）

⑦リーダーはメンバー全員の点数を集計し、支持の最も高かった解決案を発表する。

第6章　ビジネス実務の活動をとらえる

6－1　オペレーション活動
6－2　マーケティング活動
6－3　キャリア形成（人的資源）
6－4　コストパフォーマンス（経理財務）

<u>ビジネス活動の4つの基幹機能を理解する</u>

　ビジネス活動とは、人的資源、土地・建物、機械設備、原材料などの資材、資金をそれぞれ供給市場から調達し、商品やサービスに変換し社会に提供するプロセスをいう。企業組織では次の4つの基幹機能でこのプロセスを遂行している。開発や生産を中心とするオペレーション機能（生産）、マーケティング機能（流通・販売）、人事機能（人材）、そして経理財務機能（資金）である。この章ではビジネス活動の基幹機能を理解し、ビジネス実務に必要な基礎知識を修得する。

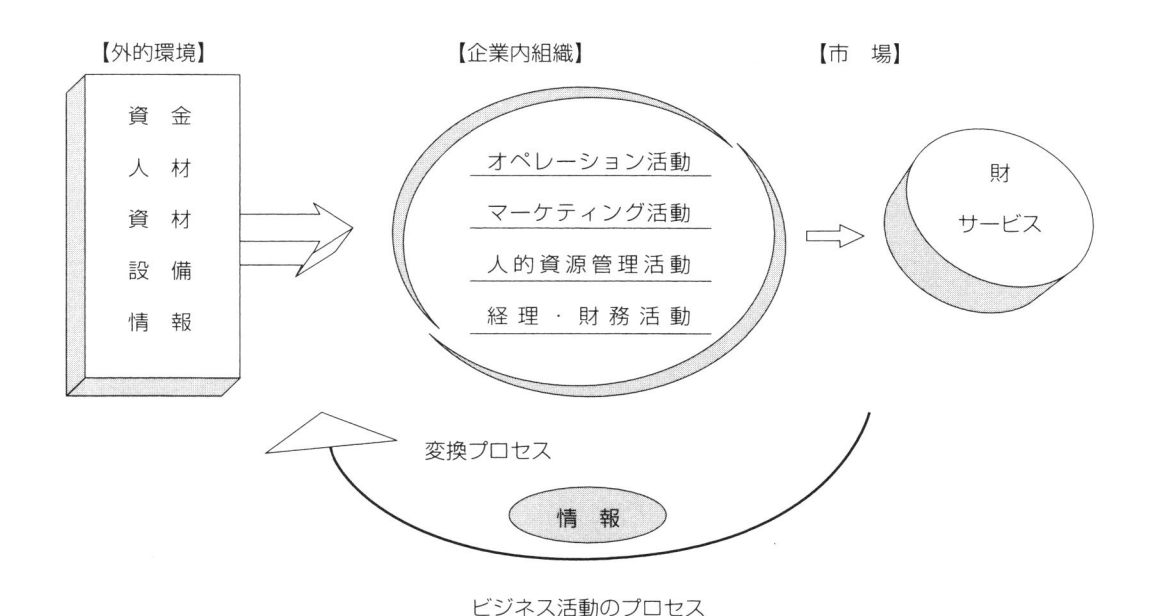

ビジネス活動のプロセス

6-1 オペレーション活動

　製品は、開発─生産─流通のプロセスを経て消費者の手に届く。消費者にとって価値の高い製品を提供するには、各プロセスを担当する部門が緊密に連携してオペレーション活動を展開しなければならない。

6-1-1　オペレーション活動を理解する

(1) オペレーションとは何か

　企業活動の中心的な役割は、社会のさまざまな需要に対し、製品・商品やサービスを提供し、それらの需要を満たすことにある。

　この役割を果たすためには、まず社会が求めるものを的確に知り、モノやサービスを作らなければならない。さらに、作ったものをできるだけスムーズに消費者の手に届くようにしなければならない。このように、作るものを考え（開発）、作り（生産）、それを求めている人々に届ける（流通）、この一連の活動を効果的に進めるためにどの企業も知恵を絞ってさまざまな業務を行っているのである。

　ここでは、この開発─生産─流通の一連の業務活動を企業のオペレーション活動ととらえ、主に製造業を例にあげて考えていくことにする。

＊オペレーション（operation）…作業・操業や生産などの意味の他に事業という意味でも使われる。ここでは、企業活動の出発点である開発・生産から流通・販売に至る一連の事業活動をオペレーション活動ととらえている。

図表6-1　オペレーションの流れ

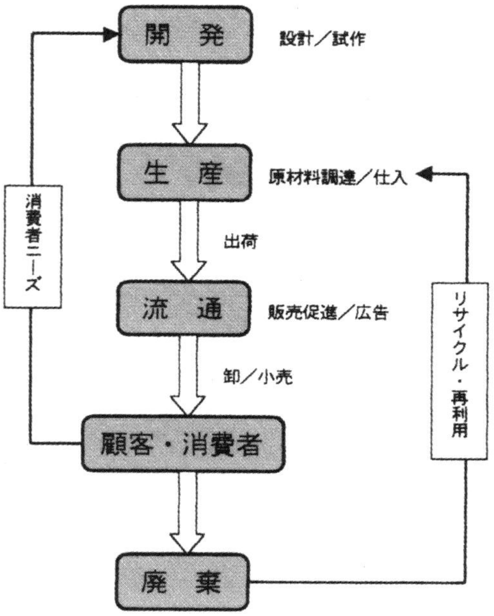

```
消費者ニーズ ──→ 開　発  設計／試作
                    ↓
                  生　産  原材料調達／仕入 ←──┐
                    ↓出荷                    │
                  流　通  販売促進／広告       │リサイクル・再利用
                    ↓卸／小売                │
                  顧客・消費者                │
                    ↓                        │
                  廃　棄 ──────────────────┘
```

どんな製品でも、その製品が消費者に受け入れられ、消費者の役に立つものでなければならない。企業の独りよがりで作られた製品は消費者のニーズを満たすことはできない。そのため、企業は、どんなモノをどのように作るか、という開発の業務に多大なエネルギーを使うのである。消費者ニーズについて情報を集め、さまざまな角度から検討を重ね、製品の試作や設計を繰り返す。

次に、生産では、その製品の予定価格・品質・仕様・納期を実現するため実際のモノ作りが進められる。

完成した製品は、工場内で厳密な検査を行い、検査に合格した製品が消費者や顧客に向けて出荷されることになる。製品などが生産地（ここでは工場）を出て、消費者や顧客に届くまでの流れを流通という。簡単に言うと、生産と消費を結ぶ機能が流通ということもできる。

これまでは、開発―生産―流通が企業のオペレーション活動の領域であった。しかし、地球規模で環境保全を進めるためには、生産し消費したスクラップ（廃棄物）をリサイクル（再利用）することが極めて大切である。その意味から、企業は製品スクラップのリサイクルをもオペレーション活動に取り込み、リサイクルが有効に進むよう開発や生産を考える必要がある。そのためには、消費者の協力も不可欠といえる。

(2) オペレーションと価値の創造

開発、生産、流通はそれぞれ独立した目的実現活動である。しかし、それぞれの活動がうまくつながっていることが大切である。

では、活動がうまくつながることによって、どんなメリットが生まれるのであろうか。一言で表現すると、顧客に提供する製品の価値が高くなるということである。価値が高いとは、何も高価格のものを提供するということではない。価格や品質がほぼ同じである他製品に比べ、顧客が率先して買い求め、顧客を引きつける高い価値がその製品にあるという意味である。製品の価値を高めるために、各活動がうまくつながる具体例として、例えば次のようなことが考えられる。

①流通部門の担当者が消費者ニーズについて、正確な情報をつかみ、それを開発部門に伝えると、その情報は新製品開発にタイムリーに反映される。
②製品の設計を担当する人が設計方法を工夫することによって、生産コストが低下する可能性がある。
③優れた材料や部品を調達し、生産に反映することにより、品質など製品の魅力が一段と増す。

④営業や販売の担当者が、製品を充分理解し、顧客が理解できるように説明したりサービスを提供することによって、顧客はその製品の価値と魅力を発見することができる。

6-1-2　開発のオペレーション

　開発という言葉は、モノを作る製造業のみならずビジネスのさまざまな場面で使われている。例えば、金融業界では新しい金融商品の開発、ホテル業界では、シティ・ホテルやビジネス・ホテルなど既存のホテルとは異なる新しい業態のホテル開発、旅行の分野でも新しい海外旅行パッケージの開発など、サービス業の分野でも多様な開発が試みられている。対象がモノでもサービスでも、開発業務の基本的な考え方やとらえ方は同じである。大切な点は開発コンセプトであり、消費者や顧客の顕在的・潜在的ニーズをとらえ、新しいアイディアや技術によって彼等を引きつける製品やサービスを創出することである。この目的にそって実施されるさまざまな営みが開発である。

　本節では製品の開発を取り上げる。製品開発を進める際の具体的なポイントなどは、6－2のマーケティング活動で多少詳しく述べる。ここでは、開発のオペレーションと他のオペレーション活動との関連性を図表6－2に示しておく。全体のオペレーション活動のなかで、開発がどのような位置づけになっているか、大づかみに理解することが必要である。

＊開発コンセプト…新製品のアイディアは主に製品の特徴を表している。アイディアを基にコンセプトが作られる。コンセプトとは、その製品が利用者にとってどんな価値があるかを示すものである。例えば「パソコンをこれから始める利用者用の基本機能中心のパソコン」という形で新製品のコンセプトが表現される。

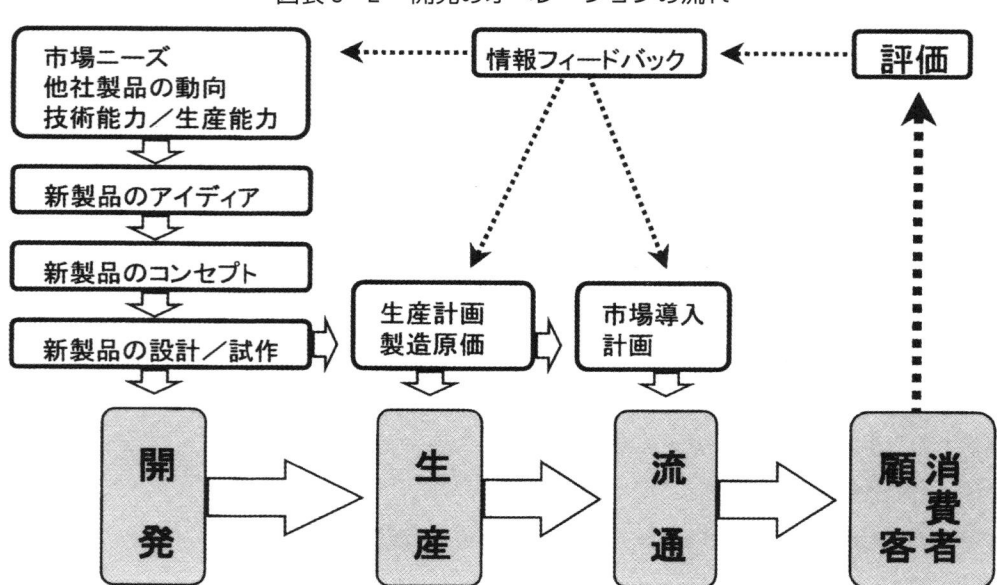

図表6-2　開発のオペレーションの流れ

6-1-3　生産のオペレーション

(1)　優れた製品をつくる条件

　生産といっても、製品の種類によってさまざまな生産の方法がある。私達が一番イメージしやすいのは、家庭電化製品などがベルト・コンベアの流れにそって大量生産される様子であるが、航空機や大型発電機などは一つひとつの製品が個別に生産される。製品によっては一個一個手作業でていねいにつくることもある。しかし、どんな製品・生産方法であっても、製品の品質・価格が優れ、製品の納期が守られなければ、消費者や顧客にとって価値の高い製品とはなりえない。従って、生産活動の場（現場）では、この３点を少しでも向上させることが最大の使命となる。現場ではこれら３つの条件を満たすためにさまざまな活動が展開されている。

(2)　現場の創意と工夫

　製品が顧客にとって価値を有するためには、顧客がその製品を使用した際、期待した通りの品質でなければならない。また、10個の製品のうち、９個はよかったが１個は不良品だったりすると、たちまち、その製品に対する顧客の信頼は失われてしまう。場合によっては、その製品を生産した企業への信頼も低下することになる。従って、あらかじめ決められた品質を確保し、さらに少しでも品質を高めることが、顧客満足を得るために不可欠な条件なのである。

　製品の信頼性を高めるため、企業は品質管理（Quality Control；略してQCと呼ぶ）を徹底している。品質を確保し高めるには、実際に製品を作っている現場の人達の創意工夫が大切な要素である。現場のちょっとした工夫が品質の保持と改善に結びつくのである。そのためには、同じ職場の人達が日頃から率直に意見を交換し、そこで出た知恵や工夫を実際の仕事に反映させるしくみが必要である。わが国の企業は、QCサークルなど職場のQC活動を重視している。それは、大切な情報は現場に存在し、その情報を生かせるかどうかは現場次第だと考えるからである。生産現場のみならず、開発、設計、営業、事務部門でも、それぞれの業務品質を向上させることによって、顧客に提供する製品の総合的品質は高くなる。また、QCの考え方は、製造業だけではなく、顧客と直接かかわるサービス業などでも十分応用できるものである。

(3)　生産計画と製品の価格

　実際に製品を作ることは大変なことである。製品といっても、手作業で

＊QC活動…生産現場だけでなく、さまざまな職場でQCサークルなどの小集団を作り、所属する従業員が業務を改善するために知恵を出し、職場の問題解決を進める活動である。

作る簡単なものから、機械を使って生産する複雑なものまである。また、何万種類もの部品を組立てて作る自動車のように巨大なものもある。しかし、どんな製品を作る場合でも、品質・価格が優れ、できるだけ早く作る（短納期）ことが大切である。品質・価格・納期の点で優れた製品を作るには、相当しっかりした生産計画を立てなければならない。生産計画は、製造部門が単独に立てるのではない。その製品の販売状況・在庫量・生産技術などを考慮し、他部門と十分協議して計画されるのである。ここでは、生産計画の諸要素のうち、製品価格に関連する事項を中心に基本的な点を考えていく。

① 標準時間と人員の配置

　仕事に人を配置する場合、必要な人員数が検討される。その場合、最適な数を決めることはなかなか困難である。定型的な事務の仕事では、「書く」「計算する」「発送する」など、その仕事に含まれる要素を抽出し、その要素ごとに通常必要とされる時間（標準時間）を計算する。その総時間を基準にして、仕事に必要な人員数が決定される。事務仕事などでは、この点あまり厳密に決められないが、モノづくりでは極めて厳密に行う。製造工程での人件費（正式には、労務費という）は、直接製品原価に反映され、製品の価格に影響するからである。モノづくりの現場では、何十、何百種類の作業要素とそれらの標準時間が決められ、人員配置が細かく計画される。

＊標準時間…一定の作業条件・方法のもとで、業務を行うのに要する平均的時間のこと。

② 製造原価の低減と原価意識

　製造原価とは、製品が工場から出荷されるまでにかかった総費用のことである。原価の内訳は原材料費と加工費に大別される。加工費には、製品生産に要した労務費のほか経費や外注費などがある。

　市場競争が厳しくなると、低い価格を実現しなければならない。しかし、低価格を実現するために品質を犠牲にしては元も子もない。また、価格の魅力を高めるには、工場の原価だけではなく、製品が工場を出て流通する段階の費用、営業や事務の費用など総合的に考えなくてはならない。図表6－3は、製造原価や顧客提供価格の会計上の位置、原価決定の過程などを示している。

　ある製品の最終顧客への提供価格を100とし、その結果、売上高が100になるとする。提供価格100を実現し、その製品の生産・販売による営業利益10を確保するには、例えば図表6－3のような過程を経て製品の目標原価を決め、製品の損益が計算される。

図表6-3　目標原価決定のしくみと損益計算

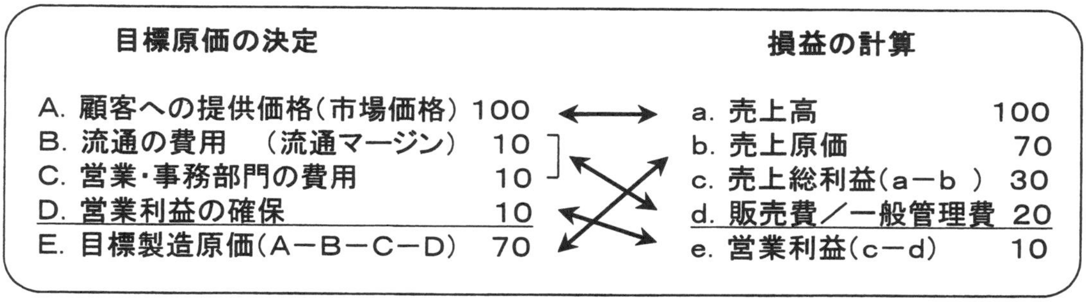

目標原価の決定		損益の計算	
A. 顧客への提供価格（市場価格）	100	a. 売上高	100
B. 流通の費用　（流通マージン）	10	b. 売上原価	70
C. 営業・事務部門の費用	10	c. 売上総利益（a－b）	30
D. 営業利益の確保	10	d. 販売費／一般管理費	20
E. 目標製造原価（A－B－C－D）	70	e. 営業利益（c－d）	10

＊製造原価は製品が工場から出荷されるまでにかかった費用、売上原価は出荷された製品の製造原価、出荷の前後で名称が変わります。

　作れば売れた時代は、企業が製造原価と確保する利益を決め、その上で市場価格を決定することができた。しかし、市場での競争が激しくなると、まず売れる価格（A）と確保する利益（D）を予想し、それを基に原価と諸費用を決めて行く必要がある。すなわち、A－D＝B＋C＋Eとなる。従って、価格（A）を低くし利益（D）を少しでも大きくするには、製造原価（E）だけでなく、BやCの費用もできるだけ低減する必要がある。よく「原価意識を持って仕事をする」と言うが、その意味はこうした点にあるといえる。また、原価意識の大切さは、製造業だけでなく、サービス業などすべての業種に当てはまることである。

6-1-4　流通のオペレーション

(1) 流通のしくみ

　生産と消費を結ぶ機能を果たすのが流通である。製品が生産地である工場から出荷される段階から流通のオペレーションが始まる。

図表6-4　流通のしくみ／主な流通経路

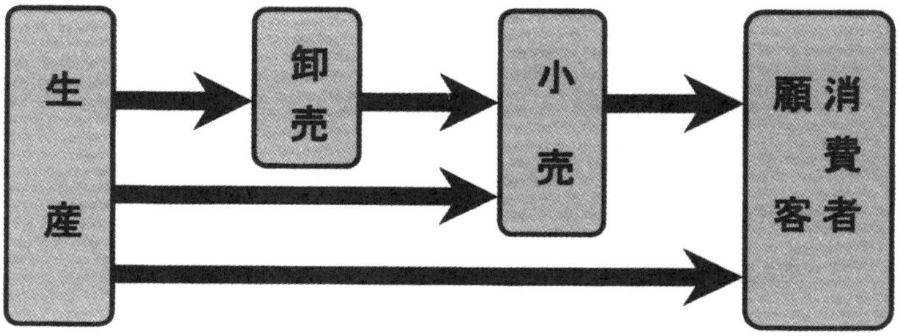

生産 → 卸売 → 小売 → 顧客／消費者
生産 → 小売 → 顧客／消費者
生産 → 顧客／消費者

　図表6-4は、出荷された商品が消費者に届くまでの流れを示しているが、実際には、生産者から直接小売業者や消費者に商品が流れるケースも

ある。また、機械設備や原材料などは、専門の卸売業者が機械メーカーや製鉄会社などの生産者から調達し、それを自動車メーカーなど別の生産者に供給したりする。このように生産から消費に至る商品のルートを流通経路という。

　生産者にとって流通機能のあり方は大変重要な意味を持っている。せっかく原価低減をはかり、消費者にとって魅力的な商品であっても、流通経路で発生する費用（流通マージン）が膨らみ、消費者に提供される価格（実売価格）が高くなると、販売量が低下することになる。また、商品の売れ行きが大変好調なのに、その情報がタイムリーに生産者に届かなければ、生産者は生産量を増やす機会を逃す結果となりかねない。さらに、商品が消費者の手にわたるまでに時間がかかり過ぎると、商品の価値が低下する恐れも出てくる。

　このように、生産者にとって流通は、費用・情報・時間の点で大きな関心を寄せざるをえない問題である。逆にいうと、主にこの3点について生産と流通が相互に協力すると、消費者や顧客にとって商品の魅力と価値をさらに高めることができる。

(2) 情報ネットワークとオペレーション活動

　開発─生産─流通のオペレーションの流れの中で、消費者や顧客に最も近い位置にいるのが流通である。従って、流通部門が消費者などの動向やニーズについて最も豊富な情報を持っていると言える。この意味で「流通産業は変化適応業であり情報産業である」といわれている。実際、私達が利用しているコンビニエンス・ストアを思い浮かべると、このことがよく理解できる。5章でも述べたように、コンビニでは、POSシステムによって、単品ごとの商品の売れ行き情報が把握され、仕入量や配送時期の決定に活用されている。このように、流通部門の新鮮な情報が生産部門や開発部門に伝えられ、情報が共有できれば、市場動向に応じた生産計画が可能になり、消費者ニーズをより的確に反映した製品開発ができるようになる。携帯情報端末器などの情報技術の進展により、開発・生産・流通の活動を情報ネットワークで結び、消費者や顧客に密着したオペレーション活動が可能になっている。例えば、洗剤などの家庭用品を生産販売するA社では、次のように各部門の情報がネットワークで結ばれ、各部門がいつでも共通データベースから情報を取り出し活用できるようにし、一体的な企業活動を展開している。

＊卸売業者…卸売業者にはさまざまな種類がある。基本的に、消費者以外に商品を販売する業者は卸売業者といえる。例えば、商社、問屋、販売会社、製造会社の営業所などがある。

図表6-5　A社の情報ネットワーク

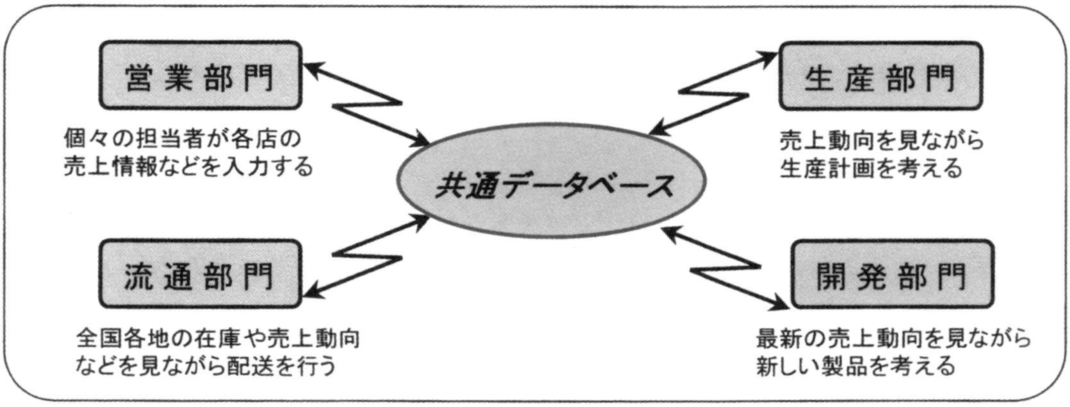

営業部門
個々の担当者が各店の売上情報などを入力する

生産部門
売上動向を見ながら生産計画を考える

流通部門
全国各地の在庫や売上動向などを見ながら配送を行う

開発部門
最新の売上動向を見ながら新しい製品を考える

共通データベース

6-2　マーケティング活動

　マーケティング活動は消費者のニーズをさぐり、消費者に購買を働きかけることである。ニーズが多様化すればするほどマーケティングは重要になる。どの職種の人々もマーケティング意識を持たなくてはならない。

6-2-1　マーケティング活動を理解する

(1)　マーケティングとは何か

　企業活動の中心的役割は社会の需要を満たすことにある。その役割を果たす対価として、企業は売上や利益を得る。マーケティング活動にはさまざまな要素があるが、社会の求めているものは何か、すなわち消費者や顧客のニーズをさぐることが、活動の出発点となる。

　消費者のニーズをさぐったり、消費者の行動を予測しなければ、消費者が満足する製品やサービスをつくることは出来ない。仮にニーズを把握し、新しい製品やサービスのアイディアをつかんでも、そもそもその企業の技術や経験でそのアイディアを生かした製品やサービスをつくれるかという問題が出てくる。さらに新製品・サービスを消費者に販売する能力があるか、販売する場合、価格をどのようにし、どのように販売するかなど、企業はさまざまな問題に直面する。それらはすべてマーケティングにかかわる問題といえるのである。

　マーケティング活動は、前節のオペレーション活動とも密接な関係がある。特に、開発部門や流通部門の活動はマーケティング活動と連携しなが

ら進めなければ、企業活動そのものが成り立たなくなる可能性さえある。すなわち、開発―生産―流通の各活動とマーケティング活動がうまく結びつき歯車が噛み合うことによって、消費者や顧客に提供する製品やサービスの総合的な価値が高まるのである。

図表6-6　マーケティング活動の概念

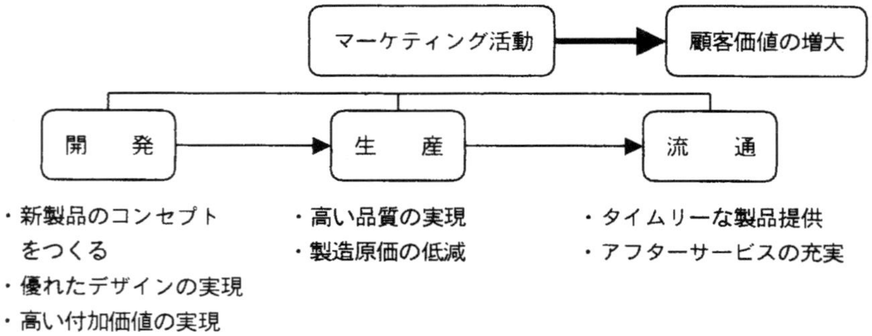

```
            マーケティング活動 → 顧客価値の増大
            ↙        ↓        ↘
         開 発      生 産      流 通
```

・新製品のコンセプト　　・高い品質の実現　　・タイムリーな製品提供
　をつくる　　　　　　・製造原価の低減　　・アフターサービスの充実
・優れたデザインの実現
・高い付加価値の実現

(2)　マーケティング活動はなぜ盛んになったのか

　マーケティングは、消費者が多種多様な好み・欲求を持ち、製品やサービスを選択する経済的余裕があるほどその重要性が高くなる。逆に、生活必需品が充足されていない状態であると、まず基本的な必需品の欲求を満たすことが先決でマーケティングはあまり必要とされない。この点を1950年代に登場した電気冷蔵庫を例にあげて考えてみる。

図表6-7　時代によるマーケティング活動の違い

	冷蔵庫がまだ普及せず、所得水準があまり高くない場合	冷蔵庫が普及し、所得水準がある程度高くなった場合
消費者の欲求とニーズ	まず冷蔵庫を購入し、生活を充実したい	4ドアで冷凍能力が高く、収容スペースの大きいものがほしい
	冷蔵庫としての基本的な品質や性能が備わっていればよい	デザインが優れ、色も白でなく他の家具と調和するものがほしい
	家計に余裕がないので、できるだけ低価格で購入したい	気に入ったものであれば、多少価格が高くても構わない
冷蔵庫メーカー（企業）の対応	冷蔵庫に対する消費者のニーズは同質で差がない	消費者のニーズは同質ではなく、求める冷蔵庫に差が大きい
	品質や規格も似たような冷蔵庫を2～3種類つくればよい	消費者のニーズに応え消費者のライフスタイルに合わせなければならない
	大量生産により効率を上げ、低価格の冷蔵庫を生産すべきである	小品種大量生産から多品種少量生産に移行しなくてはならない
	冷蔵庫の流通／販売は専門業者に任せ、メーカーはあまりタッチしなくてもよい	冷蔵庫の流通経路も他人まかせではなく、メーカー自身もよく検討しなければならない

左の例でわかるように、所得水準の向上、ライフスタイルの変化などにより、消費者のニーズが個別化・多様化してくると、企業は必然的にマーケティング活動に力を入れざるをえない。マーケティングなしには、変化の激しい消費者ニーズに応えることが難しくなるからである。

(3) マーケティング活動の基本要素

　マーケティングは、製品やサービスを購買するよう消費者に働きかける活動といえる。「働きかける」には働きかけ方を考える基準が必要になる。消費者に働きかけるポイントとして一般的に次の4つの要素がある。

・製品（Product）
・価格（Price）
・流通経路（Place/Channel）
・販売促進（Promotion）

　この4要素は、英語の各頭文字をとって、4Pと言われる。マーケティング活動を実践する場合、この4つの基本要素をいろいろ組み合わせて、消費者への有効な働きかけ方を考えていくのである。

図表6-8　マーケティングの4P

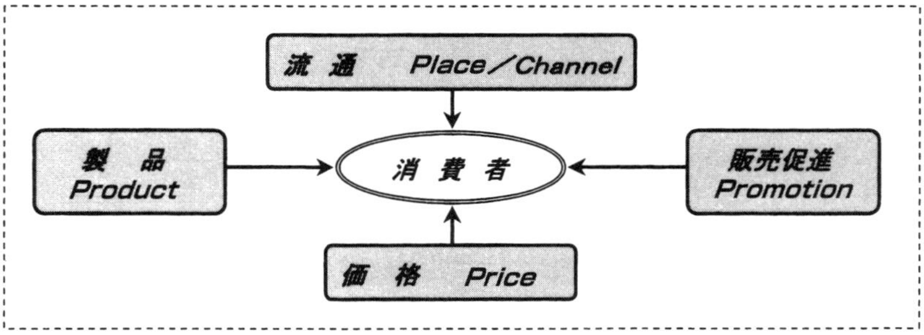

　4Pの組み合わせをマーケティング・ミックス（marketing mix）という。例えば、A社が新しいタイプのパーソナル・コンピュータを開発する場合、競争関係にあるB社やC社のパソコンの性能や売れ行きを詳しく分析して、新製品のコンセプトを決める（製品の決定）。実際に販売する場合、どの程度の価格だったら消費者は新製品を購入するのか、さまざまな調査・検討を経て決定されることになる。より低い販売価格を実現するためには、設計や生産方法などの検討も必要になるかも知れない（価格の決定）。また、販売にあたって、どのような流通経路で新製品を流すのがよいのか（流通経路の決定）。さらに、販売促進のため、広告・宣伝やパブリシティの方法

＊パブリシティ（publicity）…企業の広報活動の1つで、良好な企業イメージを形成するための活動である。新製品、社会貢献活動、各種イベントなどを新聞やテレビなどのメディア（media:媒体）で取り上げてもらうため、メディアに情報提供などを行う。

も検討する必要がある（販売促進の決定）。

このように４Ｐの内容や組み合わせ方を考える際、最も大切なことは、企業が新製品の販売で何をねらっているかである。すなわち、消費者ニーズ（潜在的なニーズも含めて）の分析に基づき、どんな顧客や市場をターゲットとして考えるかという点である。この基本的な考え（マーケティング戦略）いかんによって、４Ｐにかける費用も決まる。上の例でいうと、Ａ社は新製品によって、同じタイプのパソコン市場でナンバーワンの座を狙うつもりなのか。Ｂ社・Ｃ社のパソコンにない新しい機能を付加し、機能面で特徴を出すのか。はたまた機能は思い切って基本機能に絞り込み、価格の面（低価格）でＢ社・Ｃ社との違い（価格の優位性）を出すつもりなのか、といったことである。

6-2-2　マーケティング活動の担い手

マーケティング活動を担当する部門は、通常、企業内に２つある。１つは、その企業の製品やサービスなどの市場動向を調査し、今後の計画を考えたりする、スタッフ的役割を果たす企画部門である。もう１つは、日常的に顧客と接触し取引活動を行うなど、マーケティング計画を推進する営業部門である。この２つの部門が密接に連携し情報を交換しながら実際のマーケティング活動は進められる。

(1)　企画の役割

マーケティング活動の計画を担当するのがマーケティング企画部門の役割である。業種や企業規模などによって、この企画部門の役割や名称に違いはあるが、どの企業にも、この役割・機能を担っている部門は存在する。企画部門の役割は、企業がマーケティング活動につき的確に意思決定できるようにすることである。そのためには、製品やサービスの市場情報を収集したり、他社の動向にも目を配り、その企業の製品やサービスにどんな問題点があり、新しい製品やサービスを売り出すチャンスはあるかなど、幅広い活動が必要となる。企画部門が収集・分析した情報を基に、マーケティング・ミックスの組み合わせやその内容の調整が行われる。企画部門が情報の収集・分析をする際、大切なことは、営業部門との情報交換である。日常的に顧客動向などの現場情報にタッチしている営業と連携することによって、現実的で有効な計画立案が可能となる。

(2)　営業の役割

マーケティング活動のなかで、営業の役割はどのように位置づけるべき

であろうか。この点には、いろいろな考え方があるが、一般的には営業は図表6－9のように位置づけられる。この位置づけでは、営業は販売活動に限定されるような印象がある。もちろん、販売は営業活動の重要な一部だが、営業を販売の面にウエイトを置いて理解すると、営業の大切な役割の一部が見えなくなる恐れがある。

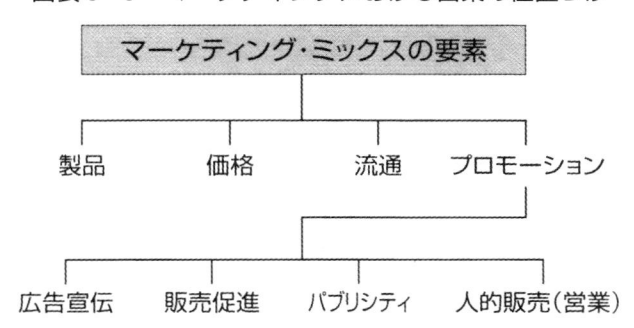

図表6-9　マーケティングにおける営業の位置づけ

```
          マーケティング・ミックスの要素
          ┌───────┬───────┬───────┐
         製品    価格    流通   プロモーション
                              ┌──────┬──────┬──────┐
                            広告宣伝 販売促進 パブリシティ 人的販売（営業）
```

　作れば売れる時代には、営業の役割は限られたものであった。極端に言うと、営業マン＝セールスマンで、相手を説得し売り込むという販売を促進する役割だけが強調されていた。これは、企業にとって売るべきモノやサービス、消費者にとって買うべきモノやサービス（消費者のニーズ）がはっきりしていたからである。その結果、営業活動の目標も売上高増大一辺倒になりがちであった。

　近年、企業のマーケティング担当者の間で、「消費者のニーズがつかめない」「顧客の意図がわかりにくい」といった声がよく聞かれる。これは、私達の消費生活が豊かになり、消費意識や消費行動が大きく変化した結果と考えられる。このように、消費者や顧客のニーズがはっきりしなくなると、彼等が何を求めているか、これを発見することが大切になる。営業部門は、顧客と直に接触し、顧客の欲求や不満を最もよく知り得る立場にいる。従って、営業は顧客とのコミュニケーション活動に重点をおき、それを推進することが大きな役割となる。同時に、顧客満足度の向上を第一の営業目標とし、満足度の向上が売上高の増大をもたらすと理解しなくてはならない。以上の点を考慮すると、営業の役割は図表6－10のようになる。

＊顧客とのコミュニケーション活動…営業の役割は顧客から注文を取ったり商品などを売りさばくことだけでなく、顧客の問題解決を支援したり、商品などに対する顧客の不満などを聞き取る活動である。営業の使命はこうしたコミュニケーション活動にある。以上のことから、営業は図6－9のプロモーション活動の主要な担い手と言える。

図表6-10　営業の役割の変化

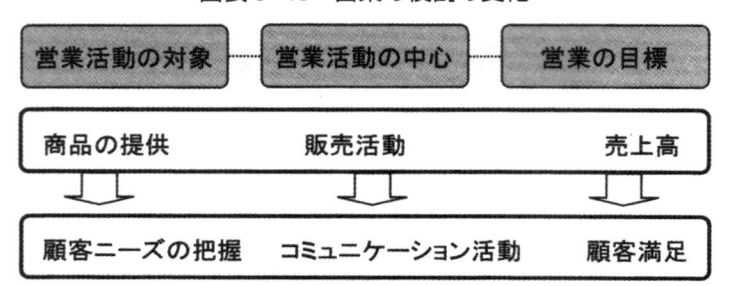

営業活動の対象	営業活動の中心	営業の目標
商品の提供	販売活動	売上高
↓	↓	↓
顧客ニーズの把握	コミュニケーション活動	顧客満足

(3) ホワイトカラーとマーケティング感覚

　マーケティング活動の主要な担い手として、企画と営業部門を取り上げた。しかし、マーケティング活動の目的は、企業が顧客に提供する製品やサービスの総合的な価値を増大することにある。従って、他のホワイトカラー職種などマーケティング活動に直接関わらない人達も、マーケティング活動の理解と意識をもたなければならない。「自分の仕事とマーケティングは関係ない」といった意識が企業内にあると、顧客の満足度を高めることは大変難しくなる。第5章のサービス活動で取り上げた、「後工程はお客さま」という意識は、マーケティングの点からも大切なことと言える。最近、非営利団体の活動が注目されているが、こうした団体のサービス活動にもマーケティングの考え方が応用できる。私達が公共機関などのサービスを利用する場合、サービスが必ずしも利用者の立場で考えられていないと感じることがある。どんな点が問題なのか、どうしたら問題を解決できるのか。マーケティングの基本に立ちかえると、意外と簡単に解決の糸口を見つけることができる。

＊ホワイトカラー…事務・営業・技術関係などの業務に従事する人をホワイトカラーと呼ぶ。これに対し、工場の生産業務など現業に従事する人をブルーカラーと呼ぶ。

6-2-3　製品とサービスの開発

(1) シーズとニーズ

　新製品の開発には2つの方法がある。1つは、このテキストでも繰り返し出てくるように、まず消費者やマーケットのニーズ(needs)を発見し、そのニーズに応える製品開発を行うものである。このやり方は、ニーズに出来るだけ早く応える必要があり開発期間が短くなるので、比較的小さな製品に適している。もう1つは、すでに企業の中にある技術・ノウハウ・アイディアなどを開発の種(シーズ：seeds)として、それらを応用して新製品を開発するものである。これは、時間をかけて開発することが多く、大きな製品が開発される傾向がある。この2つの方法は、どちらが優れ、ど

ちらが劣っているというものではない。その製品の特性やマーケットによっても違いがある。例えば、新しいジェット機の開発とシャンプーの製品開発では、おのずと違いがある。ただシーズ型の場合、ニーズへの対応が遅れがちになる傾向がある。シーズとニーズをどのようにとらえるかは、製品開発だけでなく、サービスの開発でも重要なポイントといえる。

(2) ニーズの創造

　企業の役割は、社会の需要（ニーズ）を満たすことにある。「このニーズを満たす」ということは、すでに存在するニーズを満たすだけではない。潜在的なニーズを企業が発見し、それに対し、いち早く製品やサービスを提供する。すなわち、企業自身がニーズを創造し、それを満たすことも含むのである。宅配便のサービスを例にとると、このサービスが登場するまでは、郵便や鉄道貨物によって、荷物が輸送されていた。消費者はそれが当然と考えていた。1976年にヤマト運輸の宅急便が登場したが、当初、利用者はあまり多くはなかった。しかし、20年後には取扱貨物の数は200～300倍に大きく増えた。

　この宅配便が誕生し発展した過程は次のようにまとめることができる。

図表6-11　ニーズの創造：宅配便サービスの事例

| 消費者：郵便や鉄道便の利用 → 隠れた不満・ニーズ |
| 企　業：満たされていない消費者ニーズの発見 |
| 企　業：サービスの開発と提供 |
| 消費者：宅配便の便利さに少しずつ気がつく |
| 企業・消費者：一緒になってサービスの内容を改善し利便性を高める |

6-3　キャリア形成（人的資源）

　これまで、企業と労働者の利害は相反すると考えられていた。企業はより多くの利益を得るために賃金をできるだけ安く抑えたいと考え、働く人々はできるだけ多くの報酬が欲しいと考え、どうしても対立せざるを得なかったからである。しかし、近年の人的資源管理の観点は、働く人々の潜在能力を開発し育成してその資源価値を高めることで、組織も働く人々もともに成長する、という考え方へと転換している。人材育成には、時の

＊人的資源管理（human resource management）…人間を資源としてとらえて長期的な視野で能力開発し、資源の有効活用を図ろうとする人事管理のシステム。

経過とともに個人も組織も変わるというキャリアサイクルの視点が求められている。

6-3-1　企業がすすめる能力開発システム

　組織はさまざまな能力開発プログラムを提供する。私達は、それらの能力開発プログラムを自己のキャリアとして役立ててゆくことが大切である。また、個を重視する能力開発システムであるためには、多様なメニューが提供され選択の幅が広いという点も重要である。

　企業の能力開発システムは下図のような一連のプロセスで行われている。

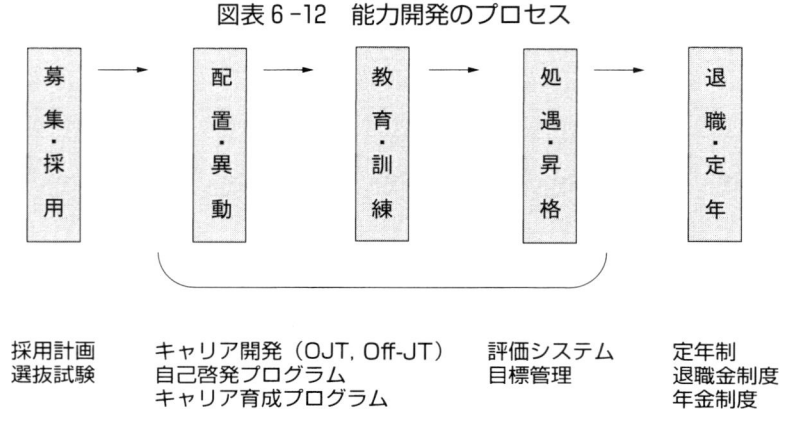

図表6-12　能力開発のプロセス

募集・採用 → 配置・異動 → 教育・訓練 → 処遇・昇格 → 退職・定年

採用計画	キャリア開発（OJT, Off-JT）	評価システム	定年制
選抜試験	自己啓発プログラム	目標管理	退職金制度
	キャリア育成プログラム		年金制度

　それぞれどのように展開されているかを、少し詳しくみていこう。

(1)　募集・採用のプロセス

　採用計画は常に外部の環境と連動しているため、採用担当者としては将来の予測も含めて慎重な分析が欠かせない。例えば、若い労働者の減少が予測されるなら、企業は代わりに女性の活用を考えるし、技術の革新が特定の高度専門スキルや資格をもった人材を要請すれば、企業内育成では間に合わず、中途採用者や派遣社員などの即戦力を求めることになろう。採用条件は経済環境や労働市場と密接なつながりがあり、採用活動は外部条件によって大きく影響を受けることになる。

　応募者の中から企業の欲しい人材を選ぶ手続きが選抜である。言うまでもなく応募数が多いほど、企業側の希望する人材を選べる確率は高くなるため、企業は学校求人、ホームページの充実、企業説明会、マスメディアを使った広報など、さまざまな方法で募集活動を展開している。

　欧米では特定の仕事に適切な資格や能力を持つ人を採用していく方式が一般的なのに対し、日本の企業は、人物を総合的に判断する傾向が強い。

採用時に重視することは、職種にかかわらず「コミュニケーション能力」が上位である。

採用試験は、それぞれエントリーシート、面接、筆記試験、適性検査、健康診断などを組み合わせて、知識、適性、性格、行動特徴、健康を評価する。このうちで最も重視されるのが面接試験である。面接試験は、企業があらかじめ評価基準を決め、それに基づいて適否の判断をするのが一般的である。以下に面接評価の対象となる項目をあげる。

①性格・態度をみる：表現力や社会適応性、情緒安定、積極性などを判断する。

②人生観をみる：家族、社会、人生に対する考え方や関心の傾向を見る。

③一般常識と専門知識の程度：社会、経済などに関する一般的な知識と仕事に関する専門的な知識の程度をみる。

④総合的な人物評価：社風に合っているか、潜在的能力があるかなどをみる。

⑤企業と応募者との情報交換：応募者は志望動機や企業に対する要望を伝え、採用側は仕事の内容や採用条件を提示して相互の理解を深める。

(2) 配置・異動と仕事経験

就職して最初に配置される部署がその後の異動の基礎となる。そして、ジョブローテーションによる一連の職務経験が、個人のキャリアを形成していく。そのため、配属される部署は将来のキャリアにかかわる重要なスターティングポイントといえる。配置における近年の傾向は、職種の選択に際して個々人の興味や適性に配慮し、主体性を尊重した自己申告制を採用していることである。

しかし、配置転換は別の側面もある。合理化を目的に、過剰人員の部門から他部門への配置転換が行われたり、子会社や関連会社への異動、出向、派遣といった、身分的に降格となる配置転換もある。わが国の労働市場は1980年代まで終身雇用を前提とした雇用システムを採用していた。しかしこれまで見てきたように、競争が激化し雇用流動化が進む現在、厳しい配置転換が続いている。

(3) 教育・訓練システム

企業の教育・訓練システムはOJTとOff-JTが中心である。OJTは、職場で働きながら上司や業務担当者から仕事に必要なスキルや知識、および職業人としての言動を身につけていく方法である。この方法は実践に即した学習ができるというメリットがある反面、現場の上司や業務担当者は教

＊ジョブローテーション（job rotation）…人事・組織の活性化ならびにワーカーの成長を図る目的で、計画的・定期的に人事異動を行うこと。

＊ OJT（On-the-Job Training）…仕事をしながらその仕事に必要なスキルや知識、また組織に適応するための知識を身につけていく方法。

＊ Off-JT…計画的に組織的に教育目標を立ててそれに基きワークショップや教室での授業形式で行う教育方法。

育の専門家でないことと、各職場での教育レベルや方法が統一されていないなど一貫性に欠ける問題も指摘されている。

　一方、Off-JTは、あらかじめ決められた企業の育成方針に基き、計画的・組織的にプログラムを作成し、ワークショップやトレーニングに参加する集合研修である。職場を一時的に離れ、社内あるいは社外で場所と時間が設定される。多数の参加者を対象に同一の教育・研修を行う場合、各職場で別々に行うよりも、まとめて集合教育を行う方が効率的であり、企業側のコストの負担は高いが、知識やスキルを総合的・体系的に学習することができる。また、職場以外の人たちとの交流が新鮮な刺激となり啓発されるメリットがある。新入社員教育、女性の能力開発研修、階層別教育の他、営業担当者研修やサービス部門の接遇研修など、特定スキルを習得する専門教育が行われている。OJTもOff-JTも、企業主導のキャリア開発システムの中で、企業の責任において行われる点は同じである。

(4) 自己啓発プログラムの推進

　個人が自分の興味や必要性を感じて自主的に受ける教育・訓練は、企業サイドでも個人の自助努力を奨励する方向にある。なぜなら、個々人の価値観や志向が多様化している今日では、個々の主体性を尊重した自己啓発の方がやる気を引き出し、組織を活性化し、長期的に見れば能力育成により有効と考えられるからである。

　従来の企業主導の人材育成には、以下の点で問題が浮上している。
①高度経済成長期には管理職のポストだけが全員の目標であったが、経済成長の停滞によって企業は十分なポストを用意できなくなった。少ないポストをめぐって社内に過度の昇進競争を招いたり、ポストに就けない者の意欲を削ぐという悪影響をもたらす。
②長期雇用を前提として作り上げられてきた人材育成プログラムも、労働市場の流動化が進んで教育投資を回収する前に転職する者が目立ちはじめると、人材コストに見合う成果が期待できない。
③働く人々の自己実現欲求が高まってきている。その自己実現欲求に呼応する人材育成システムをつくり出す必要がある。

　以上のことから、企業主導の育成から自己啓発活動の重視へと、転換を迫る要因が増大している。自己学習支援プログラムの例として、就業時間内の社外講習会の参加を認め、費用を企業負担にすること、大学講座の受講や大学院への入学、留学制度の設置、資格試験の導入などがある。

　企業を取り巻く環境の変化に応じて、求められる能力もますます多様化

している。採用した人的資源をこれに合わせて能力開発していかなければ、企業は時代遅れの人材を大量に抱え込むことになるばかりか、人的コストが経営を圧迫するのは目にみえている。このため企業は、社員の能力開発に真剣に取り組まざるをえないのが現状である。

図表6-13 教育・訓練システム

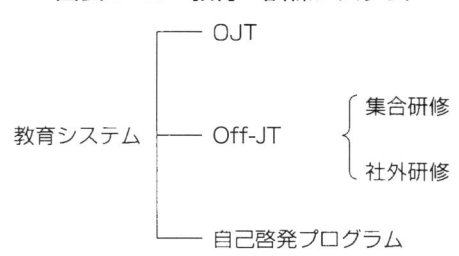

```
               ┌── OJT
               │                ┌ 集合研修
教育システム ──┼── Off-JT ┤
               │                └ 社外研修
               └── 自己啓発プログラム
```

(5) キャリア育成プログラム（CDP）

近年、企業における教育・訓練のシステムは、能力開発という名称からキャリア育成プログラム（career development program ＝ CDP）と呼ばれるようになった。これまでの年令や階層で輪切りにした企業主導の教育プログラムに加えて、個人の長期のキャリアサイクルを視野に入れた、継続性のあるプログラムの開発を目指している。実際には、配置異動や昇進昇格と教育訓練を関連させて、個人のニーズを満たし、かつ能力の開発と向上が達成できる公式の教育システムを構築する。

図表6-14に、組織の目標と個人の目標を融合させたキャリア開発プログラムの基本的概念を図示した。企業の組織目標はビジネス活動に必要な能力を開発育成することであり、働く個人は人間的な成長と自己のキャリア形成を目標とする。両者の目標に適った教育訓練及び評価のトータルなプログラムを開発することによって、企業は生産性と創造的価値を高め、個人は自己実現と職業生活の充実を得ることができる。キャリア設計には、ライフサイクルを考慮にいれた仕事の位置づけが不可欠である。

＊キャリア育成プログラム（CDP）…配置異動や昇進昇格と教育訓練を関連させて能力開発や向上を目指す企業の公式のシステムをいう。

図表6-14　キャリア開発の基本的概念

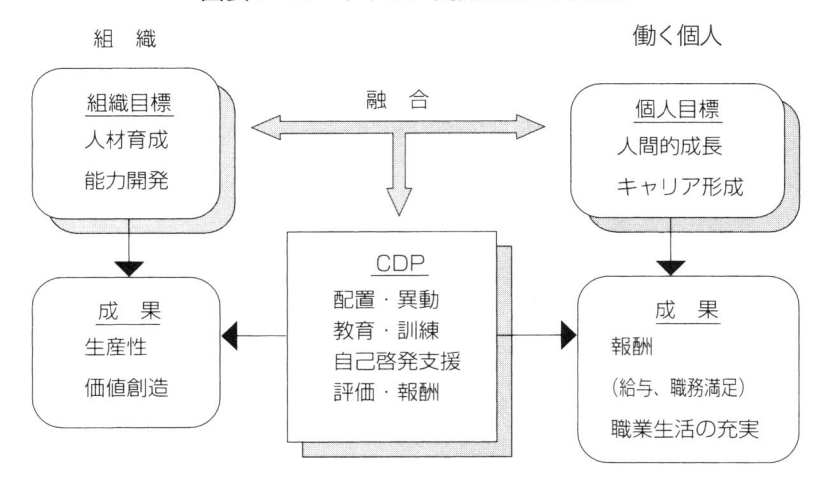

```
    組　織                                働く個人
  ┌────────┐                           ┌────────┐
  │組織目標│         融合              │個人目標│
  │人材育成│  ←――――――――→           │人間的成長│
  │能力開発│                           │キャリア形成│
  └───┬────┘                           └───┬────┘
      │              ↓                     │
      │         ┌────────┐                 │
      │         │  CDP   │                 │
      ↓         │配置・異動│                ↓
  ┌────────┐   │教育・訓練│            ┌────────┐
  │ 成　果 │ ← │自己啓発支援│ →        │ 成　果 │
  │生産性  │   │評価・報酬│             │報酬    │
  │価値創造│   └────────┘              │(給与、職務満足)│
  └────────┘                            │職業生活の充実│
                                        └────────┘
```

(6) 評価システム

　教育訓練の成果である仕事の業績は、評価を受けて給与や昇格に反映されることから、評価は働く人々にとって関心事の一つである。従って何よりも客観性と透明性そして誰からも納得の得られる信頼性が求められる。評価は普通、①業務成績、②人事記録(勤務態度)、③上司による人事考課、の3つの観点で測定される。第1の業務成績の評価については、営業のように成績が数値化しやすいものと、事務職のように数値化しにくいものとがあって判定が難しい傾向がある。第2の人事記録に関しては、どれだけの時間働いたかということよりもある期間内の成果を評価する、成果管理が重視される傾向にある。3番目の人事考課に関しても、上司の一方的な評価になりがちで、公平性・客観性の確保が容易でないという悩みがつきまとう。結果を本人に知らせない閉鎖性が指摘されてもいる。以上から、3つの評価指標はどれも万能とはいえず、測定に際して十分な注意が肝要である。

　企業側の立場で留意すべきことは、情報を本人に開示する、本人が評価の決定の場に参加できる、評価の理由を明確に示す、などが個人の意欲を高め能力を開発する動機づけとなることである。個人の側としても、企業のキャリア開発システムなどの環境条件が整備され、個々が主導の人的資源管理システムが整った後は、自己管理と自己責任が問われ、評価が厳しくなることを認識しなければならない。

(7) 目標による管理

　どんな目標が人をやる気にさせ、仕事に達成感を与え、かつ組織の生産

＊成果管理…勤務時間や就業場所などは自由に任せ、成果を重視して評価する管理をいう。

性と創造価値を高めるのだろうか。

　心理学者のエドウィン・ロックは図表6-15のようなモデルに基づいて目標設定理論を提唱した。基本理念は、個々人の人間性の尊重、成果重視、組織目標と個人目標の統合、の3つを柱としている。自己実現欲求を持つ個人を前提条件として、①目標の困難さの程度、②目標の具体性、③フィードバック（結果の告知）、④個人の能力、⑤目標設定における本人の参加、の5つの条件が満たされる目標は、個人の意欲を高め、これを達成しようと努力する動機づけとなり、結果的に組織にとっても高い業績を導くと想定した。

図表6-15　目標の設定

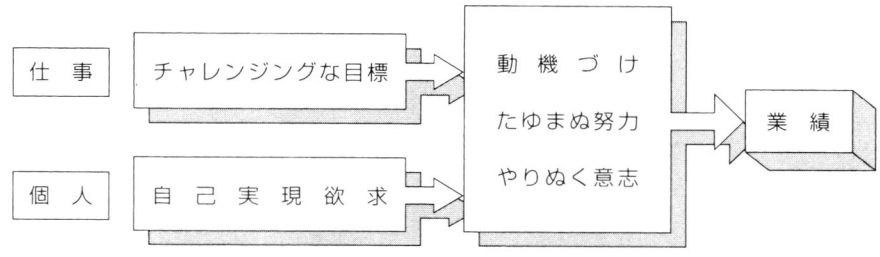

```
┌──────┐  ┌───────────────┐    ┌──────────┐    ┌──────┐
│ 仕 事 │→│ チャレンジングな目標 │→→│ 動機づけ    │    │      │
└──────┘  └───────────────┘    │ たゆまぬ努力 │→→│ 業 績 │
┌──────┐  ┌───────────────┐    │ やりぬく意志 │    │      │
│ 個 人 │→│   自 己 実 現 欲 求  │→→│              │    └──────┘
└──────┘  └───────────────┘    └──────────┘
```

コラム：動機づけを与える目標とは──────────────
①適度に困難な目標：低い目標よりも適度に困難な目標の方が高い業績を導く。ただし実行不可能なレベルでは、動機づけにつながらない。
②具体的な目標：抽象的な目標よりも具体的な目標の方がやる気を起こさせる。
③結果の告知：結果の告知が、より高い目標にチャレンジする動機づけとなる。
④自信がもてる目標：達成できる能力があると自信がもてる目標となる。
⑤本人の同意：本人が同意しかつ興味ある目標である。

　以上の目標設定理論は、今日の企業において目標管理制度（Management by Objective＝MBO）として広く応用されて、実践されている理論である。具体的な手続きは以下のように行われている。
①まず部門の全体目標が明確にされた後、それに基づいた各自の課題案を上司に提示し話し合いを行う。このとき現在の能力より高い目標を設定するのが能力開発のポイントである。

＊目標管理制度…目標設定理論を適用した管理手法で、自己実現欲求を持つ人間は適切な目標によって動機づけられ、組織の業績につながるとする。

②適切な目標が合意されると、遂行する方法とスケジュールは可能な限り個人の創意工夫に委ねられる。
③期限がきた時、個々人は目標がどのレベルまで達成されたかを自己申告し、上司はこれを基に評価を行う。
④成果は本人にフィードバックされる。

6-3-2　柔軟な雇用管理システムへの転換

　さまざまな環境要因が、長期型雇用をフロー型（短期雇用で流動的な雇用タイプ）へと変化させていることは、これまで学んできた通りである（第１章、第３章を参照）。具体的な例をあげれば、長びく不況による新卒者の就職難の影響で、大学卒業後２、３年はフリーターやアルバイトで過ごす人も多く、いまや３人に１人は非正規労働者となっている。さらに、急速な技術進歩は高度な専門職を即戦力として必要とし、企業は中途採用や契約社員を増やしてくる。こうした労働市場の動向と企業側のニーズは、学卒者を一斉に採用し同一の雇用管理や人材育成を行ってきたこれまでの一括集中雇用管理システムから、個々の条件に合わせて適用できる個別雇用管理システムへの転換を迫っている。また、管理職ポストだけを目的とした管理職コースの他に、高度な専門スキルを評価する専門職コースを新たに作り、キャリアコースの複線化も目立つようになった。このようにビジネス現場では雇用管理システムの柔軟化を図って、さまざまな工夫や取り組みを行っている。

＊フリーター…定職につかず短期間の契約やアルバイトの形で働く者をいう。フリーとアルバイトの造語。

　図表６－16は、就業形態の種類と、それが企業や働く人々にとってどのようなメリットをもつかをまとめたものである。両者の利害は相反している場合が多いため、ワーカーは賢い選択を迫られることになる。

　就業形態の選択肢が増えることは、働く人々にとっては個性に応じた働き方を選べる点で歓迎すべきことである。その一方で多様な雇用形態が混在するビジネス現場では、日々の仕事にも新しいしくみが必要になってきた。契約社員と正規社員の仕事の区別をどうつけるか、非正規社員を含んだ職場の複雑な人間関係のあり方など、あらたな問題を生じている。

　非正規社員や短期雇用契約の就業形態を選択した場合、企業の用意する能力開発プログラムの対象とならないということは覚えておく必要がある。使い捨ての安価な労働力に留まらないために、長期的な展望で自分自身のキャリアプランを設計し、備えることが大切である。

図表6-16 就業形態の種類と企業及び労働者の合理性

	特徴	企業の合理性	労働者の合理性
正規従業員	期限の定めのない雇用契約 一般的には終身雇用の社員	組織の目的に応じた人材育成が可能 基幹の人材として長期的な育成が容易 中核的社員の確保	雇用の保障がある 長期的なキャリアの見通しがたてられる 能力開発の機会が多い 教育訓練の自己負担が少ない
非正規従業員	期限の定めがある雇用契約 週単位、月単位の契約が多く、出入りが激しいパートやアルバイトなど	福利・厚生等の費用がいらない 安い労働力を確保 繁閑の周期に合わせて雇用調整ができる	採用基準が緩く就職しやすい 家庭生活や地域活動との時間調整がしやすい デメリットは雇用が不安定
派遣社員	派遣会社との契約またはその正規社員 派遣元企業と派遣先企業の二つの組織に雇用される	必要に応じて専門職を調整できる 単純・補佐的業務の人員を短期契約で廉価に調達できる 教育訓練の時間と費用を節減できる	資格や能力、経験が活かされやすい 能力に応じた収入が得られる 個々の事情に合った時間帯が選びやすい デメリットは収入や雇用が不安定

6-3-3 グローバル時代に求められる資質

(1) ビジネスのグローバル化とキャリア形成

2章で詳しく学習したが、ビジネス活動のグローバル化が進展している。日本企業の国内法人の売上高に対する海外現地法人の売上高を示す海外生産比率は、2000年度の11.8%から2009年度の17.2%へと5ポイントの伸びを示した。また2009年の海外の現地法人で働く従業員数をみると、製造業で368万人に達し、製造業の国内従業員数1,073万人に対し34.3%に相当する。日本企業の積極的な対外直接投資、いわゆる生産拠点の海外移転が増加していることは統計から明らかである（第40回海外事業活動基本調査）。一方、日本で就労が認められている外国人登録者数も着実に増加を続けており、2010年には10万5,616人（前年比2.4%減）である（法務省「登録外国人統計 統計表 年報 2010年」）。

企業活動のグローバル化は、私達の働き方に影響を及ぼしている。まず国際的な環境状況でとらえると、以下のようなケースが考えられる。
① 日本企業の海外にある支店やプラント（アジアやヨーロッパに進出したメーカーの生産工場などがある）に派遣されて働く
② 外国企業の日本支社や日本にある工場で現地採用として働く

③グローバルに展開している国内の日本企業で、外国人が採用されて働く

　①のように、海外派遣要員として外国に滞在する場合は、現地の法制度に準じたビジネス活動を推進することは言うまでもない。現地の人との人間関係や慣行に配慮した言動が求められる。日本国内で有能な人が、そのまま海外で通用することはまれだと思わなければならない。②や③の場合、活動の場は日本国内であるが、異文化を持つ人との協働という点で共通性がある。少数派の外国人労働者に対して日本文化と外国文化とのインターフェース的役割を果たすことが、雇用する日本の組織に求められている。

(2)　異文化理解の必要性

　文化とは、特定地域の社会や国家で学習され共有された行動規範であり、他の文化と明確に識別される。人は誰でも成長過程において、自文化がもつ行動と思考の傾向を自然に身につけていく。当然のことながら、同一文化内よりも異文化間の方が個人差は格段に大きく、その分相互理解は難しくなる。従ってグローバル化時代に不可欠のビジネス能力は、文化の違いに敏感であることといえる。

　文化的感性を磨くためのポイントを挙げてみよう。

① 　自国の文化をよく理解する。異文化理解のスタートラインは自国を知ることである。異文化の人達に自国の文化はどのように映っているのだろうか（例えば、人の和を尊重する、家族より仕事を大事にする、効率至上主義である、本音を言うより腹の中に収めておくことが多い、など）。

② 　相手の立場に立って考える習慣をつける。自分が外国で仕事をしている場面を想定して、職場で孤立しがちな外国人労働者の気持ちに共感する。

③ 　相手国の地理や歴史に関心をもち、その国の言語を自由に操れるようになることは、異文化理解の最も効果的で近道の方法といってよい。

＊文化（culture）…特定地域の社会や国家で学習され共有された行動規範であり、他の文化と明確に識別されるという特徴をもつ。

コラム：コマーシャルに見られる文化の違い―――――――――――――

　消費者がどのようなコマーシャルを好み、印象づけられるかは、国民性によって異なる。米国は周知のように、経済の自由競争を掲げており、テレビコマーシャルでは、堂々とライバル商品を名指しして自社の製品と比較した批判広告を出すことが許されている。日本ではこのような比較宣伝（comparative advertising）は、その攻撃性が消費者の反発を買い逆効果と考えられ、自粛されている。商品についてできるだけ詳しい情報を求め、他社商品と比較して賢い買い物をしたいという米国民と、攻撃的言動を避ける日本国民の性向が、コマーシャルの違いに反映している例である。

6-3-4　キャリア発達

(1) パーソナリティの違い

　自己や他者に対する深い洞察力を修得することは、キャリア発達に欠かせない基本スキルでもある。ここではパーソナリティを軸に、人間理解の基礎知識を学ぶ。

　個人の言動や態度、志向や考え方の傾向を総称して、パーソナリティ（個性）という。あの人の態度はよくない、とか、野心家だ、といった人物評は、このパーソナリティを指している。一体、パーソナリティはどのように修得されるものだろうか。

　パーソナリティに影響を及ぼす要因は2つある。1つは生得の属性で、遺伝的な才能や性向のほか、性別や身体的特徴、所属世代などである。女性であることや、団塊の世代に属するなどは、パーソナリティを形成する要因になる。もう1つは環境的な要因である。ひとが環境によって変わるということは、周知されている事実である。生育した地域や国の文化は個人の行動規準や思考方法を方向づけし、家族や親子関係のあり方も個人のパーソナリティに大きく反映する。さらに、上層階級や下層階級といった所属する社会階層によっても価値観に違いを及ぼし、会社や学校など参加組織の性格からも強く影響を受ける。このようにパーソナリティは、生得の素地の上に、背景としての環境の中で新しいものを加えつつ、時間をかけて形成されるのである（図表6-17参照）。

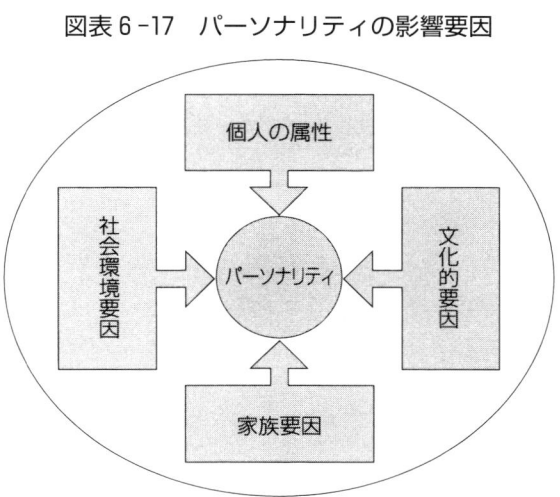

＊パーソナリティ（personality）…あるひとの言動や態度、考え方の傾向を総称したもの。個性。

図表6-17　パーソナリティの影響要因

特に留意すべきことは、環境のどれかひとつを取り上げて固定観念でパーソナリティをみることである。外国人だから、女性だから、帰国子女だから、といったステレオタイプでひとくくりにすると、個々のもつ真のパーソナリティが見えにくくなる。

　さて、パーソナリティは環境や社会関係と相互に作用しながら形成されていくことが理解できたであろう。なかでも軽視できないのが、現代人の生活に大きな比重を占める職業生活である。

　組織心理学者のクリス・アージリスによれば、パーソナリティの発達はある方向性をもっており、人は未成熟から成熟へと成長するという。図表6－18は、パーソナリティの変化を7つの側面からみたものである。個人は職業生活を通して自我を形成しつつ日々成長していくものである。成功と失敗の体験を繰り返して未成熟から成熟へとパーソナリティは発達する。それゆえ、生涯にわたって能力開発と自己変革を志し、根気よく継続学習する気構えをもち続けることが大切である。

＊ステレオタイプ（stereotype）…固定観念。対象についてのイメージを形成し、そのイメージを対象が含まれるグループ全体にあてはめること。

図表6－18　アージリスのパーソナリティの発達

	未成熟　→　成熟	
行動面	受動的	能動的
精神面	依存的	自立的
行動範囲	限定的	多様
関心	浅い	深い
展望	短期的	長期的
地位	従属的	優越的
自己認識	欠如	自覚

(2) キャリアへの参加

　キャリアは入社後の仕事の経験によって形成され、入社後の一連の職務体験は将来のキャリアに大きく関わっている。従って自己のキャリア形成は受け身でなく、志向や適性をよく知って主体的に積み重ねていくものと考えることが大切である。

　キャリアの発達は2つの側面で見る必要がある。1つは仕事の経験の積み重ねによって実務能力を高めていく仕事スキルの面であり、もう1つは、他の人たちと協働しながら集団の中での行動の仕方を学んで組織の一員として受け入れられていく、社会的スキルの面である。この両面で組織に適応することを組織社会化という。

　キャリアをスタートするにあたって、業種、職種を問わず共通に身につ

＊組織社会化（organizational socialization）…他の人たちと協働しながら集団内で行動の仕方を学び、組織に適応していくこと。

けるべき「ビジネス・プロトコルの6原則」がある。

図表6-19 ビジネス・プロトコルの6原則

タイム・マネジメント
組織人としての慎重さ（機密）
効果的コミュニケーション
対人関係スキル
ビジネス・マナー、エチケット
身だしなみ

　タイム・マネジメントは、会議に遅刻しない、約束の時間を厳守する、など時間に関する自己管理である。機密を守る、口が堅いことは、組織内外における信頼度を高める。コミュニケーションスキルと対人スキルは、組織人としての協働作業に不可欠である。あいさつや言葉づかいといったビジネス・マナーと服装によって印象は形成される。職場や周囲の人達に合わせながらビジネスにふさわしい身だしなみを学ぶ。

　以上の6つの原則はどれも非常に基本的なスキルであるが、キャリア形成にとっても不可欠なスキルである。就職前にできるだけ修得しておきたいものである。

(3) 職業生活の充実を目指して

　仕事の体験を積み重ねながらやがてキャリア中期に至ると、自分の欲求、志向、適性などが次第に見えてくる。そして、これが天職と思える仕事に巡り合った時、自信と安定が得られ、職業生活を有意義に感じるようになる。この心理的状態をキャリア・アンカーを降ろした状態という。このようにキャリア初期から中期にかけては、自己を知り、キャリア・アンカーを求めるプロセスであり、質の高い、充実した職業生活を送ることが最終目標となる。

　職業生活の充実（Quality of Working Life ＝ QWL）は、職業体験を通して個々人の欲求を満足しうることと定義づけされる。具体的な必要条件として以下のものがあげられる。

①仕事は興味が持て、かつチャレンジング（やり甲斐のある）なものである。
②貢献度に見合う評価と報酬を受ける。
③仕事の環境条件や法規制が整っている。
④自己管理型の職場である。
⑤自分の仕事や自分に関わる決定に参加できるシステムである。

＊キャリア・アンカー（career anchor）…これが天職と思える仕事に巡り合った時自信と安定が得られ、職業生活を有意義だと感じるようになる。これをキャリア・アンカーを降ろした状態という。

⑥職場の人間関係が良好である。
⑦雇用が安定している。

　近年は、企業サイドが働く人々の視点に立った職業生活の充実を図って、正規のプログラムとしてこれらの条件に配慮するケースが増えている。

6-4　コストパフォーマンス（経理財務）

　企業が成功し繁栄できるか否かは、その獲得した資金をいかに効果的に活用するかにかかっている。それぞれの現場で活動する私達に求められるのは、コストパフォーマンス（コスト効率）感覚である。すなわち、投資したお金に見合う効果、あるいはそれ以上の成果をあげているか、という視点でものを考えることである。

＊コストパフォーマンス（cost performance）…投資したお金に見合う、あるいはそれ以上の成果をあげているか、という視点で見ることをコストパフォーマンスという。

6-4-1　コスト感覚を身につける

　普段の生活や家庭の中で、費用と効果のバランスを考えて行動する習慣をもつことは、将来、有用なビジネス感覚のひとつとなる。バランスを考えるためには、数字に置き換えてものごとを見る習慣をつけるとよい。例えば、親にとって子どもを塾に行かせることは、本当に将来の投資に見合うのだろうか。大学を出て就職する場合と高卒で働く場合を比較すると、生涯利益はどちらが得か、などである。家庭ではこのような視点で子供の教育を考えることはあまりないが、企業では常にこのようなコストパフォーマンスを考えて費用を投入し、利潤を追求して経営活動を行っている。

　コストパフォーマンスの例をもう少しみてみよう。テレビコマーシャルを使えば数百万円のコストがかかるが、だからといって急激に売上げが伸びるわけではない。しかし、テレビに社名が流れて消費者に知名度が高まり、自社の全商品にもよい効果が期待できるなら、安い広告費といえる。つまり、単に費用を詰めれば利益が増えるという発想では他社との競争に勝ち続けることは困難で、時と場合によっては、思い切った投資が大きな成果を導くことにも考慮する必要がある。こうした投資対効果予測は、直感だけでなく、マーケティング調査やデータの裏付けを得て行う必要がある。

　企業全体のコストパフォーマンスは、働く1人ひとりがコスト感覚をも

つことから始められる。ビジネス実務の基礎スキルとして、費用対効果の考え方になじんでおこう。

6-4-2 ビジネスと資金の流れを把握する

　企業活動には資材を購入したり工場の経費をまかなったり従業員の給与を支払ったりするための資金が必ず必要である。企業にとって資金は生命線であり、人体でいえば血液にたとえることができる。血液循環がとどこおれば組織は破壊され、いつか心臓が停止してしまう。これと同様に企業でも、どんなに立派な人材をそろえ、優れた事業計画であっても、資金繰りがつかなくて倒産に追い込まれる例は珍しいことではない。企業にとって最大の関心は、必要な資金を必要に応じて用意すること(資金調達)と、これを有効に活用すること(資金運用)である。下の図はこれを簡単にイメージ化したものである。

図表6-20　資金調達と資金運用

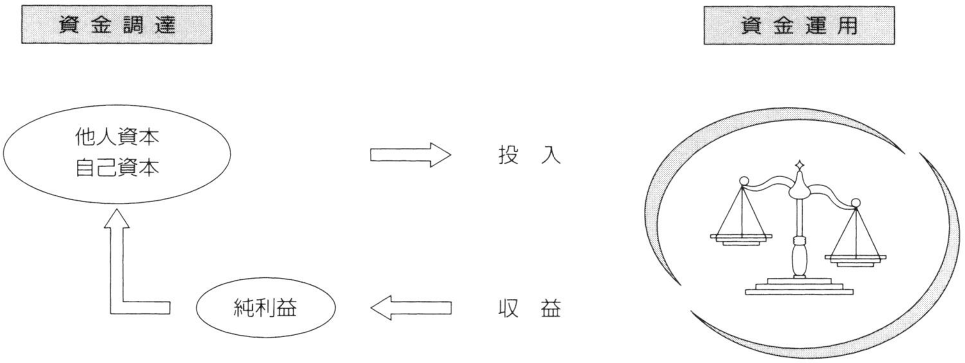

(1)　資金を調達する

　必要な時に必要な額の資金が調達できるかどうかは、企業のビジネス能力にかかっている。企業が資金を調達する方法には次の2つがある。一つは自己資本による場合である。自己資本は企業の内部で調達されるもので、具体的にはこれまでのビジネス活動から得た利益の蓄積と、株式を発行して得た株主からの出資金が主要なものである。自己資本が不足の場合は外部から借りることになるが、一般的には金融機関からの借入れおよび社債の発行がある。また親戚や友人から借りる場合もあるだろう。このような企業外部から調達した資本は他人資本であり、自己資本とは異なり、いつか必ず返済しなければならない負債である。

(2) 資金を運用する

　事業計画にそって必要なお金を循環させ、ビジネス活動を行うことを資金運用という。中心となるのは、操業に必要な運転資本(操業)および機械や設備のために使われる設備資本としての運用である。途中で資金が不足することのないよう、どの企業もあらかじめ資金の収支を予測し、収益と費用(コスト)のバランスを図って入念な財務計画を策定する。

　図6—21は、経営基本計画に基づいて、各部門に予算が配分され、その資金を有効に活用して事業が実施されていくプロセスを図示したものである。

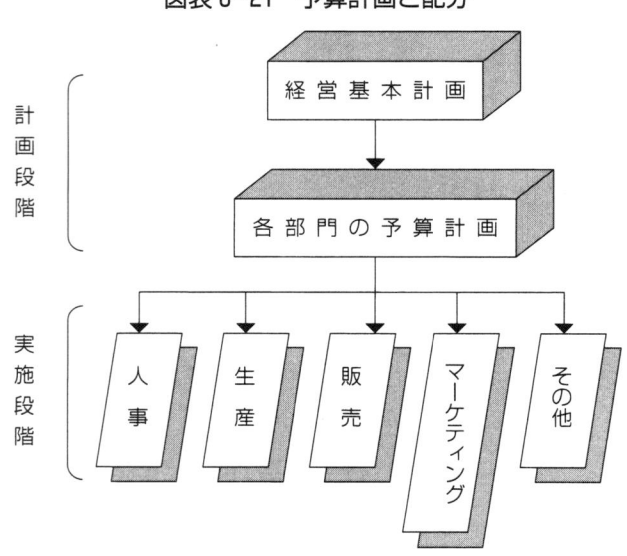

図表6-21　予算計画と配分

計画段階
- 経営基本計画
- 各部門の予算計画

実施段階
- 人事
- 生産
- 販売
- マーケティング
- その他

　配分された予算をもとにビジネス活動が展開し、それに伴って経理財務の機能が活性化する。

6-4-3　簿記の手続きを学ぶ

(1) 経理財務の基本スキル

　日常のビジネス活動上で、記録し計算して会計資料を作成するのは、資金の流れや収支バランスが計画どおり正常に機能しているかを必要に応じてチェックするためである。経理・財務の領域における基本スキルは、以下の3点に絞ることができる。

① 原始記録(証票、伝票など)の収集と整理保管

② 簿記のルールに基づく仕訳と転記のスキル
③ 統計データの知識とスキル

　会計事務は経理や財務を専門とする部門だけでなく、あらゆる部門で発生する。帳票類の記載された事項を裏付ける証拠となる領収書等の証票や、出入金伝票、経費伝票などの伝票類（一定の様式を持ち、記入の方法が指定されていて、切り離して使われるもの）に関する知識、科目別に記帳された補助簿と主要簿などの帳簿類（継続して記録するために製本されているもの）の正確な記帳と保管の知識は、経理担当者の基本スキルである。

　帳簿には主要簿である仕訳帳と総勘定元帳の他、現金出納帳や売上帳などの補助簿（補助記入帳と補助元帳に分けられる）がある。補助簿は取引の明細であり、元帳の残高と照合することで仕訳や転記の誤りを発見することができる。

　経営（ビジネス）活動の結果生じた企業の財産の増減を科目ごとに分類し、金額を確定することを仕訳といい、これを記入する帳簿が仕訳帳である。取引の発生順に記入する。仕訳帳から総勘定元帳へ書き移す手続きは転記という。

　これらの記帳事務の流れをわかりやすく図示する。

図表6-22　記帳事務の流れ

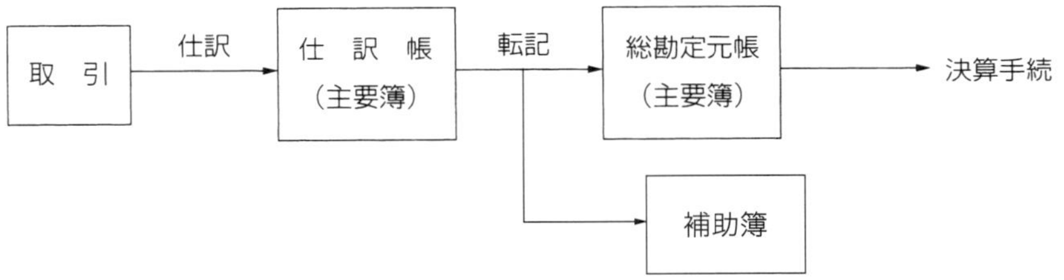

以下に小口現金出納帳（補助簿）の記入例を示す。

小口現金出納帳（例）

受入額	日付		摘要	支払額	内訳				残高
					通信	交通	消耗品	雑費	
20,000	7	1	受入高						20,000
		3	印紙・切手代	1,450	1,450				18,550
		12	事務用品	1,000			1,000		17,500
		13	電話代	2,250	2,250				15,300
		18	フロッピー代	3,200			3,200		12,100
		21	お茶	2,110				2,110	9,990
		22	宅配代	2,200	2,200				7,790
		25	タクシー代	2,600		2,600			5,190
			合計	14,810	5,900	2,600	4,200	2,110	
14,810		31	受入高						
			次月繰越	20,000					
34,810				34,810					
20,000	8	1	前月繰越						20,000

　□で囲んだ数値に着目して、残高の5,190円と月末に受けた小切手の14,810円の合計は20,000円となり、月初めの20,000円と合っていることを確認する。つまり使った分を補充している。8月の受入額と残高の合計は一致している。

(2) 管理会計と財務会計

　企業内部に利用される目的で作成される帳票、帳簿類は管理会計（managerial accounting）といい、企業外部の利害関係者に対する情報提供を目的とする財務会計（financial accounting）とは分けて考える。

　このプロセス上で作成されるさまざまな形の計算書が、誰にどんな目的で利用されるかを、チャートにそってさらに詳しくみていこう。

① 取引上発生した領収証、伝票、帳票などは吟味して、必要なものを日付順に整理し保管する。営業であれ総務であれ、現金や証票類、伝票や補助簿は、それぞれのビジネス活動の現場で管理される。

＊管理会計…企業内部に利用される目的で作成される帳票、帳簿類の作成。

＊財務会計…企業外部の利害関係者に公開される決算書の作成。

② 原始記録や証票をもとに、取引によって生じた金銭の変化を日付順に仕訳帳に記入する。帳票の中でも仕訳帳がすべての取引を最初に記録したものであり、証票と照合して正確に行うことが何よりも求められる。なお、各勘定科目への分類や記入の方法、金額の決定方法など、一連の処理方法にはルールがある。これを簿記という。

③ 仕訳帳をもとに総勘定元帳に転記する。管理者は配分された予算計画と実際とをよく照合し、その後の活動を調整するための参考とする。私達、そこで働く人たちはこれらのデータを業績の自己申告や労働条件、処遇の交渉に利用できる。

④ 1日ごと、週末ごと、月末ごとに転記や金額が合っているか各種試算表を使って残高などを試算する。ここで間違いが発見されれば、以前にさかのぼって検査しなければならい。日々の1人ひとりの正確な仕訳と記録がすべての基礎である。

⑤ 会計年度ごとに、決算書を作成する。決算書には、財政状態を明らかにするための貸借対照表と、経営成績を知るための損益計算書などがある。企業の活動をある一定期間で区切ってまとめる必要があり、通常は1年で、これを会計年度という。試算表をもとに規定の形式にしたがって作成された決算書は、企業外部のすべての利害関係者に公開される（図表6－25決算書の例を参照）。株主や債権者はこれを、配当や利子の目安と投資先企業の経営能力の判定基準とし、取引先企業は、来期の取引の判断資料として活用する。

最終的には経理部門の機能は、適正な納税と経営の基本方針の元となる決算会計の資料を作成すること、経営陣のために意思決定に必要な情報を提供することである。

(3) 管理会計・財務会計の目的と活用

管理会計の目的は、ビジネス活動に伴うさまざまな意思決定を行うための情報を提供することである。これらの詳細なデータは機密情報であり、厳格に内部で留保されなければならない。

一方、財務会計の目的は、経営者に対しては次期の経営戦略や方針の策定に役立てられ、企業外部の例えば株主や債権者には投資の判断の基準となる。株主総会や新聞紙上等で一般公開されるのが原則である。図表6－25は、決算書の例である。決算書は一定時点での財政状態を表す貸借対照表と、経営の通信簿ともいえる損益計算書などで構成されている。

図表6-23 経理財務のプロセス

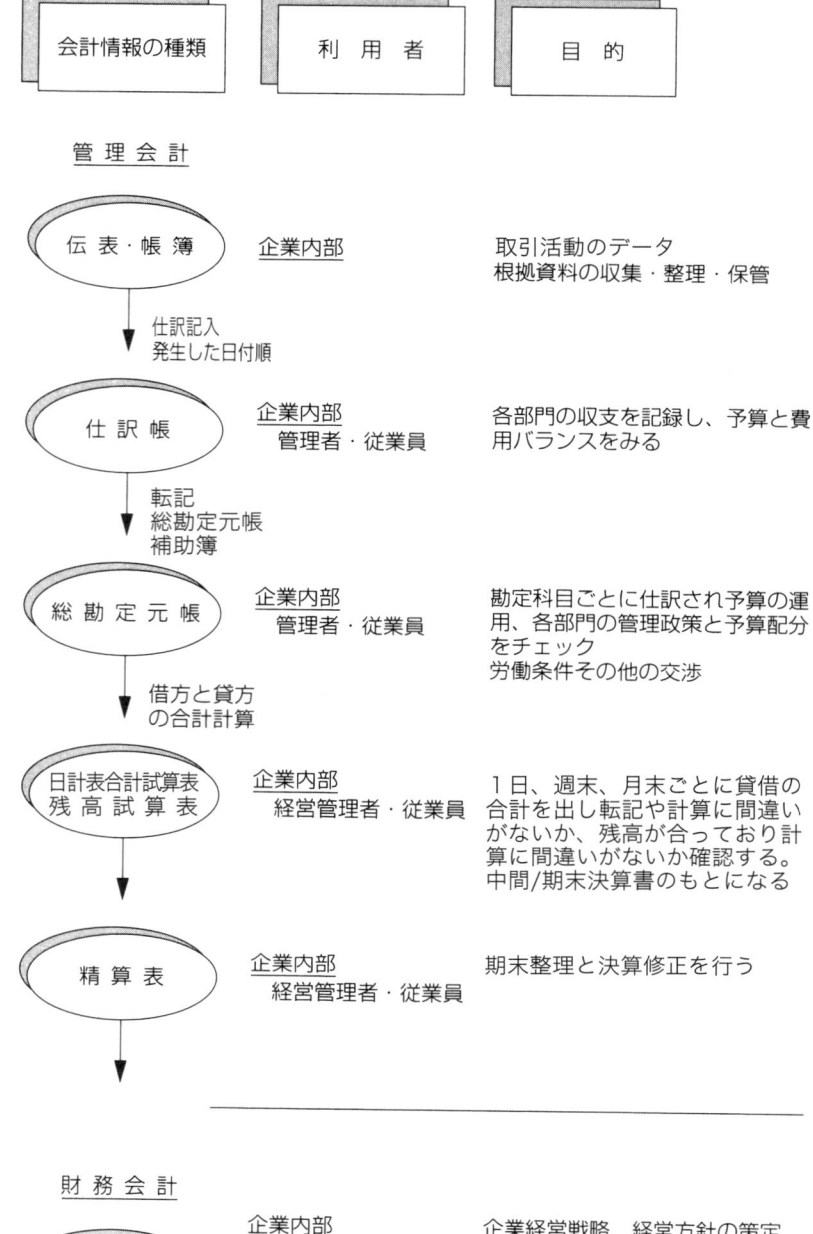

| 会計情報の種類 | 利用者 | 目的 |

管理会計

伝票・帳簿 — 企業内部 — 取引活動のデータ／根拠資料の収集・整理・保管

↓ 仕訳記入　発生した日付順

仕訳帳 — 企業内部　管理者・従業員 — 各部門の収支を記録し、予算と費用バランスをみる

↓ 転記　総勘定元帳　補助簿

総勘定元帳 — 企業内部　管理者・従業員 — 勘定科目ごとに仕訳され予算の運用、各部門の管理政策と予算配分をチェック／労働条件その他の交渉

↓ 借方と貸方の合計計算

日計表合計試算表　残高試算表 — 企業内部　経営管理者・従業員 — 1日、週末、月末ごとに貸借の合計を出し転記や計算に間違いがないか、残高が合っており計算に間違いがないか確認する。中間/期末決算書のもとになる

↓

精算表 — 企業内部　経営管理者・従業員 — 期末整理と決算修正を行う

↓

財務会計

決算書 —
- 企業内部　経営者 — 企業経営戦略、経営方針の策定／資金の調達と運用の計画
- 企業外部(利害関係者)　株主、債権者／金融機関／取引関係者／地域社会、税務署 — 投資判断・信用性／貸付けの判定／取引きの続行／中止／拡大／縮小

管理情報の多くは統計的な性格をもつが、特に財務、経理の情報は統計的な分析によって極めて有効なビジネス情報を管理経営層に提供することができる。つまり、数値データはそのままでは単なる数字の羅列にしか見えないが、それが他のものと関連づけられて解釈される時、初めて管理支援情報として有用な情報に変わる。例えば、各部門の経費の集計と配布された予算を数値化された実績と比べて部門間の比率を出せば、生産性比率を比較できる。ランクづけ、クロス集計、比率、平均、中央値、最大／最小値、予測値、上昇や下降の程度など、よく使われる統計処理の方法とグラフ作成の知識を身につけることが大切である。

図表6-24 貸借対照表と損益計算書

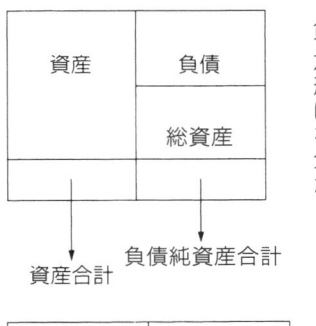

貸借対照表
左は資産の運用形態を表し、右は資本の調達先を表す。
企業の財政状態がわかる。

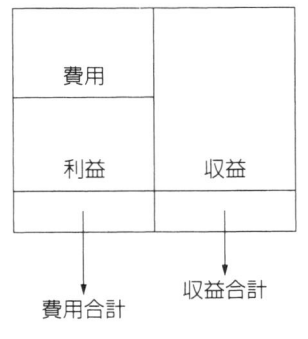

損益計算書
収益から費用を差し引いたものが利益（マイナスの場合は損失）である。
経営の通信簿でもある。

図表6-25 決算書の例

6-4-4 株式と株式市場に関心をもつ

株式市場の取引が毎日マスメディアで報道されるのはなぜだろうか。株式市場は企業にとっては資金の調達情報を提供し、私達にとっては金融資産の運用に利用できるという機能を持つ。そのため株式市場の動向は、多くの企業や人々にとって是非知りたい情報である。会社情報には必ず株式数や株主資本額、上場市場名等株式情報が含まれており、株価は企業の成長性、収益性、安全性を表し、収益がよい企業は当然株価が高くなる。自社の業績は同業他社と比較してどうだろうか、業界全体の景気はよいか、などを読みとることができる。従って企業や働く人々が株式などの経済情

＊株価（stock price）…企業の成長性、収益性、安全性を表している。

報に深く関心を寄せるのは必然のことである。

　市場の動向は、株価や売買高、市場の規模を示す時価総額によって把握できる。株式欄はコラムの数字や記号の意味を理解さえすれば、それほど難しいものではない。以下に株式市場のキーワードをまとめた。

コラム：株式市場のキーワード────────────────
証券市場：有価証券の取引が行われる市場を指す。証券取引所は現在、東京、大阪、名古屋、福岡、札幌、JASDAQなどがある。
株式公開：公開と廃止については、株式数、株主数、創立経過年数、純資産額、純利益額、配当金などの審査基準がある。
株価指数：株式価格の変動を総合的に示した指標の1つ。基準時点の株価水準を100として、当日の株価水準と比較しやすくしたもの。
平均株価：一定数の株価を平均して、その日1日間の市場の変動をみる指標としたもの。単純株価平均と修正株価平均があり、わが国ではアメリカのダウジョーンズ社の方式で計算する日経平均株価が使われている。225種単純平均が基準となっている。
利益配当：企業活動によって得た利益の一部は株主に配当金として分配され、残りは余力として内部留保される。定時配当は年1回であるが、取締役会の権限で期中に中間配当を行う場合もある。
店頭株：上場審査から外れた銘柄のうち、知名度があり流通性もあると判断された銘柄に限って、証券会社の店頭で取り引きされる株を店頭株という。
────────────────────────────────

演習問題
1．顧客に提供する製品の価値を高め、顧客の満足度を高くするには、開発・生産・流通の各活動がうまくつながり連携していなければなりません。ファストフード・レストランでは、食材の仕入・調理・店長・ウエイトレスの各役割は、どんなつながりを持ち連携したら顧客に価値の高いサービスを提供できるでしょうか。仕入と調理、仕入と店長、調理と店長、店長とウエイトレスそれぞれのつながり方を具体的に書き出しなさい。
2．「原価意識を持つ」ことの例を学校生活または家庭生活から具体的に挙げてみて下さい。

3．セルフ・アセスメント（関心領域）

(1) 以下のリストは、あなたがどのようなことに関心を持っているかを自己評価するための質問項目です。0—10点までの10段階で点数を記入してください。

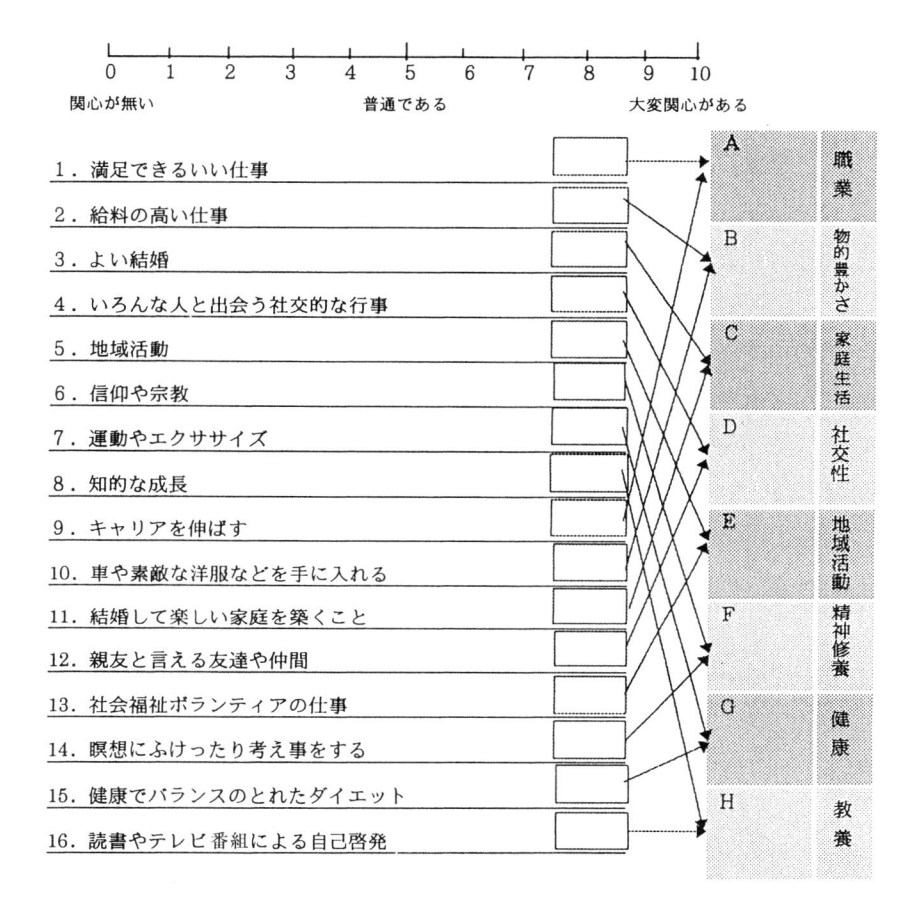

```
 0  1  2  3  4  5  6  7  8  9  10
関心が無い      普通である      大変関心がある
```

1．満足できるいい仕事	□	A　職業
2．給料の高い仕事	□	B　物的豊かさ
3．よい結婚	□	C　家庭生活
4．いろんな人と出会う社交的な行事	□	D　社交性
5．地域活動	□	
6．信仰や宗教	□	E　地域活動
7．運動やエクササイズ	□	
8．知的な成長	□	F　精神修養
9．キャリアを伸ばす	□	
10．車や素敵な洋服などを手に入れる	□	G　健康
11．結婚して楽しい家庭を築くこと	□	
12．親友と言える友達や仲間	□	H　教養
13．社会福祉ボランティアの仕事	□	
14．瞑想にふけったり考え事をする	□	
15．健康でバランスのとれたダイエット	□	
16．読書やテレビ番組による自己啓発	□	

(2) 記入した点数を右横のボックスに書き移し、合計点を出しなさい。
　最も点数の高い項目から順にあなたの関心の強い領域を示しています。

(3) 予測と違った結果が得られた時は、どうすればよいか考えてみましょう。

4．最近いろいろな雇用形態が増えています。どのようなタイプの働き方があるか調べてみましょう。また各々のタイプの特徴をあげなさい。

5．次の文の正しいものに○を、間違っているものに×を（　）のなかに入れなさい。

(1) コストパフォーマンスとは、ビジネス活動には充分な資金を注入しなければならないことをいう。（　）

(2) 証票類は後日記載事項の証拠となるものなので、整理して大切に保管しなければならない。（　　）

(3) 簿記には主要簿のほかに補助簿があり、この2つを決算書という。
（　　）

(4) 財務諸表（決算書）は企業機密であり、決して口外してはいけない。
（　　）

(5) 株の値段の騰落は、企業の収益だけでなく国際的な経済環境にも大きく左右される。（　　）

6．管理会計と財務会計の目的と違いをそれぞれ述べなさい。

7．新聞の株式欄から銘柄を一つ選んでこの日の株の動きを説明しなさい。

第7章　ビジネス実務を創造する：これからのビジネス実務

　　7－1　選択と共生の時代
　　7－2　セルフマネジメントが基本
　　　　：自己管理・自己責任の時代
　　7－3　キャリアデザインを描く：自己啓発・キャリア形成

<u>「選択と共生の時代」とは？
そこで必要とされるものは何だろう？</u>

　これからのビジネス実務はどのような方向に向かい、それに私達はどのように対応してゆけばよいのだろうか？　私達は自らの「生き方、働き方、休み方、楽しみ方」を選択し、他と共生する「選択と共生の時代」にいる。この時代にビジネス実務を創造するためには、自己の責任で自己を管理するセルフマネジメントが不可欠である。私達はそれをしっかりと身につけた上で、これからのビジネスキャリアをデザインする必要がある。

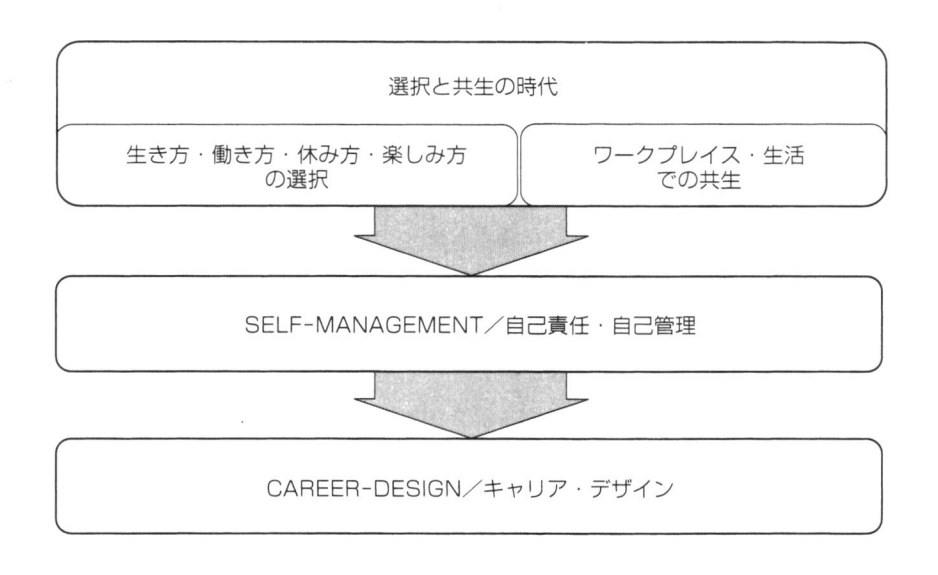

```
                    選択と共生の時代
    ┌─────────────────┬─────────────────┐
    │ 生き方・働き方・休み方・│ ワークプレイス・生活 │
    │ 楽しみ方の選択         │ での共生            │
    └─────────────────┴─────────────────┘
                          ↓
            SELF-MANAGEMENT／自己責任・自己管理
                          ↓
            CAREER-DESIGN／キャリア・デザイン
```

7—1 選択と共生の時代

現代は「選択と共生の時代」である。選択と共生をめぐって考えてみよう。

7-1-1 多様化する選択肢

私達が生きていくビジネス環境は、4つのメガ・トレンドから考えることができることを学習した（第2章）。そこからいえることは、これからは私達自身が「生き方、働き方、休み方、楽しみ方」を選択する社会になってくる、ということである。しかもその選択肢は、実に多様である。

(1) 生き方の多様化

仕事のために結婚をせず、家族は持たないことを10歳の時に決めた映画評論家がいたが、「適齢期」があって、何歳で結婚しなければならないという意識は男女ともに薄らいでいる。

どこで生きるか、故郷を離れるのか、親元で過ごすのか、あるいは外国で生活するのか、高速交通網や航空網が整備されている現代ではさほど大きな問題ではなくなってきている。どこで生きるかという地理的選択肢は以前より多い。ボーダーレス社会は生き方の多様化をもたらすといえる。

(2) 働き方の多様化

「働き方」も多様化している。今日では就業の形態も、正社員、契約社員、アルバイト、パート、派遣社員などさまざまである（3—1—2「さまざまな就業形態」参照）。

6章のキャリア形成の際に述べたように、正社員は、企業側も労働者側もともに長期にわたって働いて欲しい、働きたいという長期継続雇用型のワークスタイルである。今日では、この正社員の他に契約社員、派遣社員などのように期限や仕事内容を決めて働くワークスタイルや、1週間の働く時間が正社員より短いパートという働き方も一般化している。これらの働き方について労働者は常に選択を迫られることになる。

(3) 休み方の多様化

「休み方」も多様化している。これまで会社を「休む」こと自体が悪であり、土曜日・日曜日や祝日の暦以外に休むことは怠惰な人間であるような価値観が一般的だった。従って、せっかくの有給休暇もその消化率は低く、休まない労働者の方が高く評価される傾向があった。しかし、今日では「コ

ミュニティ休暇制度」という5日以内の特別休暇（地域の催しやスポーツ大会の世話役を務める場合に支援する制度）を設けたり、仕事や人生を見直す時期にあたる社員に対して「長期リフレッシュ休暇制度」を導入したりして、労働者が会社・仕事一辺倒の生活から脱却することが可能になった。

　また、産休制度や育児休業制度あるいは介護休業制度など、利用できる制度も多い。さらに祝日を月曜日にスライドさせる祝日の「月曜日指定化」による連休効果は、ますます「休み方」の多様化を促進させてきた。いつ休むのか、どのくらいの休日をどの時期に取るのかを、私達は職場の状況を考えながら自分で決めることになる。

(4) 楽しみ方の多様化

　最後に楽しみ方であるが、これこそ個人の価値観の多様化が最もはっきり現れるところである。何を楽しいと感ずるか、いつ、どこで楽しむかは、まったく個人の自由である。人生における楽しみ、あなたにとっては何であろうか？

7-1-2　選択と共生

　選択の時代は、選択の自由や楽しさがあると同時に、何を選択するか、何を選択することができるか、個々人の選ぶ能力が問われることになる。

　今までは自分以外のものに依存し、従属していれば何とか生きていくことができた。一定の学校教育を終了して就職すれば、定年という時期までその企業組織に所属することによって、自己の存在を確認することができたし、ある程度は自己実現を図ることができた。従って、自らの意思決定はどの企業を選択するか、どの企業に就職すればよいか、という職場選びにおいて重要であり、一度選択をすればそれで事は十分に済んでいたところがある。

　これからは、これまでの終身雇用スタイルは通用せず、どう生きるか、どう働くか、どのように休むか、そしてそれをいかに楽しむか、まったく個人の自由になり、それぞれの選択肢をどのように組み合わせるかについても各自の自由になる。同時に、自由である反面、選択する能力と責任が問われることになる。どのような選択肢を選ぶか、その能力が問われることになる。自己選択能力がなければ、自己実現もなかなかできず、キャリアの構築もままならず、ひょっとしたら、職を失ってしまうかもしれない。組織の側も働き手を自由に選ぶ時代になっているのだから……。

7-1-3　ワークプレイスにおける共生

　選択する場合に考慮に入れるべきことは何であろうか。まず"他と共に生きる"ということがあげられる。他と共に生きる、すなわち「共生」が重要になってくる。人間は所詮一人では生きていけないのであって、個としての「自己」と「他者」の存在を認知し、その関係構築を図っていかねばならないのである。選択にはいろいろあって自由にできるという反面、私達には共に生きることが要請されているのである。

　この「他者」とはどのような存在が考えられるだろうか。ここでは「働く場」すなわち「ワークプレイス」と「生活する場」に大きく分けて考えてみよう。まずはワークプレイスにおける共生からとらえることにする。

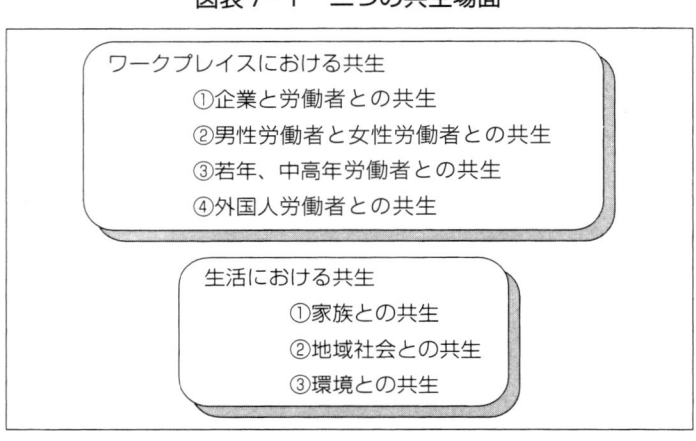

図表7-1　二つの共生場面

```
ワークプレイスにおける共生
　①企業と労働者との共生
　②男性労働者と女性労働者との共生
　③若年、中高年労働者との共生
　④外国人労働者との共生

生活における共生
　①家族との共生
　②地域社会との共生
　③環境との共生
```

(1)　企業と労働者との共生

　企業と労働者との共生とは、その相互関係において共に利益を受ける関係をいう。このような関係を構築するために、これからのワークプレイスにおいては種々の工夫が行われなければならない。この場合に大きな力となるのが、約束（ルール）である。

　ここでは、企業と労働者の相互関係において共に利益を受けることができるためのルールについて考えてみる。

　まず、働く条件などについて基本的な約束事を決めているのは労働法という分野である。この中で、企業にとっても労働者にとっても重要な法律は「労働基準法」であり、さらに「男女雇用機会均等法」や「育児・介護休業法」などをあげることができる。

　最近、これらの分野においてルールの見直しがなされている。それは、

現代社会のメガ・トレンド、特に少子・高齢化の問題や、ワークスタイルの変化に的確に対応していくことができるようにするためである。

　例えば、18歳以上の女性は、「時間外・休日労働」、「深夜業（午後10時から午前5時）」について規制を受けていたが、1999年4月から全面的に廃止された。労働時間において女性は基本的に特別に保護されることはなくなり、女性も男性も、企業の中で共に働くことができるようになった。

　ただし、育児や家族介護をしている人（小学校就学の時期に達するまでの子を養育している人、要介護状態にある家族を介護している人）は、女性、男性を問わず請求すれば、深夜残業の制限を求めることができる（育児・介護休業法）。幼稚園に行っている小さな子供がいるので面倒を見なくてはならない、とても深夜までの仕事はできない、ということであれば、その旨を企業側に言えばいいわけである。

　また、女性が妊娠している間や出産した後、健康管理のために企業側に行ってもらいたい措置を明確にするとともに、医師などによる指導事項の内容を企業に確実に伝達するための方法として「母性健康管理指導連絡カード」を利用することが推奨されている。

　次に、労働者と企業の共生で最も大きな要素は賃金であろう。労働基準法第4条は、労働者が女性であることを理由として、賃金について男性労働者と差別的取り扱いをしてはいけないと規定する。「男女同一賃金の原則」といわれるもので、「同一労働同一賃金の原則」である。さらに「同一価値労働同一賃金の原則（comparable worth）」（カナダでは pay equity）、すなわち同一の労働でなくとも同一価値の労働に対しては同一の賃金を支払うべきであるという考えも出てきた。これにより女性が多い職種の正当な評価を行うことができるようになってきている。

(2)　男性労働者と女性労働者との共生

　これまで男性中心であった職場に女性の進出が進むようになると、男性と女性との間にさまざまな問題が生じてきた。そのひとつがセクシャル・ハラスメントである。セクシャル・ハラスメントは男性労働者と女性労働者の共生を阻害する一因として位置づけられ、その解消を図らなければならない。セクシャル・ハラスメントとは、相手方の意に反した性的な性質の言動を行い、それに対する対応によって仕事をするうえで一定の不利益を与えたり、またはそれを繰り返すことによって就業環境を著しく悪化させることをいう。

　相手が明確に拒否している場合や、当然、相手方が拒否することを予見

できる場合には、本人の意図とは無関係にセクシャル・ハラスメントになる。セクシャル・ハラスメントには、権限をもつ上司からの性的な要求を拒否したため、解雇や昇進差別等の不利益が生じた場合の「対価型セクシャル・ハラスメント」と呼ばれるものと、明白には具体的、経済的な不利益は伴わないが、屈辱的、敵対的な発言の繰り返しにより、就業環境を著しく不快なものとし、個人の職業能力の発揮に深刻な悪影響を及ぼす「環境型セクシャル・ハラスメント」とがある。

　男性労働者も、女性労働者も互いを対等なパートナーとして受け入れていくことが必要である。女性労働者は、固定的な性別役割分業意識にとらわれることなく、職業人としての自覚のもとにその能力を十分に発揮するよう努める必要がある。その上で、セクシャル・ハラスメントについて十分理解するとともに、女性からの「不快である」「望んでいない」という意思表示を尊重することはもちろん、職場での性にかかわりを持つ言動については、男性が一般に考える以上に女性は不快ととらえる傾向にあることに、注意する必要がある。

　セクシャル・ハラスメントについては、女性の受け止め方には個人によりかなりの差があることから、女性がその行為を不快と思う場合は、はっきりした意思表示をすることが望まれる。セクシャル・ハラスメントを防止するためには、女性が毅然とした態度をとることが必要である。

　さらに、男性と女性がともに積極的にセクシャル・ハラスメント防止対策に関与していくことも大切である。つまり問題が深刻化する前に、気軽に相談することができる機関を設置し、問題解決にあたるということである。セクシャル・ハラスメント問題の特殊性から、相談には必ず男性、女性両方があたるシステムにしているところが多い。

図表7-2　セクシャル・ハラスメントとみなされる言動

セクシャル・ハラスメントは、発言や視覚、身体的接触、さらには性暴力に及ぶものまで、具体的にはさまざまな様態の行為を通して行われる。

① 発言（性的な冗談、からかい、食事・デートへの執拗な誘い、意図的に性的な噂を流布する、個人的な性的体験等を話したり、聞いたりする等）

② 視覚（ヌードポスター、猥褻図画の配布、掲示等）

③ 行動（性的関係の強要、身体への不必要な接触、強制猥褻行為、強姦等）

(3) 異世代労働者との共生

　ワークプレイスは、現在の学校教育において多く見られるような、同じ世代で構成されるものではない。さまざまな世代の人によって構成される。世代によって共通する意識、理解、認識があり、それらがその組織の目的達成に向かってダイナミックに連動したとき、組織は活性化する。従って、世代間のコミュニケーション・ギャップはできる限り生じさせないように努力しなければならない。これが、異世代労働者との共生ということである。

　若いということに価値があり、年をとっていることがマイナスになる、すなわち高齢者は役に立たない、無用な存在であるといったような考えは、エイジズム（ageism）と呼ばれ、レイシズム（racism）、セクシズム（sexism）とともに個人の尊厳・個人の尊重に反するものである。

　定年延長や高齢者の生き甲斐づくりは大きな社会的課題となっている。

　高齢期における職業生活の充実を図ることは、若年者自身の問題でもあるという認識のもと、共存を図る努力をすることが大切といえよう。

(4) 外国人労働者との共生

　私達日本人は、これまで隣人としての外国人の存在をあまり意識してこなかった。しかし、国際化・グローバル化の社会を考えると、外国人との共生を避けて通ることはできない。この場合、国内における外国人労働者との共生と、日本人の海外における現地労働者との共生の二つに分けて考えることができる。

①国内における外国人労働者との共生

　国内においては、外国人労働者の雇用、福祉、教育、住宅、言語、社会保障など、生活全般にわたる共生を考えることが必要である。厚生労働省は外国人労働者の適切な雇用管理、適正な労働条件の確保を推進させるため、各都道府県に「外国人雇用管理アドバイザー制度」を設けている。これは、外国人労働者との間で生じるコミュニケーション上のトラブル等の解決を図るため、事業主の相談にのるというスタイルで行われる。例えば、雇用している外国人について現在行っている手続きに問題はないか、外国人労働者に対する業務上の指示がうまくいかないがどうしたらよいか、生活習慣の違いから事業所内でトラブルが発生することが多いがどうしたらよいか、といったさまざまなことについてアドバイスを受けることができる。外国人労働者との共生を図るため、事業主や経営者を通じてこのような制度を利用することも有効である。

＊レイシズム（racism）…人種差別のことをいう。

＊セクシズム（sexism）…性差による差別のことをいう。一般的には女性差別を指す。

②海外における現地労働者との共生

　海外における共生については、異文化マネジメントの概念から考えてみる。異文化マネジメントとは、例えば日本企業が海外進出する場合、文化の違いによって経営管理の方式が異なる状況の中で、異文化の人々といかに有効に管理・共存しあっていくかに関するものである。

　異文化マネジメントで唯一・最良の方法はないといわれるが、以下の3つの方法が考えられる。

a．自分の会社が相手側の文化を受容するといった相手文化への順応、すなわち消極的な異文化マネジメントと呼ばれる方法。

b．相手側に自社文化を受容させるという積極的な異文化マネジメントと呼ばれる方法。

c．両者がお互いに異なる文化を受容しあって新しい包容力のある文化を作り上げる、創造的な異文化マネジメント。

　このうちcの実現は理想や目標ではあるもののなかなか難しいものがあり、現実的にはaとbのバランスをうまくとっていくことが重要であろう。

　外国人労働者との共生については別の視点、例えば企業の形態から考えることもできる。多国籍企業と呼ばれる企業では、それぞれの国にその国出身の労働者が存在しており、多文化との共生が求められている。それに対して、外資系企業では親会社との共生がビジネスの成果をあげるための課題である。例えば次のようなことがある。宣伝計画の中で車内吊り広告の経費を計上したところ、ノーという返事が返ってきた。日本では一般的な広告手法であるが、親会社の国では理解できないものであった。そこで車内吊りの状況をビデオに撮り、いかにこれが効果的なものかを説明し、やっと認めてもらったという。このようにお互いの異文化理解への努力が必要なのである。

7-1-4　生活する場における共生

(1)　家族との共生

　ILO156号条約（International Labor Organization Convention 156）は、家族的責任を男女が共に担うことを基本的な考え方としているが、その前文で次の二つの目的を掲げている。
①家族的責任を持つ男性労働者と女性労働者の実効的な平等の実現
②家族的責任を持つ労働者とその他の労働者の実効的な平等の実現

　これは、家族を持つ者は男性も女性もともに、その責任を果たさなけれ

ばならないことを意味する。これまで日本では「男性は仕事、女性は家庭」という性別役割分業で、家族における共生が行われてきたといえる。しかし、女性の職場進出に伴い、新しい性別役割分業「男性は仕事、女性は仕事と家庭」が発生し、女性の負担は増大した。男性の家事関連時間は38分、女性は3時間35分である（平成18年社会生活基本調査）。

　男女間のこのような格差を是正するのが新しい意味での家族との共生である。会社が主に生活の場であった男性にとって、会社における生活と家庭における生活のバランスがうまくとれるような社会、家族・家庭の創出が重要である。

　このような考えに基づいて提唱されているのが、「男女共同参画社会」と呼ばれる社会である。すなわち、男女の人権が等しく尊重され、社会参加意欲にあふれた女性が自らの選択によっていきいきと活躍でき、男性も家庭や地域で人間らしい生き方を楽しめる、お互いが支え合い、利益も責任も分かち合える、いわば、女性と男性のイコール・パートナーシップで築き上げるバランスのとれた社会像である。

　内閣府は、「男女共同参画社会の実現を目指して」において、男女共同参画社会とは、「男女が社会の対等な構成員として、自らの意思によって社会のあらゆる分野における活動に参画する機会が確保され、もって男女が均等に政治的、経済的、社会的及び文化的利益を享受することができ、かつ、共に責任を担うべき社会」です。（男女共同参画社会基本法第2条）」と説明している。

　そして、図表7-3のように男女共同参画社会を実現するための5本の柱を示している。

　家庭の運営にあたっては、男性も女性もともに責任を負い家計費の負担等経済的な面における責任分担も明確にすることが大切である。従って「世帯主」という概念は見直しされる必要があると指摘されている。今まで「サラリーマンの夫、専業主婦の妻、長男、長女の4人家族」という標準化した世帯を前提に家庭、家族を考える傾向があったが、これからは、多様な価値観を持つ個々人の自律を前提として、家族メンバーがよきパートナーとなり、共生する場として家族の運営を考えていくことが大切だと思われる。

図表7-3

男女の人権の尊重
男女の個人としての尊厳を重んじ、男女の差別をなくし、男性も女性もひとりの人間として能力を発揮できる機会を確保する必要があります。

国際的協調
男女共同参画づくりのために、国際社会と共に歩むことも大切です。他の国々や国際機関と相互に協力して取り組む必要があります。

社会における制度又は慣行についての配慮
固定的な役割分担意識にとらわれず、男女が様々な活動ができるように社会の制度や慣行の在り方を考える必要があります。

基本理念
男女共同参画社会を実現するための5本の柱

家庭生活における活動と他の活動の両立
男女が対等な家族の構成員として、互いに協力し、社会の支援も受け、家族としての役割を果たしながら、仕事や学習、地域活動等ができるようにする必要があります。

政策等の立案及び決定への共同参画
男女が社会の対等なパートナーとして、あらゆる分野において方針の決定に参画できる機会を確保する必要があります。

内閣府男女共同参画局「男女共同参画社会の実現を目指して」

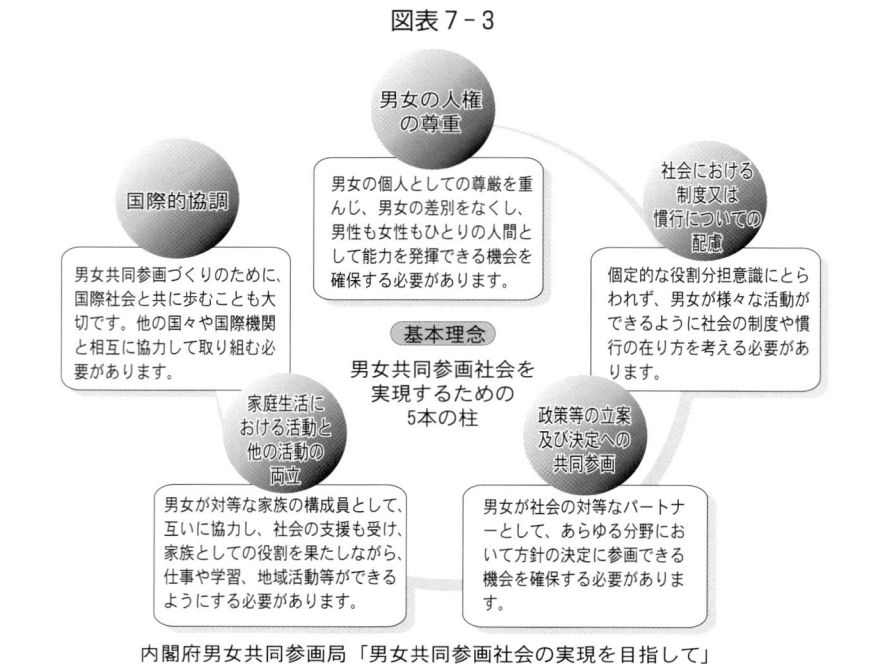

(2) 地域社会・環境との共生

　私達が生活している場は、家庭を核とし、家族をとり囲む地域社会があり、さらにそれをとり巻く環境がある。

　これらにはさまざまな問題があることは、既に学習したところである(第2章)。温暖化などの地球規模の環境問題から、ダイオキシン、環境ホルモンといった問題、また少子・高齢化社会における介護の問題、阪神大震災や東日本大震災といった都市の防災・安全の問題も生じている。これに対して他人事であるといって通り過ぎることができないような社会状況になっており、仕事時間外やボランティア休暇を利用し、問題に対応しようとする動きが出てきている。

　例えば、介護ボランティアとして次のような活動が行われている。週に1日だけ寝たきり老人のいる家庭で入浴の手伝いをする、食事の準備のため買い物を引き受ける、足の不自由な人のために自家用車で病院まで送り迎えをする、着替えの手伝いに行くなどという例である。また、その他にも多様なボランティアが行われている。市民会館で開かれている日本語教室の夜間授業で、その地域に住む外国人の生徒を対象として日本語を教える活動をしている人もいる。勤務先の企業がテキストや辞書の購入に助成金を出してくれるケースもある。

地域や環境の問題とビジネスとの関連で注目できるのは、地域や環境活動が新しいタイプのビジネス、例えば、コミュニティビジネスや環境ビジネス、介護ビジネス、カルチャービジネスといった地域課題を解決する事業として成立していることである。

　日本は現在、温暖化ガスの排出量を2020年までに1990年比25％減らすと国際的に公約している。当面は25％削減を目標に努力をすることになる。

　このように企業の成長のみを唯一の目指す目標としてきた従来のやり方を変え、地域社会や環境と共生しつつビジネスを創出していくという新しい時代がやってきている。地域社会は地域社会、環境問題は環境、ビジネスはビジネスというのではなく、それぞれが相互に関連したものとなり、共存する存在としなければならない。

7-1-5　ルールの創出

　これまで見てきたように、私達の選択肢が多様化する中で「他」との共生を図らなければならないすると、今まで認識しなくてもよかった関係をうまく機能させる"ルール"の創出を考える必要がある。それはそれぞれの"場"においてそれぞれの構成員が創意工夫してお互いに編み出していくべき性質のものである。例えば、労働環境についてまとめると、次のように環境変化にあったルールの設定が必要となっている。

　選択と共生の時代を生き抜いていく私達には、ワークプレイスにおいて、生活する場において、それぞれのステージ・シーンにおいて、時には労働者、時には市民、時には地球人の視点で、新しいルールを創出していく責任とそして権利があるといえよう。

図表7-4　ルールの創出

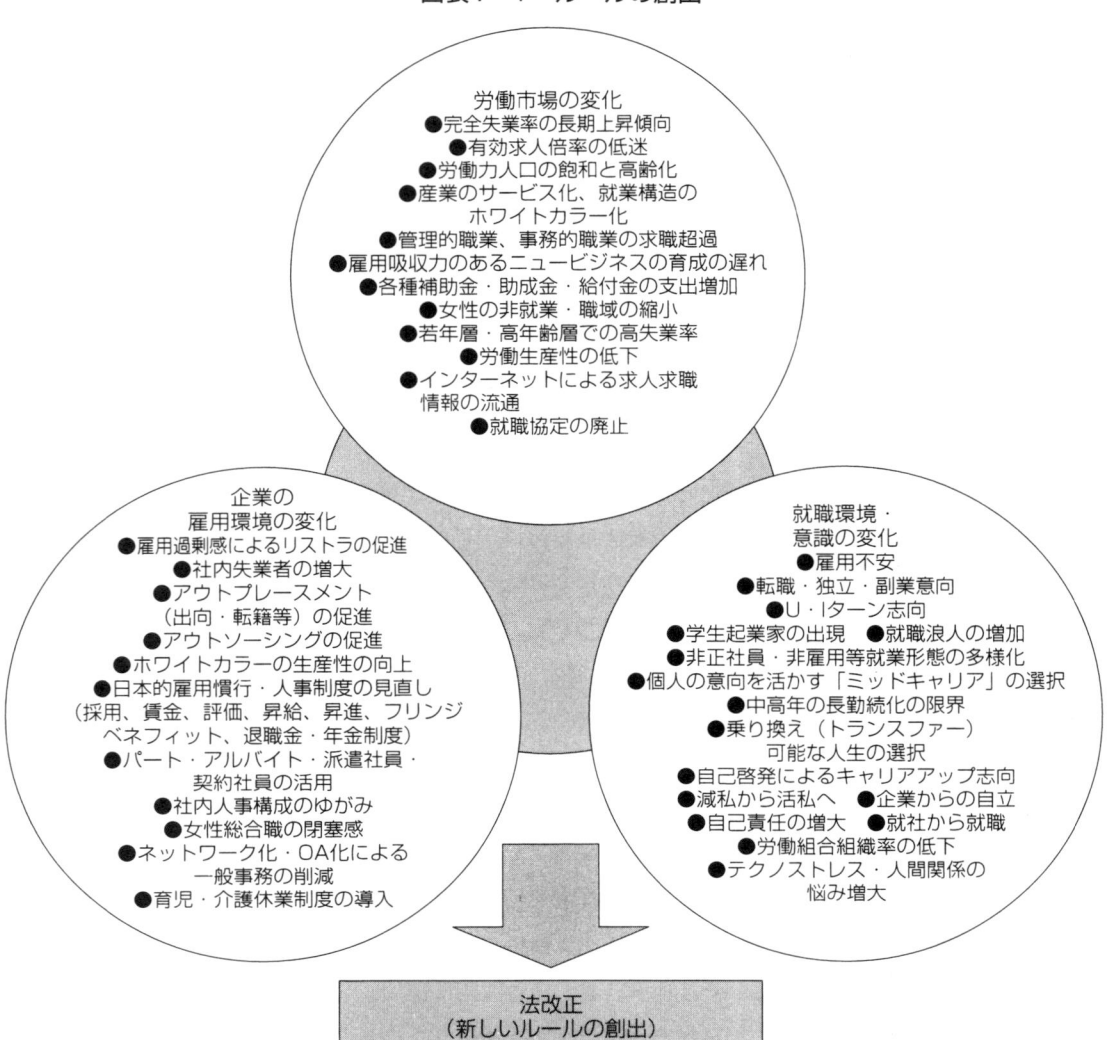

労働市場の変化
- 完全失業率の長期上昇傾向
- 有効求人倍率の低迷
- 労働力人口の飽和と高齢化
- 産業のサービス化、就業構造のホワイトカラー化
- 管理的職業、事務的職業の求職超過
- 雇用吸収力のあるニュービジネスの育成の遅れ
- 各種補助金・助成金・給付金の支出増加
- 女性の非就業・職域の縮小
- 若年層・高年齢層での高失業率
- 労働生産性の低下
- インターネットによる求人求職情報の流通
- 就職協定の廃止

企業の雇用環境の変化
- 雇用過剰感によるリストラの促進
- 社内失業者の増大
- アウトプレースメント（出向・転籍等）の促進
- アウトソーシングの促進
- ホワイトカラーの生産性の向上
- 日本的雇用慣行・人事制度の見直し（採用、賃金、評価、昇給、昇進、フリンジベネフィット、退職金・年金制度）
- パート・アルバイト・派遣社員・契約社員の活用
- 社内人事構成のゆがみ
- 女性総合職の閉塞感
- ネットワーク化・OA化による一般事務の削減
- 育児・介護休業制度の導入

就職環境・意識の変化
- 雇用不安
- 転職・独立・副業意向
- U・Iターン志向
- 学生起業家の出現　●就職浪人の増加
- 非正社員・非雇用等就業形態の多様化
- 個人の意向を活かす「ミッドキャリア」の選択
- 中高年の長勤続化の限界
- 乗り換え（トランスファー）可能な人生の選択
- 自己啓発によるキャリアアップ志向
- 減私から活私へ　●企業からの自立
- 自己責任の増大　●就社から就職
- 労働組合組織率の低下
- テクノストレス・人間関係の悩み増大

↓

法改正（新しいルールの創出）

『カレッジマネジメント』85、p.18を一部修正、1997年

7—2 セルフマネジメントが基本：自己管理・自己責任の時代

　セルフマネジメントとは、自己の利益・幸福の最大化をめざして自己の有する能力・技術・知識を効果的に発揮できるように自己管理することである。

7-2-1　自己管理・自己責任

　私達が自由に選択肢を選べるということ、そしてその際には他者との共生を無視できないということを学んだ。そして、これらの活動の前提になるもの、あるいは基本となるものが自己管理・自己責任という概念である。

　経済活動のグローバル化による世界的な競争の激化、産業構造の変化が進む中で、活力ある社会を実現し、私達も企業も共に生きていくためには、企業が積極的に事業展開を促進させ、それぞれが創造的な能力を十分に発揮し得るように業務の遂行を個々の裁量にゆだねていくことが必要になる。すなわち私達が自らの知識、技術や創造的な能力を生かし、労働時間の配分や仕事の進め方について自ら決定し、主体的に働くことが重要になってくる。私達は自己管理能力を問われているのである。

　また自由に選択できるということは、その選択の結果について、どのような結果になろうともそれを甘受しなければならない、ということを意味する。すなわち自己責任である。自由のない責任はなく、責任のない自由はない。そして自分で責任を負うには、自己管理ができていることが必要である。自己責任の基本は自己管理にあるといえる。

7-2-2　自己管理能力

　自己責任の基本は自己管理にあるといったが、それは営利・非営利活動を問わず、すべての活動の根底に求められるものである。家庭においても職業に従事する場所においても、ボランティア活動をするところでも、大事なことは自己を管理することができるということである。

　経営の分野で目標管理という概念がある。これは、社員が上司と面談などを通して自分の目標を設定し、その目標の達成をめざして業務に励むというもので、社員の目標達成はすなわちその組織の目標達成を意味するといわれる。6章で述べているように、目標管理は Management By

Objectives で、MBO と略されている。しかし、元々はこの後に and self-control がつく（Peter F. Drucker『THE PRACTICE OF MANAGEMENT』p124 Harper and Brothers Publishers 1954／邦訳『現代の経営　上・下』ダイヤモンド社、2006年）。すなわち自己統制、自己管理はマネジメントの基礎にあるといえる。

7-2-3　時間管理・活用

　自己管理能力の基礎にあり、そしてもっとも必要不可欠なものは、有効な時間管理と活用である。
　これまでの働く人々の仕事に対する評価は、どれだけ長時間働いたか、言葉を変えれば、どれだけオフィスにいたかによって決定されていたところがある。

働いた労働時間＝労働量＝賃金

であった。働く時間が長ければそれだけ評価も上がるシステムである。従って、残業する必要がないにもかかわらず、他の人が残っているというだけで残業をしてその手当てを支給してもらうことができた。しかし、今では年俸制や裁量労働制の導入などにより、労働者の評価は量よりも質が問われることになっている。どれだけの結果を残すことができたかである。

成果・業績＝労働の質＝賃金

のあり方が一般的になっている。
　そうなると、ただ単に午前9時から午後5時まで勤務していればよいというわけにはいかない。時間を有効に使うことが必要である。
　時間を有効に使うというのは、1時間いくらという観点で事を処理するということではない。仕事のリズムが個別化、多様化、高速化するのに対して的確に対応することができるということを意味する。
　これまで仕事のリズムは集団化・一斉化の傾向があった。すなわち生産現場もオフィスもみんなが一つのところに集まって一斉に仕事をするというリズムである。これはある意味において、「製品」「物」を作るための時間システムであり、工業化社会には適したシステムであった。
　しかし、現代は、「製品」「物」そのものが有する機能よりも、それに付加されたサービスというような「ソフト」の面が重視されている。この生産性を高めていくためには、必ずしも集団化・一斉化のリズムで仕事を進める必要はない。むしろそれらのリズムは不要・不適であるといったほうがよいだろう。

ソフト社会においては、いろいろな人がいろいろなところで多様に時間を過ごし、時間の個別化がますます促進される。従って、その時間のリズムの変化に的確に対応できることが、時間の有効管理といえるのである。これに関連し、時間の有効活用の方法を2つ紹介しよう。

(1) 裁量労働制

労使の協定で業務遂行に必要な時間を決めた場合には、いかなる場合にもその時間労働したものとみなすことができる。1日9時間と決めれば実際は8時間でも10時間でも、9時間働いたものとして扱う。このようなみなし労働時間制の適用される「裁量労働」とは、業務の性質上、仕事の遂行方法を大幅に働き手の裁量にゆだねる必要がある業務、すなわち業務の遂行手段、時間配分の決定等に関して具体的な指示をされない業務をいう（労基法第38条の3、第38条の4）。

(2) フレックスタイム制

フレックスタイム制は、最長1ヶ月間の所定総労働時間の枠内で、各自に日々の出勤と退社の時刻、1日の労働時間の長さを自主的に決めさせる勤務制度である（労基法32条の3）。

一般に企業では、始業時刻午前8時30分、終業時刻午後5時30分、一日の所定労働時間8時間といったように決められており、労働者は全員その時刻通りに出退勤して働く。

決められた始業時刻に遅れれば遅刻として取り扱われ、終業時刻よりも早く帰れば早退となる。

これに対してフレックスタイム制の場合は、出社や退社が比較的ゆるやかな制度である。例えば、その1ヶ月間に働く時間を184時間（1日8時間×月間所定労働日数23日）と決め、コアタイム（原則としてワーカー全員が勤務すべき時間帯）・フレキシブルタイム（いつ出社、退社してもよいという時間帯）を決めるものである。

図表7-5　フレックスタイム制

```
7:00         10:00  12:00  13:00  15:00         21:00
┌─────────────┬──────┬──────┬──────┬─────────────┐
│フレキシブルタイム│コアタイム│ 休憩 │コアタイム│フレキシブルタイム│
└─────────────┴──────┴──────┴──────┴─────────────┘
      8:30                            17:00
       └──────── 標準労働時間帯 ────────┘

           フレックス制度適用時間帯
```

7—3　キャリアデザインを描く：自己啓発・キャリア形成

　キャリアとは、自分が歩んできた道であり、生涯を通じての人間としての生き方であるが、ここではビジネスにおいてやりたいこと、一生をかけてやりたいと思う仕事という視点から考えてみる。

7-3-1　キャリアデザイン

　そもそもキャリアという言葉は、いろいろな使われ方をする。例えば、公務員における職種や身分を表わすときに使われる「キャリア組・ノンキャリア組」がある。一般的には経歴・職歴・経路などといった意味で使われる。この場合、それらの言葉からイメージされるのは「今までの過去」、これまでどうであったか、どのような道筋であったかということである。

　ここで私達が考えようとしているキャリアデザイン、キャリア開発、キャリア形成といった場合は、いままで歩んできたプロセスや実績を踏まえて、これからの道を考える。「これからどのようにしたいのか、これから何をやりたいのか」ということを重要視する。特にビジネス空間における能力形成・能力開発である。これらを総称してビジネスキャリアと呼ぶ。

　ビジネス現場でのキャリアデザインとは、ビジネスにおいて何をしたいのか、どのような仕事がしたいのか、あるいは何ができるのか、といった

ことを計画し、実行し、検討するという一連のプロセスを意味する。

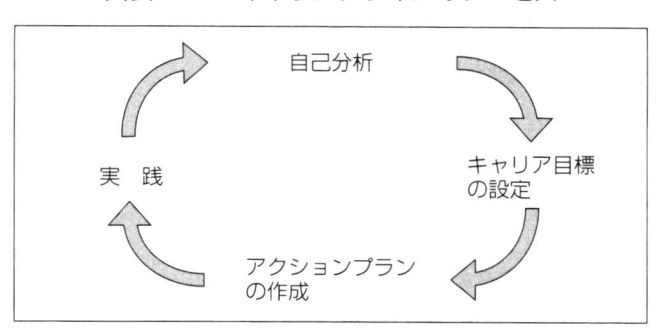

図表7-6 キャリアデザインのプロセス

自己分析 → キャリア目標の設定 → アクションプランの作成 → 実践 →（サイクル）

まず自分は何をしたいのか、どのような目標・到達点をめざすのか、についての分析をする（自己分析・キャリア目標の設定）。そのために具体的にどのように行動したらよいか計画する（アクションプランの作成）。計画を実行したならば必ず目標は達成されたかを検討する（自己分析・キャリア目標の設定）。そしてまた計画を立てるというようにサイクルとして捉える。

なお、何をしたいのかということにおいて、例えば営業と一口にいっても顧客開発を担当する者、企画提案をする者、市場調査を担当するマーケティングアナリストというように営業担当者の役割が分化する可能性がある。

7-3-2 キャリアデザインの多面性

私達は、自分の所属する企業や組織というビジネス空間の中でのみ生きているのではない。親、兄弟姉妹、配偶者、子供といった家族、家庭という私的な空間の中でも生きている。また、ボランティア活動、地域活動といった社会的な空間など、その時々によって存在する場を持っている。従ってこれらとのかかわり、つながりを無視してキャリアデザインを考えることはできない。また、キャリアデザインは、ビジネス空間の中においても単一の視点から捉えることはできない。すなわち自己の要望や欲求という視点と共にビジネスの場、自己が所属する企業や組織などの方針、要望、要請という視点からも考えなければならない。企業や組織の意向をまったく無視しては行えないところがある。だからといって決して受動的、受身的であっていいというわけではない。キャリアデザインは多面的であることをまず認識する必要性がある。

このように考えてくると、キャリアデザインは第一に自分自身が、やりたい仕事やできる仕事を明らかにし、それと企業や組織の求めるところとのマッチング（適合、融和）を図る必要がある。このマッチングこそが、キャリアデザインの目的であり、常に自己に雇用可能性、エンプロイアビリティを維持、向上させていくということにつながっていくのである。

　6章で詳述したように、企業において、労働者は経営資源の一つすなわち人的資源という概念で捉えられており、日本的経営と呼ばれる雇用システムの下では積極的に教育・訓練が行われた。それは、労働者を一定の場所に一斉に集めて行うものであり、いわゆる「企業によるキャリア管理」で労働者のキャリアをデザインするのは企業側であった。その後、労働者自身の意識や意向を尊重する風潮の高まりによって一定の教育プログラムを企業が用意し、労働者がそれを選択することによって自己の能力開発、キャリア開発を図るように変化してきた。現在は、ますます多様化し、キャリアデザインの主体は私達自身に移っているといえよう。

＊エンプロイアビリティ（employability）…雇用される可能性のことをいう。ワーカーは専門的なスキルや資格をもてばもつほど、エンプロイアビリティが高まるといえる。

図表7-7　キャリアデザイン主体性の変遷

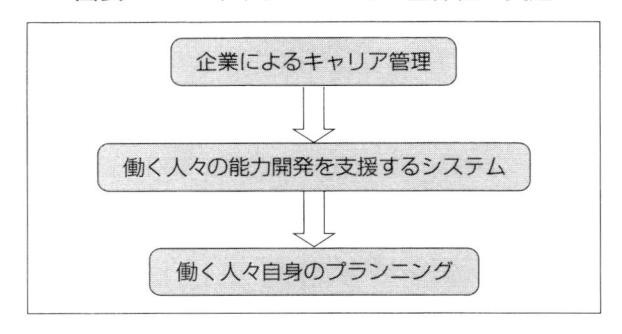

```
企業によるキャリア管理
    ↓
働く人々の能力開発を支援するシステム
    ↓
働く人々自身のプランニング
```

7-3-3　キャリアプラン

　それでは、具体的にどのようにキャリアプランを立てていったらよいのだろうか。図表7−8のキャリアプランシートを使って、自己分析と組織分析をやってみよう。

　キャリアプランを立てる時には、第1に自分をよく知っておくこと、自己分析をすること、第2に働く組織について分析することが要求される。と同時に、図表7−9「キャリア開発モデル」のように、自己のライフステージとの関連でどこでどうするか、就職1年で何をし、3年目ではどうしているかなどを現実的に考えることが重要である。

図表7-8　キャリアプランシート1

キャリアプランをたてるには、自分を知り、所属する組織を知ることが必要である。

自分を知る

【関心】

【好きなこと】

事業の方向性・展開の明確化
業務目標の設定

【業務目標】

【方向性】

キャリアプランシート2

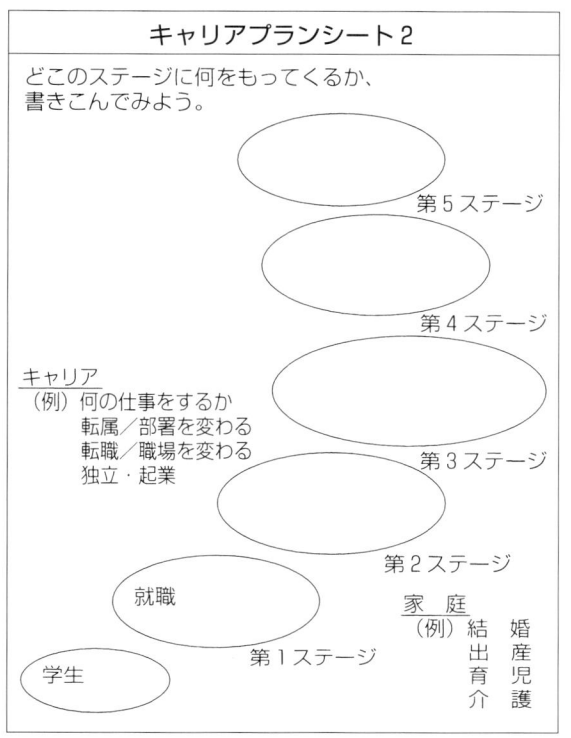

どこのステージに何をもってくるか、書きこんでみよう。

第5ステージ

第4ステージ

キャリア
（例）何の仕事をするか
　　　転属／部署を変わる
　　　転職／職場を変わる
　　　独立・起業

第3ステージ

第2ステージ

就職　　　家　庭
　　　　　（例）結婚
第1ステージ　　出産
　　　　　　　育児
学生　　　　　介護

図表7-9　キャリア開発モデル

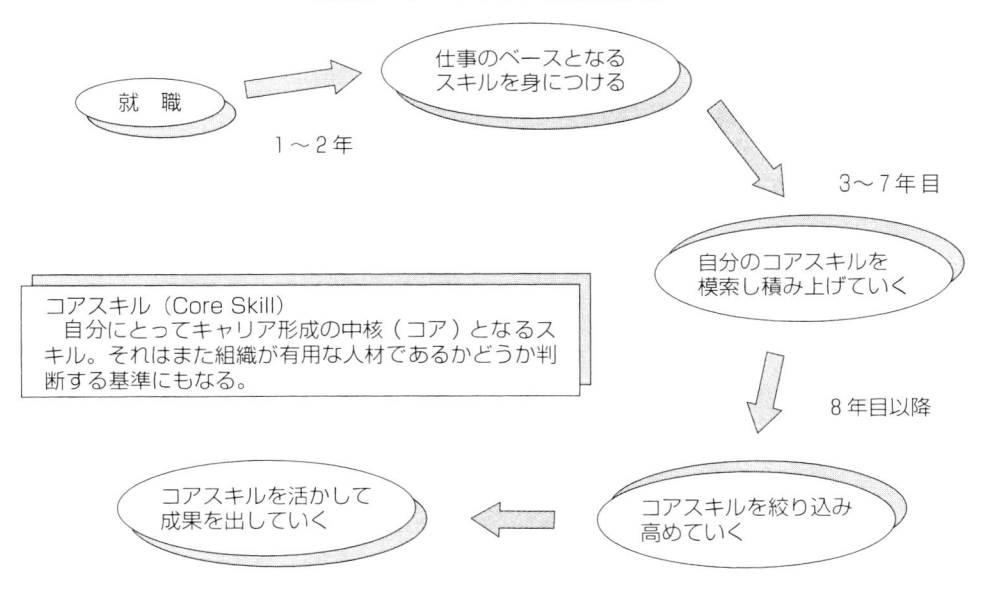

就職 → 仕事のベースとなるスキルを身につける（1～2年）

↓ 3～7年目

自分のコアスキルを模索し積み上げていく

↓ 8年目以降

コアスキルを絞り込み高めていく → コアスキルを活かして成果を出していく

コアスキル（Core Skill）
　自分にとってキャリア形成の中核（コア）となるスキル。それはまた組織が有用な人材であるかどうか判断する基準にもなる。

　具体的な例として、図表7―10、7―11でキャリア形成をとらえてみよう。外資系企業秘書のケースと、中途採用のケースが示されている。キャリア形成の参考にしてほしい。

図表7-10　キャリア形成の例1

――― ヨーロッパに本社がある食品メーカーに勤務する女性秘書 ―――
　　　　　　　　―ある外資系企業秘書のケース

学校教育機関終了
日本企業
　　秘書室勤務（6年）　　　徹底的に接遇のノウハウを身につける。
　　　⇩
留学（1年）ボストン　　　アメリカの秘書教育を受ける。
　　　⇩
外資系企業①　外資系企業②：社長秘書　上司　アメリカ人（6年）
　　　　　　　　　　　　　　　　　　　　　　スイス人（3年）
　　　　　　　　　　　　　　　　　　　　　　オーストラリア人（2年半）
　　　　　　　　　　　　　　　　　　　　　　ドイツ人（2年半）
　　　　　　　　　　　　　　　　　　　　　　オランダ人（5年～）

出身国（5カ国）の違う上司の下で異文化マネジメント・
英語を母国語としない国の人との円滑なコミュニケーションの習得

　学校教育終了後秘書になって25年以上になる女性秘書の例をみると、新卒採用で秘書になったものの、4、5年たった頃から「結婚はいつ？」と問われ続け、6年過ぎたところで遂に退社。しかし同僚はすべて「寿退社」であった。その後思い切って「留学」し、アメリカの秘書教育を受ける。28歳であった。帰国後、1つ目の外資系企業に就職。2つ目の外資系企業が1つ目の企業を買収。上司とともに2つ目に移る。現在まで結局上司の出身国は5カ国になる。日本企業における秘書の経験を外資系企業の社長秘書の仕事に活かしている。

図表7-11　キャリア形成の例2

――― 中途採用で現在の企業に入ったある男性の例 ―――

（大学卒業）
　アパレルメーカー（2年）
　　　⇩
（渡　米）
　飛行機メーカー（3年）
　　マーケティング担当
　　　⇩
（帰　国）
　フリー（雑誌の取材記者、海外取材のコーディネーター）
　　　⇩
〔現在の企業に入社〕
　特販部配属
　　新営業チャネル開発室
　　　マーケティング担当
　　大型映像のプロデュース担当

アメリカでの仕事の経験を「フリー」という形で活かし力を付ける。
そして、現在の企業に入社し、「異動」を通して能力を発揮している。

演習問題

1．あなたは「生き方・働き方・休み方・楽しみ方」それぞれの選択肢をどのように組み合わせますか？

2．自分のキャリア形成の方向性について考えてみよう。

第8章　ビジネス実務の事例研究

<u>ケースで学ぶ</u>

　これまで学んできたビジネスやビジネス実務について総合的にとらえなおすために、事例（ケース）研究を行う。企業のケースを5つ、非営利活動のケースを1つ示した。
　多様で変化に富むビジネスの現場で、どのようにして柔軟に対応していくのか具体的に考えてほしい。

- ケース1　漠然とした物足らなさ（マンネリズム）
- ケース2　部長と課長（人間関係のトラブル）
- ケース3　なぜ、私が……（突然の解雇命令）
- ケース4　同期課長の会話（部下の育成・リーダーシップ）
- ケース5　女性とキャリア（キャリア形成）
- ケース6　公園をつくろう（NPO活動）

ビジネス実務事例1　漠然とした物足らなさ

「ねぇこんど温泉いかない？　神山温泉って、今までばかにしてたけどすぐ近くで料理も悪くないらしいし、１泊２食で１万円ちょっとなんだって。課長をさかなにして飲もうよ！」

昼５人の女性陣で盛り上がった話を思い出して、何となく気分ののらない自分と、たまにはそれも悪くないかもと思いなおしたりしている普川明子に、電話があった。サンフランシスコに住んでいた時のカリフォルニア州立大学の仲間、真由子からの電話だった。

「本当に久しぶり、元気？　卒業してからもう３年、早いわ。私今ニューヨークで証券会社に勤めているの。先週美紀が訪ねてきてくれて話がはずんでね。美紀はおやじさんの画廊手伝わなきゃとかでアートスクールで勉強しなおしてるんだって、今度もあちこち画廊を訪ねたりアーティストに会うんだって。ところで明子、薬品会社でしょ。こないだインターネットであなたの会社のホームページ見たわ、ガン治療の新薬開発してるんですって？　すごいわ。病気になったら助けてもらえるわね」

久しぶりに昔の友人からの電話で、明子は楽しく長話をしてしまった。３年前のキャンパスライフが昨日のことのように思い出された。

明子は大手物流会社に勤める父親の転勤で家族と共にアメリカに渡り、高校・大学生活を過ごし、卒業と同時に日本に帰ってきた。中学までは東京で過ごしたけれど、明子の青春時代はアメリカだった。当初ちょっとシャイな少女でアメリカ生活にうちとけなかったが、生活に慣れ仲間が増えるにつれ、自由でのびのびとした生活を心からエンジョイするようになった。

あっという間の７年間が過ぎ帰国した明子は、これから生命化学分野は発展して国際的にも有望なビジネスになるという父の勧めに従って、医薬品メーカーに勤めることとなった。社員3500人、売上1800億円の吉田薬品は、一部上場の大手医薬品メーカーで多くの海外企業とも提携している会社である。しかし父の話や会社のイメージとは違って、吉田薬品は何とも日本的で伝統的体質の会社だった。オフィスには向かい合わせのデスクの上にパソコンと山積みの書類が同居し、壁面に並べられた収納キャビネットには「今期テーマ：利益拡大は一人一人の努力から」といったスローガ

ンや売上グラフが貼り出されている。オフィス環境は雑然として古くさく、現代的でインターナショナルとはとても言い難い。朝晩出勤時のタイムカード、オフィス内での挨拶、毎週月曜の朝礼、制服の着用等々、今は慣れてしまったけれど会社のルールもかたくるしい。

しかし、男女の賃金格差もなく給与、福利厚生等、待遇はよかった。ボーナスも含めた年収レベルでは同年代の人と比べて3～4割高いと思われた。研修施設という名目の保養施設も信州蓼科と伊豆にある。特に明子にとって居心地がよかったのは、職場でのなごやかな人間関係であった。吉田薬品の社風は全体におっとりして、課のメンバーは課長以下12人、明るいムードの職場であった。会社でも折りにふれ多くの社内行事があったが、職場でも毎月締日の後など仲間でボーリングやら飲み会に出かけた。

明子の所属する東日本代販営業部1課は東京都心部の薬局やドラッグストアなどへの販売担当セクションである。仕事はPCで個別のお客様へ新薬を紹介したり、セールキャンペーンの案内を作ったり、得意先からの注文をコンピュータで手配している。お客様とも親しくなってそれなりにやりがいがある。しかし、明子は漠然と感じていた、このまま過ごしていいのだろうか……。

古くさくてちょっと冴えない職場環境だけれど特別これといった不満はない、というよりどちらかというと居心地がいい。でも何といったらよいのだろう、アメリカ生活時代に体験したハツラツとした刺激のようなものが感じられない毎日だった。ニューヨークからの電話で、その漠然とした物足らなさの輪郭が幾分クリアになったような気がする。「思い切って外資系企業に転職してみようかしら……」。温泉かリクルート活動か、今明子は迷っている。

働き甲斐は企業規模や収入だけでは決まらない。またそれは一人一人違うものであり、皆に共通するものでもない。このケースでは海外生活経験者の視点からみてみたが、あなたにとっての働き甲斐は何かを考えてほしい。

＊締日（しめび）…会社で決めている月度の決算日。一般的に月末が多いが20日、10日などさまざまある。

ビジネス実務事例2　部長と課長

「太田さん、あのプレゼンテーション資料評判よかったよ。ありがとう」

部長の前田さんから声をかけられて、「そうですか、それはよかったですね」と答えつつ、太田直子は複雑な気持ちになった。

太田直子はコンピュータ関連の情報通信ネットワークシステムの構築から運用支援サービスまでを行うコンピュータソフト会社で、顧客への企画提案資料の作成を担当する販売企画課に所属している。勿論パソコンに詳しくグラフィック処理、表計算、通信など多くのソフトを使いこなし、顧客にアピールする資料の作成は得意とするところである。自分でも文書を要領よくまとめ、グラフチャートなどイメージ画像で的確に表現して企画提案書にまとめることには自信がある。直子は会社にも、自分の仕事にもほぼ満足しているが、気になっていることがある。それが部長にほめられて素直に喜べず、複雑な気持ちになったことと関係がある。

＊イメージ画像…文字やデータなどでなく、チャートやグラフなど画像として表現すること。

直子にはもう一人、島田課長という上司がいる。島田課長は36歳、話は論理的で筋が通っているし行動も素早くて、社内では若手のやり手として評判も高い。直子は、島田課長の指示は的確で分かりやすく上司としてはよくできた人だ、と思っている。しかし何といったらよいのだろうか、何となく足らないところがあると感じている。ちょっとした優しい言葉をかけられたり、食事にさそわれたり、プライベートなことを親しく話したことがほとんどない。島田課長は直子に対してだけでなく課員全員に対して同じ態度で接しているから、直子は自分に対してだけの問題とは思っていない。島田課長は仕事はできるが人間的なあたたかさにはちょっと欠けると思われるのである。課長の上司である前田部長は46歳、課長と逆にいつも笑顔で冗談をいったり、周りの人に気軽に声をかける気さくな人柄だ。直子も「おお、今日は髪型をかえたね、何かいいことあるのかな」などと声をかけられ、自分では部長に気に入ってもらっていると思っている。

直子が気になっているのは前田部長と島田課長の関係である。島田課長は常々「部長はあんまり仕事をわかってないんじゃないか」と部下の前で平然と言う。コンピュータソフト企業の部長までつとめる位だから前田部長も充分プロだと直子は思うが、情報通信ネットワークを活用することで顧客のビジネス上の問題点を解決する、すなわちソリューションする技術

を理解していない、と島田課長は言う。過日、部長から依頼されたプレゼンテーション資料作成も島田課長はあちこち手を入れて、ここはこう表現しろ、この部分はこう変えろと細かく指示してきた。大手メインクライアントへの提案レポートということで直子はしっかり作り込んだが、大切なお客だからといって島田課長は何度となく口をはさみ、結局前田部長の意向にはちょっと沿わなくなったと思っていた。直子が、部長から「あのプレゼンテーション資料よかったよ」と声をかけられて複雑な気持ちになったのは、何となく前田部長に申し訳なさを感じていたからに他ならない。

そんなある日、ちょっとした事件があった。例によって前田部長の依頼で資料を作り打ち合わせしている最中、島田課長が通りかかって資料を覗きながら言った。
「太田さん、この部分の表現間違っているよ。修正したほうがいい」
それを黙って聞いていた前田部長が突然力を込めて言った。
「いいんだこれで！　太田さんこの通りでいい。島田君、人の打ち合わせに口をはさむなんて失礼じゃないか」
「しかし部長、このお客様は戦略顧客とでも言うべき大切なクライアントですし、より正確を期したほうが……」
「そんなことは分かっている。この部分の表現がどうだって全体から見ればたいしたことじゃない。太田さん、このプランでまとめて下さい」
普段は温厚な前田部長がめずらしく力を込めて言った。島田課長の口出しとストレートな言い方にかすかな違和感を感じていた直子は、ほっとして答えた。
「はい、わかりました、部長」

それ以降、島田課長は何かと直子に厳しくあたるようになってきた。太田さんは部長のお気に入りだからとか、直子のそばで、まったく前田部長は技術が分かってないなぁ、などと言う。最近は直子への風当たりがきつくなって、いやみを言うようになってきた。それでなくても、部長は私を企画プランナーとして評価してくれているけれど、課長は単なるパソコン作業者としてしか認めてくれていない。毎日いやでも島田課長と顔を合わせるだけに、直子はオフィスに行くのが気分的に重くなってきた。
部長に相談しようかしら……、それとも思い切って転職しようかしら……。今、直子は思い悩んでいる。

職場での人間関係、自分で意図しなくても否応なく引き込まれ頭を悩ます、どこにでもある話である。しかしそれが上司との関係になると深刻な問題となり、正解はないものの自分なりに対応をしてゆかねばならない。あなたならどのようにするだろうか。

ビジネス実務事例3　なぜ、私が……

　冗談じゃないわ、なぜ私の契約が更改されないの？　前に山田事業部長はいずれ君を正社員に推薦してあげるからとまで言ってたのに……。
　例年の如くの契約更改と思って訪ねた人事課長から思いがけず契約打ち切りを通告されて、藤井久美はショックを受けながら思った。
「なぜ打ち切りなんでしょうか、仕事にミスでもあったんでしょうか？」
「いや、あなたはよくやってくれていると思います。山田事業部長の評価もいいし。ご存知のように今会社は業績が芳しくなくて、各部門で目標をたてて経費削減しなければならないんです。藤井さんには申し訳ありませんが、どうかご理解ください」
　人事課長の話には納得できなかった。プラゼクス社に勤めてもう5年、ここ最近は日本経済の動きに合わせたように業績が低迷していることは知ってはいたが、まさか自分が契約打ち切りになるとは思ってもみなかった。
「同じ契約社員の千葉さんも打ち切りなんですか？」
　自分が打ち切りなら当然同じ立場の千葉さんもと思ってたずねた質問に、人事課長が言いにくそうに話した。
「いやぁ～、彼女は契約更改の予定です……」
「えっ、おかしいじゃないですか、業績がよくないなら千葉さんだって同じじゃないですか、何で私だけが打ち切りになるんですか？」
　思いもよらぬ話に、久美はちょっと熱くなって聞き返した。
「千葉さんのやっていただいているコンピュータ入力作業は、他の人々に代わってもらう訳にはゆかないんですよ。あなたには山田事業部長の秘書的役割をかねた業務を担当いただいてますが、こんな状況なんであなたの業務を他の人達に分担してやってもらおうと思っているんです」
「私、山田事業部長のスケジュール管理から来客対応、ご存知だと思いますが英文資料の作成まで、何でもやっているんです。前に事業部長から将

＊契約社員…期間と給与額などを決め、会社と雇用契約をして働く社員。契約期間が過ぎると、契約延長（更改）、または中止打ち切りを会社と協議決定する。

＊経費削減…企業でビジネス活動上使う費用を切り詰めること。人件費や交際費、交通費などさまざまなものがある。

来正社員にという話もいただいていますのに……」
「あなたが有能だという話は山田事業部長からもよく聞いています。契約打ち切りはあなたの能力の問題ではなく、会社の業績の問題なんです。山田事業部長も大変苦しく残念な決断だ、と言っておられました……」
人事課長がうつむきかげんに話すのを聞いて、久美は力が抜けてこれ以上訴える気力がなくなってしまった。
「わかりました。残念です」
一言いって、話し合いの席を出た。

藤井久美はどうしても納得できなかった。会社の業績がよくないのは、毎週の朝礼での話や社内情報通信ネットワーク*等から知っていた。日本経済の財政改善を目指して打ち出された景気引き締め策や増税以降、産業界全般に引き締めムードが広がり、景気は落ち込んでいる。プラゼクス社は総合樹脂メーカーとして、工業用や建材用部品を製造加工し、自動車、家電、住宅設備関連等広範囲の取引先に販売しているだけに、景気低迷は直接業績に影響を与えることとなる。昨今は環境問題とも関連し、一部プラスチック製品に対する風当たりはかなり厳しくなってきている。しかし会社業績だけなら千葉さんも同じじゃないの、あんなに頑張って仕事をしてきたのに、山田事業部長はつい数ヶ月前食事に誘ってくれて君には本当に感謝していると言ってくれたのに、さまざまな思いがかけめぐって悔しさだけが残る。私はプロの仕事人を目指しているのに……。コンピュータや情報機器の操作は何でもこなせるし、来客対応やスケジュール管理も英語の仕事も苦手じゃないし、正社員の女性達より仕事の処理能力は高いと思っている。最初は内務事務担当だったけれど、後の３年間は秘書的業務が多く、本当に多忙な毎日になっている。そりゃ時間があれば掃除当番やコピー業務でも何でもやるけど、ここしばらくはそんなことをしている暇はなかった。正社員の女性達とは立場も違うし、言われたことをしっかりやらなければ評価されない立場であるのを常々意識していなければ……。もちろん、契約更改時には自分の業績を伝え、希望額もはっきりと言って、それなりに評価してもらうのは当然、そう思って働いてきた。

久美は職場に戻って、山田事業部長に確認した。
「契約打ち切りと言われたんですけど、最終決定ですか？　私、どうしても納得できなくて……」

＊社内情報通信ネットワーク…企業内のPCなどを結んで、個人またはグループ間での情報交換、情報掲示を行うこと。グループウェアともいう。

「君には本当に悪いと思っている。よくやってくれているのに本当に残念だ。当社の業績は急激に悪化しているし、事業部長の立場上私が率先して諸経費削減を打ち出さなけりゃならないんだ。でも君ならどこの会社でも充分やっていける。うちよりもっと高給で、もっと能力を生かせる会社がきっとある。大丈夫だ」

山田事業部長のなぐさめの言葉を聞いても、久美はうつろだった。なぜ私が……久美は何度も心の中でつぶやいた。

厳しい経済環境下で企業業績が悪化し契約更改を打ち切られてしまった藤井久美、自分では優秀な働き手であることを自負している彼女が人員整理の対象になったのはなぜだろうか。不況下の厳しい企業経営実態を知ると共に、人事評価とは何かを学ぼう。

ビジネス実務事例4　同期課長の会話

内山課長「おい谷口君、久我君その後どうだい」
谷口課長「やぁ内山課長、いやびっくりしてんだ。新しい需要開拓なんて聞こえはいいけど、あちこち訪問して商談のネタを探すなんてベテラン営業でもしんどいよ。ところが久我君けっこうイキイキとやってんだ」
内山課長「そうかそりゃよかった。君のプロジェクトに預けた時はこりゃもうダメかなと思ってた。目はうつろで話に精気がないし、技術スタッフとしてというより社会人としてムリだったからね。もうほとんど休職寸前かなと思ってた」
谷口課長「実はとんでもない奴を押しつけられたもんだと、当初君をうらんだよ。君の使い方が荒かったんじゃないの？」
内山課長「ごめんごめん。彼はネットワーク技術者としては優秀でね。K大学の情報技術科を出てコンピュータに詳しいし、LANネットワーク構築提案にも興味をもってたから、うちみたいな情報機器専門商社にはぴったりなんだ。使い方が荒かったなんてことはないけど、この仕事はけっこうきつくてね。施工工事はオフィス移転やリニューアル時だからほとんど土日出勤で、ベテランの工事業者や職人に指示しなけりゃならないからねぇ」
谷口課長「彼、入社5年目だろう？　そろそろひとりだち出来る頃じゃな

＊LANネットワーク構築…企業内や部門内のPCをつないで、情報交換したり情報共有化すること。

＊施工工事…組立や加工工事などを行うこと。ここではPC等情報機器をネットワーク化するため、情報・通信・電気などの配線工事を行うこと。オフィス床下に配線し、家具・パネルなどとジョイントすることが多い。

かったのかい？」

内山課長「いやぁ〜、どうもそれが問題だったようだなぁ。うちは最初3年間、チーフの下についてサポート業務をやるんだ。仕事を理解できてくる4年目から小さな案件を徐々にまかせていくんだが、小さくても仕事のやり方はおなじだからね。どうも2〜3の現場で業者から手順が悪いと文句を言われたり、職人から指示を無視されたりしたらしい」

谷口課長「まぁ、よくあるケースだなぁ。彼は君に相談しなかったのか？」

内山課長「いやはっきりした相談はなかった。1人で悩んでいて、だんだん落ち込みがひどくなってきたようだ。最初は現場に行くと気分が悪くなっていたのが、仕事がたてこんでくると会社に来るのがきつくて、駅まで来ても動悸がひどくなって帰ってしまったりしてたからね。欠勤が多くなって問いただしたら、体調が悪くてご迷惑かけすみませんとだけ言ってたけど、仕事がうまくできないとは言わなかった」

谷口課長「かわいそうに、社会人失格と言われたくなかったんだろうな。気持ちがそう思っても、体が拒否反応を起こしたんだろう」

内山課長「僕ももっと気をつけてやればよかった。彼、医者に行ったけれど一向によくなんなくて、何度も無断欠勤して口数が少なくなってからも、仕事を変えてくださいと言わなかったからなぁ」

谷口課長「人事部経由で久我君の話があっただろう。面接した時、使えるどころかこりゃもうダメだと思ったね。転地療法が必要だから是非預かってくれ、って君や部長から頼まれても気が乗らなかったなぁ」

内山課長「君には感謝してるよ。ところで彼、プロジェクト活動して4ヶ月だろ、どんな活動してんの？」

谷口課長「ユーザーニーズに合った情報通信ソフトやハードを選択して、顧客の問題解決提案をしているんだけれど、情報通信分野はビジネス差別化の最先端分野だから、企業ばかりでなく市町村自治体も関心が高いんだ。彼にはとにかく自治体関連へ数多く訪問するよう言って、顧客開拓させてるんだけど、2〜3反応のいい見込み客も見つけだしてるんだ」

内山課長「久我君は専門知識があるから、施工工事部門よりコンサルテーションやシステム設計部門が向いているかもしれないね。成功体験をつくれたら、いい線いくかもしれないなぁ」

谷口課長「君から話聞いてたから、彼にはひんぱんに声をかけてじっくり話を聞いて、見込み客には私も同行訪問してやるんだけど、日々変わってきているのがわかるくらい明るくなってきているよ。これからの課題は、

＊案件…ビジネス商談を言い表す表現。例：A社案件など。

クレームやストレスを受けた時の精神的タフさをどうやってつくっていくかだな」
内山課長「君ならできる。是非面倒をみてやってくれ、谷口課長！」
谷口課長「お世辞いってもだめだ。久我君の件は貸しだからな。一杯おごれよ」
内山課長「わかった。今晩でもどうだ？」

　仕事上の問題を内に抱えて次第にストレスを増してゆく人々、その上司の人事管理や部下指導のあり方、それぞれに問題がある。ここでは仕事の進め方、上司への報告・連絡・相談はどのようにあるべきかを考えてみよう。

ビジネス実務事例5　女性とキャリア

　私は39歳、山本信子と申します。現在、化粧品メーカーの顧客サービス室の室長をしております。お客様からの相談や問い合わせ、苦情を受けつけ、それを処理したり相談に乗ったりするのがこの部署の仕事です。私のもとに5人のスタッフがおりまして、そのうち私も含めて3名が女性です。
　私のこれまでの経歴を簡単にお話ししますと、短大を卒業して最初に就職したのはもう19年も前になります。業界では中堅どころの自動車部品のメーカーでした。圧倒的に男性が多く女性は補助職という職場でした。私は、仕事で頼まれるデータ入力や図表の作成、表計算などをしているうちに、コンピュータが向いていたのか、次第に面白くなって技術的にもだいぶ上達しました。お給料を頂きながら勉強させてもらったと感謝しています。
　でも3年を過ぎた頃から物足りなさを少しずつ感じるようになってきたんです。今思うとあのころの私のやっていた仕事は1、2年もすればマスターしてしまい、あとは毎月同じパターンの繰り返しで、新鮮味を感じないようになっていました。このままでは仕事は頭打ちだし、結婚して退職か……とあせりを感じる一方、もう少し頑張って勉強もしたいという気持ちとの間で、心理的に揺れていました。
　そんな頃、短大の先輩で通信教育で大学卒業の資格をとった人がいると聞いて、その人に連絡をとって情報を詳しく教えてもらいました。それで

思い切って入学試験を受けて、大学に編入しました。その頃は残業がほとんどない仕事だったんで助かりましたが、それでも働きながら大学への月1回のレポート提出はずいぶんきつく、くじけそうになったこともあります。仕事が終わると図書館に直行というのが当時の日課でしたから、付き合いが悪いとずいぶん陰口も言われました。夏には大学のキャンパスで集中講義と試験を受けるスクーリングというのがあります。長期有給休暇はすべてそれに費やしました。

4年もかかりましたけど、努力の甲斐あってようやく大学卒業資格を手にしたときは、本当に安堵しました。それまでの緊張が解けて、天にも昇るほど嬉しかったんですよ。親の援助を受けていた短大時代と違って、すべて自分のお金と努力で勝ち取ったので、充実感や喜びはひとしおでした。また、その後の自信にもつながりました。

この会社には結局9年いました。スクーリングの時に知り合った人から化粧品会社の求人の話を聞いて、最初は他人事みたいに思っていたんですが、ふっとチャレンジしてみようかな、という気が沸いて、そこの人事課に問い合わせてみたんです。そしたらまだ募集を締め切っていないというし、顧客サービスという仕事の内容にも興味があって、試しに応募してみたら受かってしまったんです。周囲は寿退社っていうんですか、同期で結婚退職していく人が多くなってきて、私も今が転機の頃合いかもしれないと踏ん切りがつきました。それが29歳の時でした。

新しく入った顧客サービス室は、マーケティング重視の方針が強化されるっていうんで、それまで小さい係だったのが室に格上げされたばかりで活気がありました。入って4ヶ月ほどたった頃、顧客の反応や苦情をカテゴリー別に分け、どのように対処したかとか、お客様はこんな商品やサービスを欲しがっているとか、どこの営業所はどんな評判か、などをまとめて報告したのが思いがけず高い評価を受けて、私の資料がマーケティング会議に活用されました。前の会社でのコンピュータ技術がだいぶ役立ちましたね。何事も一生懸命やれば、無駄な経験などないものだと実感しました。

その後も、ただ外からの情報を受け身で待っているのではなく、積極的に顧客にアンケート調査して情報収集を心がけ、分析した情報を社内メールで報告するなど、改善を図っています。今は社内に、マーケティング、研究開発、生産部門のそれぞれにネットワークで顧客サービス室からのデータが同時に送信されるシステムが作られて、急に私の部署の重要性が知

れ渡るようになりました。昨年の人事移動で転勤になった男性上司の後を引き継いで室長になり、今、多忙ながら仕事は充実しています。

　家族のことですか。趣味の山歩きサークルで知り合った今の夫と、31歳の時結婚しました。今年6歳になる娘が一人おります。4月に小学校に入ってからは、ようやく楽になりました。出産の時は育児休業制度を利用しましたが、緊急時には近くに住む両親も動員して、手のかかる時期を切り抜けました。子育ての時期は時間的にも体力的にも、本当に大変です。今の仕事は時には残業もありますが、他の会社の経理部門で働いている夫は忙しい時期が定期的なので、予定が前もって立てられますし、育児にも家事にもとても協力的で、このまま仕事と家庭を両立していきたいと考えています。将来は親の老後の面倒をみることになるでしょうが、会社には介護休暇制度ができましたし、のんびりした性格なんでくよくよせず、健康に感謝して暮らしています。早くに結婚退職して中学生の子供の母親という友達は、仕事にも家庭にも恵まれていると私のことを羨ましがっています。

　キャリアは一朝一夕に形成できるものではない。お仕着せの能力開発プログラムを受けるのではなく、主体的に時間をかけて自己啓発していくことの大切さを知り、長期的な視点でキャリアを展望してみよう。

ビジネス実務事例6　公園をつくろう

■自分達で公園をつくろう

　Y市は昔から緑の豊かな地域であったが、1970年代から首都圏のベッドタウンとして脚光を浴び、急激に都市化の波が押し寄せた。その結果、緑地の多くが住宅地や商業地に変わり、こうした地域の姿を懸念する声が多くなった。Y市では、市の西北部の丘陵地帯にある月岡緑地を保全整備する構想を検討していた。一方、市民の間には、市内を流れる若草川の源流域である月岡地域の自然とそこで育まれてきた農業文化を保全・再生する動きがあった。このような行政サイドの緑化保全計画と市民の動きがうまく結びつき、月岡緑地を農業公園にする計画が具体化した。市当局と市民有志が何度か集まって検討した結果、市民が「月岡公園を育む会」という市民団体を設立し、市が公園の管理運営をその団体に委託することになっ

た。育む会の発起人の脇田さん達は、早速、水田耕作や雑木林の草刈りなどをする会員を市民から募集したところ、約300名以上の応募があった。公園の面積は10ヘクタールあるが、会員が四季を通して農作業や園芸活動を体験して交流を深め、秋に皆で収穫の喜びを分かち合うことが目標である。しかし、この目標を達成するには、解決しなければならない課題がいくつかある。

■グラウンドワークと公園づくり

「月岡公園を育む会」の代表になった脇田さんは他のメンバー数名と、まず次の点を検討した。市の緑地課と市民課にもこの検討に加わってもらうことになった。

(1) 行政と市民の協力関係のあり方

育む会の活動は市民が主人公にならなければ、公園づくりは軌道にのらない。従って、行政に依存するのではなく、お互いがパートナーとなって活動する関係を作る必要がある。発起人の一人である加藤さんは、以前話を聞いた「グラウンドワーク」のことを思い出した。加藤さんは次のような説明を始めた。グラウンドワークというのは、1980年代にイギリスの農村地域で始まった運動で、地域の住民、行政、企業の3者が協力し、地域で実践的な環境改善活動を進めていくものである。このグラウンドワークには次の4つのポイントがある。

①環境改善を目的とした地域をよくする活動
②ボランティアの参加を得て実際に汗を流す活動
③住民・企業・行政を含む多くの地域主体のパートナーシップによる活動推進
④活動内容や地域の参加を企画できる専門能力スタッフのいる組織の存在

脇田さん達は「われわれがお手本にするのはこれだ！」と思った。「いきなりお手本どおりにはいかないが、少しでもこれに近づくように努力しよう」と語り合った。

公園を作り農業活動を行う知恵と労力は市民が提供し、公園の土地は行政が用意する。あとは民間企業の役割だが、自分もサラリーマンである脇田さんは、活動資金について民間企業の協力を得られないものかと考えた。早速、脇田さんを中心に企業に働きかけることになった。

図表 8-1　パートナーシップによるグラウンドワーク

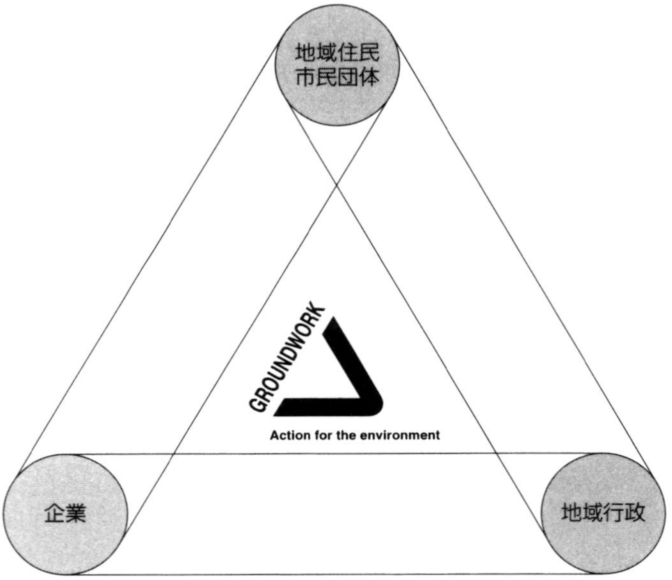

（図：三角形の頂点に「地域住民・市民団体」、左下に「企業」、右下に「地域行政」、中央に GROUNDWORK Action for the environment のロゴ）

日本グラウンドワーク協会『グラウンドワークへのアプローチ』

(2) 育む会の組織とその運営方法

　育む会に応募した約300名の年代・職業はさまざまである。年齢は10代から70代、職業も会社員・教師・公務員などのほかに、主婦や大学生、年金生活の方もいる。これだけ大勢の市民がこの会に熱い思いを寄せてくれたと思うと、脇田さん達はぜひこの公園づくりを成功させたいと思った。そのためには、しっかりした運営母体を作る必要がある。検討を重ねた結果、組織づくりに当たって、次の点を考えることになった。

①会員をまとめ、作業の世話をする指導員が必要である
②年間計画や自主事業の企画などを検討する企画委員が必要である
③会員代表、行政・企業の担当者で構成する代表委員会を設け、年間の活動予定や予算などを検討する必要がある
④毎年、春に会員の全体会を開き、基本事項やスケジュールを決定し、秋は、収穫祭をかねて開催する

　以上の活動を支える事務局機能が必要だが、専任のスタッフを置くか、市民のボランティアでやってもらうか、なかなか難しい点である。初年度は、かなりの仕事量が予想されるので、専任スタッフ2名とボランティアのスタッフ2名で事務局を運営することになった。

■企業の資金協力

　企業から資金協力を得るには、公園づくりの趣旨や育む会の計画などを

企業側によく理解してもらう必要がある。当方の意図が十分伝わり、相手を説得できるような文書を作成し、資料も添付する必要がある。会員の加藤さんとＹ市緑地課の江野さんが、グラウンドワークによる公園づくりの趣旨を文書にまとめる作業を引き受けてくれた。一方で、脇田さんと、東京の女子大を卒業し地元企業に勤務する社会人３年目の須藤さんが、スポンサーさがしを開始した。須藤さんが大学時代のサークル仲間から手に入れた情報では、ある大手企業の財団法人が寄付活動を行っているという。早速、その財団に電話したが、その財団は、介護活動を中心に寄付をしているという。公園づくりは該当しないようだ。参考までに、その財団宛てに公園づくりの概要を書いて送付した。須藤さんはがっかりしたが、そう簡単にスポンサーが見つかる方がおかしいのである。脇田さんから「根気強くやろう」と声をかけられた。１ケ月たった７月中旬、以前電話した財団の担当者が耳よりな情報を提供してくれた。別の企業が設立した公益信託「美しい緑の基金」が寄付をする事業をさがしていて、この公園づくりは、その趣旨にぴったりだという。大変幸運であった。それから間もなく、その基金のパートナーとして資金援助を受けることが正式に決まった。

　須藤さんは、大学時代「アメリカ企業のフィランソロフィー活動」について、何かの講義で聴いたことを思い出した。アメリカの企業では、従業員と会社が協力して、地域の活動に小額の寄付活動を行っている。須藤さんは、この方法を公園づくりに応用できないか、真剣に考え始めた。

■ボランティアと専任スタッフの仕事

　事務局の専任スタッフには、脇田さんの知り合いで、企業を定年退職した坂本さんという男性と、以前から地域活動に参加してみたかったという主婦の大橋さんが決まった。大橋さんは、結婚して出産するまで、食品会社で経理の仕事をしていたので、会計の実務には比較的明るい。手当は学生アルバイト程度だが、２人とも張り切っている。

　ボランティアのスタッフには、須藤さんと須藤さんが説得して連れて来た野田君、それに緑地課の江野さんが加わることになった。野田君は、高校卒業後、家業の食品スーパーを継ぎ、現在お店の若旦那である。江野さんは、Ｙ市職員としてではなく個人の立場で参加しているが、行政サイドとの連絡調整役として貴重な存在である。事務局の仮事務所は、江野さんが市と掛け合った結果、市民課の会議室の一部を使わせてもらえることになった。

　５人は８月最初の土曜日、第１回目の打ち合わせを行った。来春、公園

づくりをスタートするには、どんな仕事があり、それらの仕事をどのように進めて行くかを考えなくてはならない。検討の結果、事務局として当面次の仕事に取り組むことになった。
①会費の額と徴収時期、事務局の銀行口座の開設
②年間スケジュール案と予算案の作成
③代表委員、企画委員、指導員の人選
④Ｙ市の育む会委託料の支払に関する事項
⑤緑の基金からの寄付金に関する事項
⑥会員へのＰＲ、会員との交流計画

　ざっと考えただけでもこれだけの項目がある。①②④⑤は、坂本さんと大橋さんが担当する。③の指導員は、農作業などの世話役であり、農業や園芸の趣味を持つ人達がよい。この人達の役割が実際は大変重要である。江野さんと野田君が当たることになった。須藤さんは⑥の会員関係を担当することになった。

■会員とのネットワーキング
●会員活動のキーワードは何か：会員へのPRや連絡方法を考える上で、キーワードをしっかり押さえておく必要がある。須藤さんはいろいろ考えた結果、やはり地域内の「交流」だと思った。交流を実現するために、いろいろなことを考えなくてはならない。
●広報誌：会員や地域の人達の思いをつなぐメディアをつくりたい。会員が公園づくりに向けてその思いを自由に発信できるようにしたい。電子メールが最適なツールである。メールで発信されたさまざまな情報は定期的に編集し、地域の人達に配布したい。こうした交流の中から、広報活動のボランティアも生まれて来るに違いない。
●会員の連絡網：来春、公園づくりが始まると、農作業の日程などをその都度会員に知らせなければならない。須藤さんが会員の住所を調べると、会員はＹ市全域の広い範囲にいることがわかった。とても電話では連絡できない。各町内会に協力依頼し町内会の回覧で連絡することにする。また、ホームページを設けることも考えることにした。

■ボランティア活動と仕事の両立
　須藤さんの会社は家庭用品の中堅メーカーであるが、須藤さんは商品開発に携わっている。入社３年目ともなると結構忙しく、責任も重くなってくる。公園づくりのボランティアは土曜日を当てているが、これから２～３カ月は公園づくりの基礎固めでとても土曜日だけでは足りない。出来れ

ば2週間に1日ぐらい平日もボランティア活動をしたい。最近、会社にボランティア休暇制度ができたが、まだ利用した社員はいない。この制度では、1年間に7日間、有給で休暇が取れる。須藤さんは思い切って上司に相談してみた。上司は最初消極的で、須藤さんに普通の有給休暇を取るよう勧めた。しかし最後は須藤さんの熱意を理解してくれた。須藤さんは晴れてボランティア休暇取得社内第1号となった。須藤さんは、これから第2号、第3号の社員が出ることを願うばかりである。

■会員の情熱

　会員が公園づくりに参加する動機はさまざまである。単にボランティアの言葉に魅力を感じた人、職場以外の人と知り合いたいと思った人、子供達と一緒に野外活動をしたいと思った父母、地域の環境保全に関心が強い人、さらに農業をやってみたい人など、実に多彩である。程度の差はあっても、彼等は公園づくりに情熱や意欲を持って参加している。「新しい体験をしたい」「地域とかかわりたい」という会員一人一人の気持をつなぐことが交流そのものなのである。彼等の情熱や意欲が失われると、交流の実現は絵に描いた餅になってしまう。

　10月に入ると、育む会の組織も固まり、各委員の人選もほぼ完了した。脇田さん、坂本さん、江野さん、野田君達の努力が実った。いよいよ10月後半から、指導員による農作業講習会が実施されることになった。来春に向け、会員のトレーニングが始まったのである。4月に育む会が設立され、ようやくここまで漕ぎ着けたかと思うと、須藤さんも胸に熱いものがこみあげる。広報誌もすでに1回発行した。予想以上に多くの会員からメッセージが寄せられた。会員の熱い思いを感じた。

■ボランティア活動の管理

　講習会も順調に進み、12月初旬までに200人以上の会員が受講した。あとは、3月に会員のリーダー格の人達を30人集め、作業の進め方を指導すればよい。12月も半ば近くになり、気候が温暖なY市にも冬の寒気が漂い始めた。須藤さんは、広報ボランティアの人達と広報誌『交流』（新年号）の企画を練り始めた。新しい仲間とワイワイガヤガヤ語り合うのは本当に楽しい。須藤さんが事務局から思わぬニュースを聞いたのは、そんな時であった。

　事務局の大橋さんの話はこんな内容であった。「この2〜3日間、辞退する会員の数が増えて全部で50名ぐらいになるの。どうも講習会が原因らしいの。一体、何があったのかしら」。須藤さんは広報誌の編集をしていて、

会員の盛り上がりを肌で感じている。信じ難いニュースだったが、話は事実であった。脇田さんが幹事を務める企画委員会が調べた結果、会員の不満は次のようなものであった。
・指導員がいろいろ教えてくれるのはいいが、押しつけがましい。
・会員がちょっとした提案をしても、「それはすでに決まっている」と言って耳を貸そうとしない。
・農作業に参加する会員を一方的にグループ分けしたりし、会員の自由意思を尊重する雰囲気が乏しい。

　会員の不満は、要するに「ボランティアなのだから、もっと自由にやらせてほしい」という点にある。いずれにしても、育む会が直面した初めての大きな試練である。

■忘年会
　数日後、脇田さん、坂本さん、大橋さん、江野さん、野田さん、須藤さんの5人はささやかな忘年会を開いた。話題はどうしても会員脱退に行ってしまう。口火を切ったのは江野さんである。
江野「300人もいると、いろいろな人がいる。離れて行く人が出ても仕方ないと思う」
須藤「でも、みんな熱意があったと思うの、とても残念です」
江野「初めは熱意があったとしも、ちょっとでも自分の気に入らないことがあるとやめるのは、あまり熱意がなかったという証拠だよ」
大橋「自由がないと感じたとしたら、これはボランティア組織として大問題ではないかしら」
須藤「そう、そこが問題だと思う。みんなの情熱があって、初めて交流ができるのだから」
野田「でもそう簡単にはいかない。商店街の活性化について話し合っていても、総論賛成、各論反対にすぐなってしまう。具体的なことになると、なかなか意見は一致しない。それと似ている気がする」
須藤「野田君も結構がんばっているのね」
坂本「野田君の言う通りだよ。ボランティアは気持ちでつながっているけど、具体的な活動になると、どうしても管理という面が出てくる。みんなの気持ちを損なわないように、そこをうまく調整するのが事務局の仕事だと思う。ボランティアの情熱を維持するためには、どんな運営方法がいいのか、なかなか難しい。指導員もまとめなくては、と思ってつい強引になった面はあったと思う」

最後に、みんなの思いを引き取るように、脇田さんが締めくくった。
「交流を実現するには乗り越えなければならない壁は多い。みんな不慣れだから、試行錯誤があるのは当然だと思う。大事なことは、公園づくりをスタートさせること。実際の公園づくりの中で、一人でも多くの人が自分の思いを実現し交流の実を上げていけば、脱退した人達もいつか戻ってくると思う」

■ボランティアの経験を仕事に生かす

　２月も後半になり春の息吹が感じられる季節になった。須藤さんにとって、この１年は貴重な１年であった。仕事を離れて数多くの人と知り合い、いろんな話をした。自分が一回り大きくなった気がする。１番大きな点は、会社の仕事でもボランティアの仕事でも、仕事をするには現場を知らなければならないということである。須藤さんは、会社で乳幼児の食器を開発するプロジェクトに参加している。ボランティアを通して多くの主婦と話す機会があった。折りにふれ、主婦達の子育て経験を聞けたことは、商品開発の仕事にも大変参考になった。また人と協働したり、人に自分の思いを伝え情報を共有することは、会社とボランティア組織では違いがあるが、違いを知ったこと自体が大きな収穫だったと思う。

　非営利活動においても、さまざまな場面で実務能力が求められている。「月岡公園を育む会」を立ちあげ、運営していくために、行政と交渉し、市民に参加を訴え、企業をまきこみ、徐々に形をつくっている。NPO活動とビジネス実務の実際について、種々の角度から学んでみよう。

演習問題

事例１
1．雇用システムや慣行について、日本特有と思われているものを調べて、下記に列挙しなさい。
2．上の違いをもたらしている文化的要因はどんなものだろうか。（考え方や価値観の相違）
3．明子の漠然とした物足りなさは、何に原因があると思いますか。
4．明子に共感する部分、しない部分についてグループで話し合ってみよう。

事例２
1．事例を読んだ後、前田部長と島田課長の性格的差異を上げてみよう。

2．事例の中から前田部長、島田課長、太田直子をとりまく問題点を整理して記述しなさい。

3．あなたが太田直子の立場だったら、どんな解決策が考えられますか。グループで話し合って発表してください。

事例3

1．企業で働く人々の就業形態の種類をあげて説明しなさい。

2．それぞれの形態の長所と短所を、労働者側と雇用者側の両方の立場から考えて答えなさい。

3．女性のキャリアには男性と比べて日本特有の特徴があるようです。どのような違いでしょうか。調べて発表してください。

4．藤井久美の事例を参考に自分のキャリアプランを作成してみよう。

事例4

1．事例の中にでてくる久我君に関して、仕事内容、個人的性格、病的症状を整理して客観的に書きなさい。

2．以前の仕事内容と現在の仕事内容の違いをあげなさい。

3．二人の上司の久我君に対する対処や考え方の違いを説明してください。

4．久我君は谷口課長のもとにきてから立ち直ったが、何がどうよかったのだろうか。説明しなさい。

事例5

1．女性の一般的なキャリアサイクルとライフサイクルについて考えてみよう。

2．山本信子がキャリア上で努力した点について書き出してみなさい。

3．あなたはどんなキャリアプランとライフプランを考えていますか。

4．育児休業制度、介護休暇制度について調べてレポートしなさい。

事例6

1．パートナーシップによるグラウンドワークのポイントを確認し、みんなで話し合ってみよう。

2．事務局専任スタッフの仕事内容と役割分担を図表化してみよう。

3．会員辞退の問題について、事務局メンバーの話し合いを参考にして、みんなで話し合ってみよう。何が問題で、どのような工夫が可能なのだろうか。

参考文献・推薦図書

全国大学・短期大学実務教育協会編（1988）『秘書実務』紀伊國屋書店
全国大学実務教育協会編（1994）『オフィス・スタディーズ』紀伊國屋書店
全国大学実務教育協会編（2006）『新しい時代の秘書ビジネス論』紀伊國屋書店
全国大学実務教育協会編（2009）『新しい時代の秘書ビジネス実務』紀伊國屋書店

大宮登編著（2009）『キャリアデザイン講座』日経BP出版センター
笠巻勝利（2001）『セールス・トーク入門　第2版』日経文庫
金井壽宏（2002）『働くひとのためのキャリア・デザイン』PHP新書
清澤正著（2006）『図解　ビジネス実務事典　マネジメント』日本能率協会
桐村晋次（2005）『人材育成の進め方　第3版』日経文庫
熊沢誠（2010）『働きすぎに斃れて――過労死・過労自殺の語る労働史』岩波書店
玄田有史（2005）『仕事のなかの曖昧な不安――揺れる若年の現在』中公文庫
玄田有史（2005）『働く過剰――大人のための若者読本』NTT出版
小杉礼子（2003）『フリーターという生き方』勁草書房
佐藤彰男（2008）『テレワーク――「未来型労働」の現実』岩波新書
高梨智弘（1995）『ビジュアル　マネジメントの基本』日本経済新聞社
高橋誠（1999）『問題解決手法の知識　第2版』日経文庫
ロナルド・ドーア（2005）『働くということ――グローバル化と労働の新しい意味』中公新書
中原淳、金井壽宏（2009）『リフレクティブ・マネジャー――一流はつねに内省する』光文社新書
日本経済新聞社編（2002）『やさしい経営学』（日経ビジネス人文庫）
本田由紀（2005）『若者と仕事――「学校経由の就職」を超えて』東京大学出版会
宮城まり子（2002）『キャリアカウンセリング』駿河台出版社
望月護（2010）『ドラッカーの実践経営哲学――ビジネスの基本がすべてわかる！　新版』ＰＨＰビジネス新書
森岡孝二（2011）『就職とは何か――〈まともな働き方〉の条件』岩波新書
森脇道子編著（1995）『ビジネス基礎――ビジネスワークとパーソナルワークの実現』実教出版
森脇道子編著（2011）『ビジネス実務総論　改訂版』実教出版
山田昌弘（2007）『希望格差社会――「負け組」の絶望感が日本を引き裂く』ちくま文庫
山田昌弘（2009）『新平等社会――「希望格差」を超えて』文春文庫

改訂を担当して

　1999年に出版された『ビジネス実務総論』は、類書のない中で、私が編集委員長として、大津洋子、大窪久代、北崎寛、堤幸男、吉田行宏の各先生の専門的な知識と知恵を集めてまとめあげた。本書の特徴は、経営論、組織論という組織全体の視点からだけではなく、できるだけ現場で活動している個々人の視点に立ち、ビジネス活動には何が重要なのかを原理的に考察したことにある。1年間のプロジェクト・チームを編成して、何度も会議を重ねて作り上げたことを思い出す。

　第1版の「おわりに」で、私は「類書があまりないテーマで、会員校の先生方に対する責任も感じながらの作業は、それなりの苦労を伴った。その努力にあらためて感謝したい」とチーム・メンバーに謝意を表しているが、その気持ちは今も変わらない。

　お陰さまで、10年を超える間、多くの方々に利用していただいた。本当に心から感謝したい。あらためて読んでみると、10年以上前の構想にも関わらず、基本的な考え方は現在でも十分にあてはまっており、説得力を持っている。しかし、10年以上たつと、法律が変わったり、状況が変化したり、データや事例が陳腐化したり、現実に合わなくなったところが増えてきた。

　そのため、改訂版を出すことになった。私も含めて、執筆者たちは皆忙しく、全国に散らばっているために、集まることは不可能と判断し、協会の皆さんと相談のうえ、編集委員長の私が単独で、書き換えることとなった。改訂作業は予想以上に大変であった。多くのデータのチェック、内容の点検が必要だった。

　今回何とか仕上げることができたのは、紀伊國屋書店の有馬由起子さんのお陰である。有馬さんには、グラフ、表、法律、制度変更、さらには文章表現まで点検していただいた。また、高崎経済大学の研究推進の仕事に当たっていた竹内由利子さんにも、総点検を手伝っていただいた。このお二人の協力なしには、改訂作業はできなかった。この場をお借りして感謝申しあげたい。

　最後に、本書が、これまで以上に、活用されることを期待して、改訂にあたっての挨拶としたい。

改訂担当　大宮　登（高崎経済大学教授）

■ 編集委員

◎大宮登（高崎経済大学名誉教授）：1章・4章
　大津洋子（名古屋学芸大学短期大学部名誉教授）：5章・6章・8章
　大窪久代（元近畿大学）：3章・7章
　北﨑寛（元公立鳥取環境大学）：5章・6章・8章
　堤幸男（元日本テレワーク協会）：2章・3章
　吉田行宏（元安田女子短期大学）：5章

■ 改訂担当

　大宮登（高崎経済大学名誉教授）

ビジネス実務総論
付加価値創造のための基礎実務論　改訂版

2012年4月11日　第1刷発行 2022年9月28日　第7刷発行	編　集　一般財団法人　全国大学実務教育協会 〒102-0074 東京都千代田区九段南4-2-12第三東郷パークビル2階 電話　03-5226-7288

発　行　株式会社　紀伊國屋書店
〒163-8636 東京都新宿区新宿3-17-7

出　版　部（編集）電話03-6910-0508
ホールセール部（営業）電話03-6910-0519
〒153-8504 東京都目黒区下目黒3-7-10
ブックデザイン　谷本　由布
印刷・製本　丸井工文社

©2012年　全国大学実務教育協会　　ISBN978-4-314-01094-8　C3000
定価は外装に表示してあります。